Zhongwai Liyi

中外礼仪

（第五版）

何浩然　主　编

虞昌亮　刘慧娟　副主编

东北财经大学出版社
Dongbei University of Finance & Economics Press

大连

图书在版编目（CIP）数据

中外礼仪 / 何浩然主编 . —5 版 . —大连：东北财经大学出版社，
2024.7
（高等职业教育专业基础课教材新系）
ISBN 978-7-5654-5276-5

Ⅰ . 中… Ⅱ . 何… Ⅲ . 礼仪-世界 Ⅳ . K891.26

中国国家版本馆 CIP 数据核字（2024）第 111509 号

东北财经大学出版社出版
（大连市黑石礁尖山街 217 号　邮政编码　116025）
网　址：http：//www.dufep.cn
读者信箱：dufep@dufe.edu.cn
大连日升彩色印刷有限公司印刷　东北财经大学出版社发行
幅面尺寸：185mm×260mm　　字数：333 千字　　印张：15
2024 年 7 月第 5 版　　　　2024 年 7 月第 1 次印刷
责任编辑：魏　巍　王　斌　　　　责任校对：刘贤恩
封面设计：原　皓　　　　　　　　版式设计：原　皓
定价：42.00 元

第五版前言

中华文化源远流长，灿烂辉煌。中华优秀传统文化，积淀着中华民族最深沉的精神追求，滋养着中华民族生生不息、艰苦奋斗，是中国特色社会主义的文化沃土，是新时代中国发展的突出优势，对延续和发展中华文明、促进人类进步发挥着重要作用。

党的二十大报告将"提高全社会文明程度"和"增强中华文明传播力影响力"作为"推进文化自信自强，铸就社会主义文化新辉煌"的重要内容做了深入部署。一方面要"推动明大德、守公德、严私德，提高人民道德水准和文明素养"；另一方面要"坚守中华文化立场，提炼展示中华文明的精神标识和文化精髓，加快构建中国话语和中国叙事体系，讲好中国故事、传播好中国声音，展现可信、可爱、可敬的中国形象"。青年兴则国家兴，青年强则国家强。传承、弘扬并践行中华传统礼仪是教育工作者在新时代新征程中的光荣使命和神圣职责。

本书自2002年首次出版以来，一直深受广大师生和读者的好评，编者为此深感欣慰。为了更好地贯彻党的二十大精神，传承中华优秀传统文化的思想精华和道德风尚，适应共建"一带一路"倡议发展的新需要，围绕职业教育体系中礼仪教育的新格局，我们对本书进行了第四次修订。

本次修订保留了书中原有的体例和风格，融入了党的二十大报告相关内容，增加了思政案例，更新了一些因时代发展而略显陈旧的内容，使得本书的育人特色更为突出。具体来说，本次修订主要体现在以下几个方面：

（1）更新案例，增强时代感和新颖性。在案例选取方面，本书充分结合Z世代"数字化生存"的特点，精心遴选与知识点契合的社会热点案例，在有效激发学习兴趣、引发深入思考、聚焦知识精华的同时，培养学生的认知能力和思辨能力。

（2）新增思政案例，落实立德树人根本任务。新增"启智润心"栏目，有效融入党的二十大精神，通过启智润心、核心素养、学有所感，层层深入，强化价值引领，鼓励新时代青年提高礼仪修养，积极践行社会主义核心价值观。

（3）充分运用现代信息技术，配套、丰富数字资源。本书设有"知识拓展"和"课堂互动"栏目，学生通过扫描二维码，即可查看拓展内容和答案提示。同时，每章后的"基本训练"内容通过即测即评的方式呈现，学生通过扫描二维码，即可在线答题并获取答案。

本书由何浩然任主编，虞昌亮、刘慧娟任副主编，具体编写分工如下：杨丹妮编写第1、2章；何川编写第3、4章；虞昌亮编写第5、6章；刘慧娟编写第7、8章；何浩然编写第9章。全书最后由何浩然总纂定稿。

　　本书在修订时也兼顾了各级各类企事业单位、社会培训机构参考和使用的方便性。

　　每一次修订，对我们来说都是再次学习和重温。本次修订过程中，编者学习了党的二十大以来发布的相关文件的精神，还参考了一些同行挚友新的研究成果，借鉴了专家学者的宝贵资料，对此我们深表谢意。本书虽进行了再次修订，但仍难免存在不足和错漏，希望广大读者一如既往地给予热忱关心、批评指正。让我们为不断推进祖国的礼仪教育事业、实现中华民族伟大复兴的中国梦，不忘初心，砥砺前行。

编　者

2024年3月

目　录

数字资源目录

第1章
中外礼仪概述

学习目标

知识目标：明确礼仪的概念，了解中外礼仪的渊源和功能，把握其基本特征。懂得礼仪所具有的民族性和世界性。

技能目标：在树立明确的礼仪意识和掌握中外礼仪文化差异的基础上，学会遵循入乡随俗的常规做法，能够在跨文化的交际场合，较为得体地展示礼仪。

素养目标：弘扬中华优秀传统文化，树立正确的道德观念和价值观。

第1章

思维导图

引例　北京冬奥会颁奖元素尽显中国礼仪文化

从设计、制作到交付，历时 20 个月，颁奖礼仪服装、颁奖台、颁奖托盘、颁奖托盘放置台、获奖运动员定制版吉祥物纪念品和颁奖花束等北京冬奥会颁奖元素于 2022 年 1 月 1 日零时同步发布。

颁奖仪式是奥运赛事中的高光时刻，是向获奖运动员表达祝贺和敬意的最好形式。北京冬奥会和冬残奥会颁奖仪式以"冰雪荣光"为主题创意，各项颁奖元素配合熠熠生辉的奖牌，为冰雪健儿的优异成绩喝彩，向运动员的拼搏精神致敬，同时展现出中国礼仪文化的独特魅力。

颁奖服装共有 3 个系列，分别为以中国传统吉祥符号为主题的"瑞雪祥云"、以中国名画《千里江山图》为灵感来源的"鸿运山水"和设计灵感源自中国传统唐代织物的"唐花飞雪"，分别应用于雪上场馆、冰上场馆和颁奖广场。

颁奖服装完美融合中国文化与中国科技。赛时冬奥会颁奖广场最低温可达零下 30 摄氏度，北奥集团、中央美术学院和北京服装学院等设计制作团队在保证颁奖服装美观的前提下，对设计方案、服装面料、制作工艺等进行严格把关，最终采用聚酰亚胺纤维作为制作本次颁奖服装的保温材料。

颁奖台以北京冬奥会色彩系统中的"天霁蓝"为主体颜色，运用核心图形与冰雪线条，整体形象简约、大方。箱体制作材料为可回收环保材料，采用模块化组合拼插方式，能够快速搬运拼装，满足从单人项目到多人项目的快速转换需求。冬残奥会颁奖台外观设计与冬奥会保持一致，同时增设了无障碍坡道。

颁奖托盘放置台用于提前将放有奖牌和纪念品的托盘安放在颁奖场地，供颁奖嘉宾取用。颁奖托盘放置台分大台和小台两种，分别用于多人项目和单人项目。

颁奖托盘造型仿若打开的书页，寓意通过北京冬奥会向世界翻开了中国文化和各国友好的新篇。托盘边缘采用蓝白渐变的设计，呈现出"晕染"的东方美学意境，象征着中国文化与世界文化的交融，体现了中国开放、友好、和平、包容的心胸。

获奖运动员定制版吉祥物纪念品总体设计以吉祥物冰墩墩和雪容融为原型，辅以"岁寒三友"——松、竹、梅编织而成的花环造型，形成获奖运动员的专属定制纪念品，表达对获奖运动员的称颂、敬意和美好祝福。

颁奖花束采用手工绒线编结，既保留了奥运颁奖仪式中花束的形制，又践行了可持续的理念，寓意着温暖、祥和，可永久保存，成为"永不凋谢的奥运之花"。

颁奖礼仪人员是国家形象的展示者，培训工作也是颁奖礼仪服务工作中最核心的部分。2021 年 4 月至 6 月，来自北京体育大学、中华女子学院、首都经济贸易大学等 11 所高校共 217 名颁奖礼仪志愿者候选人参与培训。在 2021 年 10 月至 12 月的"相约北京"系列冬季体育赛事中通过实战检验。

资料来源：田洁. 北京冬奥会颁奖元素尽显中国礼仪文化［N］. 中国体育报，2022-01-03（4）.

在面对共建人类命运共同体的新时代，步入大学的我们，在礼仪修养方面要信心百倍地去学习钻研，努力掌握专业知识。良好的礼仪修养和行为将成为我们面向未来不可或缺的通行证。

1.1 中外礼仪的渊源与功能

1.1.1 中外礼仪的含义

礼仪，是礼节、仪式的统称，是指在各民族长期的社会生活和交往中，人们以一定的约定俗成并共同遵守的程序、方式来表现的律己、敬人的具体行为规范体系。何谓礼？"礼之名，起于事神。"《说文·示部》解释："礼，履也，所以事神致福也。"其本义是敬神，表示敬意的活动。由于礼的活动都有一定的规矩、仪式，于是又有了礼节、仪式的概念。进入文明社会以后，人们把这种礼仪活动由"祈神"转向敬人，所以，礼是表示敬意的通称，是人们在社会生活中处理人际关系并约束自己行为以示尊重他人的准则。与"礼"相关的词主要有礼貌、礼节、礼仪等，在大多数情况下，这些词含义相通，但从内涵来看，它们之间既有区别，又有联系。

礼貌，是指人们在交往时，通过言语、动作向交往对象表示谦虚、恭敬和友好的行为。礼貌是一个人在待人接物时的外在表现，侧重于表现人的品质与素养。

礼节，是指待人接物的行为规则，是人们在日常生活中，特别是在交际场合相互表示尊敬、问候、祝贺、致意、慰问、哀悼以及给予必要的协助与照料的惯用形式。实际上其是礼貌的具体表现形式。礼节与礼貌之间的相互关系是：没有礼节，就无所谓礼貌；有了礼貌，就必然伴有具体的礼节。

礼貌是礼仪的基础，礼节是礼仪的基本组成部分，礼仪在层次上要高于礼貌、礼节，其内涵更深。礼仪实际上是由一系列具体表现礼貌的礼节所构成的。礼仪不像礼节只是一种做法，而是一个表示礼貌的完整的系统过程。从本质上讲，三者所表现的都是待人的尊敬与友好的情感。有鉴于此，为更完整、准确地理解"礼"，采用礼仪这一概念来对此加以表述，是最为可行的。

三者之间存在着既互相区别，又互相渗透的关系，其划分只具有相对意义。懂得了这种划分的相对性，将有助于我们在认识各种礼仪形式时融会贯通。因此，可以进一步对礼仪下一个完整的定义：礼仪是各民族在长期的交际生活中，集体创造并共同遵守的一种用符号形式表现出来的包含有尊重、爱护、关心、伤悼他人等意义的行为规范体系。本书所要探讨的中外礼仪既包括中华民族较为通行的传统礼仪，也包括世界上通行的国际礼仪和一些主要国家的传统民族礼仪习俗。

从不同的视角可对礼仪这一概念作殊途同归的诠释，以进一步加深对其理解与把握：从修养角度来看，礼仪可以说是一个人的内在修养和素质的外在表现。现实中有些人或因情绪不佳不顾礼貌，或因缺乏教养不懂礼貌，或因身份"高贵"无视礼貌的现象时有所见、时有所闻。礼仪是个人素质的一种表现形式，素质体现于对礼仪的认知和应用；从道德角度来看，礼仪可以被认为是为人处世的行为规范，或是标准做法、行为准则；从交际角度来看，礼仪既可以说是人际交往中适用的一门艺术，也可以说是一种交际方式或交际方法；从民俗角度来看，礼仪是待人接物的一种惯例；从审美角度来看，礼仪可以说是一种形式美、心灵美的必然外化；从传播角度来看，礼仪可以说是一种人际交往中相互沟通的技巧。

1.1.2 中外礼仪的渊源

礼仪源于祭祀活动，产生于原始社会。当时，人类认为鬼神、祖先是唯一能对人类生活进行干预的力量，因此无论是自我限制还是自我鼓励，都以鬼神作为崇拜对象。礼仪都是与祭神祭鬼祭祖先相联系的，其主要形式是用礼器举行祭祀仪式，以表示氏族成员对祖先的敬畏和祈求。此后，由祭祖而敬老，由敬老而序长幼尊卑，多种礼仪由此逐步产生。

进入奴隶社会后，随着社会经济的日益繁荣、人类文明的日趋发展，人与自然、人与人之间的关系在各个方面、各个层次上不断展开，礼仪仅以一种祭祀鬼神、祖先的形式，已不能达到在社会生活的各种关系中制约人的行为的目的。于是，礼仪便从单纯"事神"的领域跨入了"事人"的领域，开始了对社会生活的全面干预。

1）中华礼仪的渊源

古人有言："中国有礼仪之大，故称夏，有服章之美，谓之华。"中华民族素有礼仪之邦的美誉，礼仪文化源远流长，形成了完备的礼仪体系。礼仪在中华文化的历史演进过程中起着积极的推动作用。早在孔子以前，已有夏礼、殷礼、周礼三代之礼，因革相沿，到周公时代的周礼，已比较完善，并有著名的《周礼》《仪礼》《礼记》三书传世。

孔子是中国历史上第一位礼仪学专家，他把"礼"作为治国安邦的基础，主张"为国以礼""克己复礼"，并积极倡导人们"约之以礼"，做"文质彬彬"的君子。孟子也重视"礼"，并把仁、义、礼、智、信作为基本道德规范，认为"辞让之心"和"恭敬之心"是礼的发端和核心。荀子则比孟子更重视"礼"，著有《礼论》。此文论证了礼的起源和社会作用，认为："礼者，人道之极也。"荀子把礼看作做人的根本目的和最高理想，把识礼、循礼与否作为衡量人的贤愚和高低贵贱的尺度，强调："人无礼则不生，事无礼则不成，国家无礼则不宁。"管仲则把礼看作人生的指导思想和维持国运的支柱，他认为："礼义廉耻，国之四维，四维不张，国乃灭亡。"从这些思想家的言论中，不难看出，礼仪是为了适应调节人际关系的需要而产生和发展起来的。

在中国古籍中，《周礼》《仪礼》《礼记》是最重要的古典礼仪专著。中国古代"礼"的概念，包含丰富的内容，大体上可归结为三个层面：一是指治理奴隶制、封建制国家的典章制度；二是指古代社会生活所形成的作为行为和交往仪式的礼制及待人接物之道；三是指对社会成员具有约束力的道德规范。

纵观中国礼仪内容和形式的演变与发展，可以看出"礼"和"德"是统治者权力的中心支柱，他们重视礼仪，甚至以礼治国、立德于礼，形成了一套完整的礼仪规范，写下了世界礼仪史上最为重要的一页。在几千年的历史发展进程中，我国形成了许多具有广泛社会性与强大号召力的优良道德规范和人际交往的礼节仪式及生活准则，这些成为中华民族共同的财富，对中华民族精神的形成起到了极其重要的作用。在中国，礼仪的产生和发展，对礼仪的重视程度，礼仪在整个民族精神和社会政治中的作用，都有着独特的、极其重要的文化意义。

礼仪小知识1-1[1]　　　　　　　　　中国古代"五礼"

"五礼"是中国古代国家政治最重要的五个方面的礼仪系统，包括：吉礼、凶礼、宾礼、嘉礼、军礼。吉礼：祭祀以祈求吉祥的礼仪，如祭祀神祇和宗庙（祖先）之礼。封禅是历代最大的吉礼。凶礼：伤亡灾变之礼，如水旱、饥馑、兵败、寇乱之礼。宾礼：主宾相见场合的礼仪，如朝拜、会见、会盟之礼。嘉礼：喜庆之礼，如登基、册封、婚冠、宴乐、颁诏之礼。军礼：军武之礼，如亲征、遣将、受降、凯旋之礼。从周至清，"五礼"有不同的要求和表现形式，或因地制宜，或约定俗成。

2）国际礼仪的渊源

国际礼仪源于西方礼仪。习惯上所称的西方，通常是指欧美各国，其文化源流、宗教信仰相近，在礼俗上虽因受各种复杂因素的影响而有差别，但共性较多。大洋洲及南美地区，因在历史上深受欧美文化影响，其礼俗也与欧美各国存在许多共同之处。

西方的文明史，同样在很大程度上表现为人类对礼仪的追求及其演进的历史。人类为维持与发展血缘亲情以外的各种人际关系，避免争斗或战争，逐步形成了各种与争斗、战争有关的动态礼仪。如为了表示自己手里没有武器，让对方感觉到自己没有恶意而创造了举手礼，后来演进为握手。为了表示自己的友好与尊重，愿在对方面前"丢盔卸甲"，于是创造了脱帽礼。在苏格拉底、柏拉图、亚里士多德等先哲的著作中，都有很多关于礼仪的论述。中世纪更是礼仪发展的鼎盛时代。文艺复兴以后，欧美的礼仪有了新的发展：从上层社会对遵循礼节的苛刻要求，到20世纪中期对优美举止的赞赏，再到适应社会平等关系的比较简单的礼仪规则。

西方礼仪的形成经历了复杂的历史过程。著名的西方礼仪专家让·塞尔在分析西方礼仪形成时指出，它是地中海式的礼仪，因为思想方法、思维方式的灵活性和分寸感，都来自古希腊文化。从法的观念和等级形式来看，它是古罗马式的。注重博爱、自由和平等的精神，体现出它是基督教式的。它是欧洲式的和大西洋式的，因为在西欧同北美的结合所形成的熔炉里，锻炼出了欧洲最有前进力的分子，创造出在其他地区未能见到的物质文明的繁荣。中世纪和文艺复兴的连续影响把女士置于社交生活的中心地位，使女士成为受尊重的对象，这是其他文明所没有的。西方礼仪深受法国思想的影响，因为它在17—18世纪的法国宫廷里逐步演化形成，并在当时成为全欧洲仿效的样板。

对于文明，谁也不能夸口是"独家制造"。西方礼仪的形成充分证明了这一点，事实上如今世界各民族的礼仪莫不是如此。国际礼仪不仅是社会交往的产物，更是国际贸易和国际文化交流的产物。在国际交往中，为避免因各国文化、历史差异而产生的误会和隔阂，逐渐形成了一种约定俗成且大家共同采用并遵守的通行礼仪，或者说是与礼仪相关的国际惯例，成为人与人之间进行交往的行为准则和规范。国际交往的

---

[1] 书中"礼仪小知识"和"案例窗"栏目的内容是由编者自己编写或根据众多资料整理加工而成的，故未注明资料来源。

参加者能够以人们通行的礼仪来约束自己的行为，并且相互理解与接受。从实际操作意义上看，有了通行的国际礼仪，就像是创造了一种流行且易于接受的礼仪"世界语"。一些起源于欧美的西方礼仪，已经在世界众多国家中通行，而且日益成为更多国家普遍遵循的礼仪规范，国际礼仪的内容也因此而不断丰富。

虽然中外礼仪根植的文化土壤不同，但都根植于文明，并随着文明的发展而形成。从世界范围内来看，不论是中华礼仪、古罗马式的礼仪、中世纪和文艺复兴时代的礼仪，还是欧洲式和大洋洲式的礼仪，以至基督教式的礼仪，无一不是如此。

1.1.3　中外礼仪的功能

英语中的"礼仪"一词源自法语，原意是指在法庭上使用的一种通行证，在上面记载着进入法庭时的各项守则。把"礼仪"与"通行证"联系起来，从一个侧面很形象地说明了礼仪所具有的功能。

1）信息传递功能

交际过程，是信息双向传递、互动的过程。礼仪作为人们内在涵养、素质、意向、心态的外在显现，无时无刻不传递着这样或那样的信息，被人们自觉或不自觉地接收、利用，成为互相了解、认识的一种手段。

人与人的了解、认识由浅入深。尤其是初交，形成最初印象的因素主要是：认知交际对象的外部线索和信息，经由语言和非语言的途径获得，且以非语言为主。而所有这些信息，大多可通过交际礼仪传递出来。在"商场"上，交际伊始，约见、应约、介绍、握手、问候、告别等都有诸多礼仪，着装的方式、打电话的态度、写信的言辞、招呼人的用语，都会传递出有关你的各种信息和你给别人的印象——这也就是别人在"读你"。同样，你也在"读他"。可以这样说，交际场上，人们的一颦一笑、举手投足都在给自己的形象添画各种线条，涂抹几许色彩。

礼仪，还能传递出对彼此关系、合作和利益的暗示或承诺的信息。譬如，相互间的往来，常通过隆重热烈的接待礼仪和热情的宴请礼仪传达此类信息。两个商业集团进行谈判，达成某种协议之后，要举行签约仪式，以表示对交际双方关系的认同和承诺。

2）情感交流功能

情感是维系人们相互关系的黏合剂。在多数交际场合，施礼并非只是纯粹的形式之需，而是彼此借以表情达意的手段。施礼过程实际上也是施礼者与受礼者的情感互动过程。交往中，人们也常常有意无意地由他人对礼仪的遵照履行以及自己所受到的礼遇，来分析和判定这其中折射出的对方的心态、情感和意向，尔后便会产生一定的情绪体验。

情感交流主要表现为两种情感状态：一是情感共鸣，当交往双方对所交流的信息有相同的情绪体验，交往对象的感情符合自己的思维定式时，就会产生情感共鸣。这会在交往一开始，就有一个良好的"人际气候"，使双方互相吸引，促进良好关系的建立和发展。二是情感排斥，导致人与人之间的疏远或敌视，造成关系紧张，已建立的关系也会因此冷淡甚至破裂。像交际中任何不合时宜的动作，诸如对人爱理不理、交谈时的走神、东张西望、哈欠不断等，都可能导致感情排斥。没有良好的礼仪，其余一切成就都会被人看成骄傲、自负、无用和愚蠢。美德是精神上的一种宝藏，但使之生辉的则是良好的礼仪。

3）行为调节功能

行为调节功能，体现在对人们行为的具体规范和调整上。礼仪侧重反映人们的外在行为规则，能将人们的行为纳入一定轨道，以保持交往中应有的秩序和帮助人们恰当有序地处理一些日常事务。道德是调整人们相互关系和行为规范的总和。任何一个社会形态的道德都体现了当时人们判别是非、好坏、善恶、荣辱、褒贬、尊卑的标准，调整着人们的行为。如我国的《新时代公民道德建设实施纲要》便体现了新时期对人们行为的判别标准，并以此规范人们的行为。

道德虽然是一个抽象概念，但当它与"礼"相联系的时候，就变成一种社会规范，制约着社会生活秩序，推动人们沿袭着"礼"的规范生活，用以培养人们的善恶标准和美的心灵。同样，礼仪亦要求人们将自己的行为纳入规范，将自己的本性纳入规矩，加以约束，时时用道德的力量支配自己的行动。可以说，礼仪是公民道德建设的需要。实际上，社会道德是公认的社会守则，不论何种社会，礼仪都是社会文明进步的标志，是维护人的尊严和社会道德面貌的基石。当一个人注意用良好的道德标准要求自己时，也就懂得了约束自己行为的重要性和必要性，从而在每一言每一行中都会用"礼"来规范自己。

行为调节功能，还体现在对人际关系的润滑和调节上。在文明社会，人与人之间的交往都以礼仪作为规则，礼仪渗透到人们的社会生活中，指导着人们的交往行为。比如在公共社交场合，待人以礼，与人为善，用礼仪调整社会生活，营造和谐人际关系，能使交往得以顺畅融洽地进行。当然，这种调节是以尊重对方为前提和基础的。约翰·洛克就这样认为：礼仪的目的与作用在于使得本来的顽梗变柔顺，使人们的气质变温和，使人们敬重他人，和他人合得来。

▌▬▬●礼仪小知识1-2　　　　　　　　　　　曾子避席

"曾子避席"出自《孝经》，是一个非常著名的故事。曾子是孔子的弟子，有一次他在孔子身边侍坐，孔子就问他："以前的圣贤之王有至高无上的德行、精要奥妙的理论，用来教导天下之人，人们就能和睦相处，君王和臣下之间也没有不满，你知道它们是什么吗？"曾子听了，明白老师孔子是要指点他最深刻的道理，于是立刻从坐着的席子上站起来，走到席子外面，恭恭敬敬地回答道："我不够聪明，哪里能知道，还请老师把这些道理教给我。"

在这里，"避席"是一种非常礼貌的行为。当曾子听到老师要向他传授时，他站起身来，走到席子外向老师请教，是为了表示他对老师的尊重。曾子尊师崇礼的故事为后世传颂，很多人都向他学习。

资料来源：根据相关资料整理而成。

行为调节功能，体现在对交际者个人的印象整饰上。所谓**印象整饰**，是指在人与人的交往中个体选择一定的语言和非语言行为，以达到有意地控制别人对自己形成各种自己期望在交际对象心目中留下的印象的过程。人们常常借助礼仪的施行来调整自己的行为，以达到印象整饰的目的；同时，人们也常常根据自己直接观察、感受到的他人对礼仪的施行以及自己所受的礼遇，调整自身在交际中的行为取向。

行为调节功能，体现在通过礼仪创造一些活动所需要的气氛，如庄严、正式、隆重、热烈、友好、喜庆等，继而影响人们的行为。如在贸易谈判中，关于时间、地点、座次、介绍和自我介绍等，都可通过恰如其分的礼仪营造出和谐、友好和轻松的谈判气氛，以利谈判顺利展开。又如，在涉外交往中，可以借助礼仪，安排迎送仪式，以营造庄严、正式、隆重、热烈和友好的气氛，以便交往顺利进行。

课堂互动 1–1

答案提示

课堂互动 1–1

礼仪与道德的关系是怎样的？

1.2　礼仪的民族性与世界性

1.2.1　礼仪的民族性

礼仪的民族性是指礼仪在形式及其代表的意义上都受到民族因素的影响，同一内容在不同民族中可以有着不同的表现形式，同一形式在不同民族中也可能代表着不同的意义，各个民族都有着自己一些独特的成系列的且世代相传又有所变化的礼仪。历史的久远，地域的广阔，不仅使其丰富多彩，也使其复杂多变。就这些礼仪的本质而言，都是为表达某种较单纯的意思，如尊敬、友好、祝贺、致谢、承诺等。但是不同民族的礼仪却将其演绎得多姿多彩。同样是见面行礼，不同的民族便有不同的方式：除较为通行的握手礼外，还有抱拳礼、鞠躬礼、合十礼、拥抱礼、接吻礼等。人们苦心设计，严谨遵行，并将其视作不可侵犯的规矩加以崇敬和维护。

随着跨文化交往的扩大，礼仪的差异正在不断缩小，但仍有许多不易消弭。这与民族文化背景和心理差异密切相关，每个民族均有本民族文化心理的历史沉淀、深层根基和构造框架，根植于其间的礼仪之差异也就在所难免。

在对礼仪的民族性进行分析时，必然要涉及礼仪的约定性、民俗性、传承性和变异性等特征，这实际上都属于礼仪的民族性范畴，或者说是从纵向的视角来考察礼仪的形成、嬗变和传承。

1）约定性

礼仪可以说是一种人们在社会生活与交际活动中互致友好、尊重等信息的符号系统。人们彼此之间交流思想感情总要通过一定的形式，或用口头语言，或用书面文字，或借助于动作和表情。这些语言、文字、动作、表情等，就构成了形形色色的符号，信息或者说一定的意义就包含在这些符号之中。孤立地看，礼仪中有相当一部分形式本身没有多少科学道理可讲，也没有什么意义，其意义是在人们社会生活与交际活动中通过"约定俗成"的方式取得的。

各种礼仪规范都是在社会生活中共同议定、"众所习用"的。礼仪规范不是法律规范，也不完全与道德规范相同，既不能像法律规范那样，可以靠强制的权力来维持，也不能像道德规范那样，可以靠舆论的力量来维持。维持礼仪规范的办法只能是社会成员的认同、认可和主动服从。而要得到社会成员的一致认同、认可和服从，共同议定、"众所习用"无疑是最有效的，同时又是必不可少的途径。

礼仪作为一种符号，是集体的创作，是在一定时期和范围的人创造并共同认可的某种动作、表情或装饰等，它们代表或具有某种意义，并在交际时按某种符号所代表的意义去行事。比如在西方戒指的戴法就是一种符号，把戒指戴在不同的手指上所包含的意义是不同的。戴在食指上表示想结婚或表示求婚，戴在中指上表示正在恋爱中，戴在无名指上表示已订婚或结婚，戴在小指上表示自己是独身。如果你执意要违反这些规矩，就会在与他人交际时发生种种误会，轻则会使自己陷入尴尬的境地，重则会伤害他人的感情。只有认识到这一点，我们才能在交际活动中通过运用恰当的礼仪形式，引起交际对象在感情上的共鸣和行为上的互动，达到自己的预期目的。

可见，礼仪是人们在长期的社会生活和交往实践中逐步形成和发展起来的行为规范。这些规范大多没有形成文字，却又被人们所知晓和认可，相沿成习并经过长时间的强化积累下来，成为生活和交往中恪守的礼规。在不同文化背景下产生许多不成文的礼仪，其含义是约定俗成的。如古人所言："约定俗成谓之宜。"这种约定俗成性通过交际行为表现出来，并被这个文化背景下的人们所理解和接受。同时，又以某种精神的规范力量，牵制着每个社会成员，将其行为纳入一定的轨道。

2）民俗性

民俗，作为一种社会文化现象早已存在。在我国古籍记载中，早就出现了"俗""风俗""习俗""民风"等词汇，其含义主要是指"民众的知识"。

"民俗"的英文为folklore，意为"民众的知识"或"民俗的学问"，是指不同国家、不同民族、不同地区在长期的社会实践中，形成的各具特色的风俗习惯，是各国、各地区、各民族相沿成习的特殊的精神文化，也是人们价值观的体现。它形式多样，内容繁杂，涉及衣、食、住、行以及交往应酬等多方面内容。

礼仪是各民族共同创造的一种多元文化，从广义上看，所有的礼节、礼貌、仪式等都可以看成礼仪，都是各民族人民在长期的社会实践中逐步累积、传承下来的行为规范。通常意义上的礼仪是指狭义的礼仪，指的是风俗、习惯、禁忌等民俗礼规。

人们在社会日常生活中的言谈举止，往往受到各种有形和无形因素的制约。这些制约因素或来自现实政治，或来自历史文化，其中不乏虚妄怪诞的成分。它们积淀在人们的心理之中，宛如一条既神圣又神秘的锁链，时时提醒人们该做什么和不该做什么。我们将这些制约因素总称为禁忌。世界各民族、各国家的禁忌形形色色，内容繁杂。在社会文化的发展中，礼仪与禁忌风俗有着千丝万缕的联系。禁忌是一种社会心理层面上的民俗信仰，也是一种十分复杂的认知心态。从社会文化的发展史看，礼仪也是禁忌风俗的行为表露。尤其对于原始礼仪来讲，礼仪原本就是图腾和禁忌的行为化。所以，禁忌风俗，尤其是带着社会趋同性的禁忌风俗必然会通过特定的仪式表现出来，我们现在所了解的许多礼仪有相当多的部分是从禁忌风俗上发展起来的，带有浓厚的民俗色彩。

民俗的产生和发展源远流长。从传说中的亚当、夏娃拾起树叶遮羞到今天令人眼花缭乱的民族服饰礼仪，从茹毛饮血的生活方式到今天的酒文化、饮食文化；从穴居、住茅草屋到今天的豪华住宅、星级宾馆，从生儿育女、母系氏族、父系氏族到婚恋嫁娶、成年仪式乃至火葬、土葬、水葬、太空葬等各式葬礼……人类以自己独有的方式，创造出无数奇风异俗，让人眼花缭乱，目不暇接。

传统和现实中的一些礼仪形式并无所谓的优劣高下，只是一种民族习惯而已。实际上世界各国大部分的礼仪形式都属于这种情况。礼仪形式形成的原因是各种各样的，往往与一个国家的地理环境、风俗习惯有着较为直接的联系。正所谓由自然条件不同而形成的风尚习俗称为"风"，由社会环境不同而形成的风尚习俗称为"俗"。诚然，追根溯源，有些习惯是和一个民族历史上的宗教或迷信有关的，但是在漫长的历史进程中，人们早已淡忘或说不清它的原始含义，现在只是人们的一种心理定式而已。

从文化学的角度看，礼仪是在一定文化类型的背景下产生的，并在历史的发展中和其他文化因素融为一体，共同构成了一个民族文化的特色。因此，既要把礼仪作为一个相对独立的系统来把握，又应把它放入一个更大的文化系统中去认识。在不同民族之间有的礼仪形式是不可以随意模仿和学习的，比如对于美国人来说，儿子对父亲直呼其名乃是父子之间十分正常的现象，但在中国若出现这种情况，通常就会被视作离经叛道。这充分说明礼仪不是一种孤立的现象，它反映了各个民族的历史传统、价值判断和道德观念，认识这一点将有助于我们更好地尊重各个民族的礼仪形式。

3）传承性

一个民族的礼仪一旦形成，通常会经久不衰地为人们所沿袭，这就是礼仪的传承性。没有了传承性，民族性也就不复存在。今天是过去的延续，每一个民族的礼仪都是这个民族历史的产物。从历史上看，礼仪的许多形式具有顽强的生命力，人们可以不断改变自身文化其他方面的一些东西，但礼仪作为一种象征往往不易变更，并已成为是否"数典忘祖"的重要衡量标志。比如我国台湾地区至今仍然普遍沿用着大陆的一些礼仪习俗，保持着中华民族的礼仪传统。

习近平总书记在纪念孔子诞辰2 565周年国际学术研讨会开幕式的讲话中指出：对人类社会创造的各种文明，我们都应该采取学习借鉴的态度，都应该积极吸纳其中的有益成分，使人类创造的一切文明中的优秀文化基因与当代文化相适应、与现代社会相协调，把跨越时空、超越国度、富有永恒魅力、具有当代价值的优秀文化精神弘扬起来。礼仪是一种复杂的历史文化现象，是世代相沿、群居互传、自然形成并传承下来的某种规范，主要靠人们在社会生活中以口头传播和行为模仿等方式来传承。某种礼仪一经形成之后，就会作为一种文化传统沿袭下来而相对稳定，并且它还能以自己特有的方式，积极地影响人们的交际生活以及人类社会文化其他方面的发展。

当然，礼仪的传承并非是盲目地、不折不扣地照搬继承，而是有所取舍，其主流或核心内容及形式不会轻易改变。这些正是民俗文化及其礼仪的特色与精华之所在。礼仪要求一定范围的人认同其具有某种意义，这正是各民族都能在其内部交往中把一些具有浓郁的民族气息的礼仪形式承继下来的重要原因。因此，当人们碰到一些与自己国家、民族迥然不同的奇风异俗时，应持宽容和理解的态度。

4）变异性

普遍存在于每个民族、每种文化之中的礼仪，既是原始的、传统的，又是文明的、现代的；既有传统的丰厚积淀，又有全新的革新创造，它被人们经年重复却又有所更迭。其不变是相对的，随着传承和历史的发展，礼仪总要或多或少地发生一些变化，当然这种变化是连续中的变化，是变中有"道"。每一种礼仪都有其产生、形成、演变、发展的过程。

礼仪大多是约定俗成的，靠口头和行为方式传承，受到社会、环境、生产、生活、政治、经济、文化、宗教等诸多因素的影响，因而，在诸多影响因素不断变化的传承过程中，礼仪总是处于一种动态的发展变化之中。俗随时变，随着社会发展和现代文明进程的推进，礼仪也在流传中不断演变、消亡和整合。有些礼仪被继承、完善，流传至今；有些礼仪带有腐朽气息、不必要的繁文缛节，逐渐被废弃、消亡；有些礼仪虽保留着传统形式，却更换成新的内容，表达新的情感。大多数的礼仪都在不断变化中完善和发展，不断地萌生和演绎出新的礼仪，表现着人们新的意愿。

礼仪的变异性也是社会进步的体现。十分明显，一个国家、一个民族在现代文明的大潮中，不论其如何企图保持自己的传统，礼仪却总是会随着时代的进步而进步，会在传承中发生着变异，那些烦冗的、铺张的以及与现代文明观念相背离的礼仪形式终究会被淘汰。

传承性和变异性构成了一对矛盾，在传承基础上的变异和在变异过程中的传承，正是这二者的互相作用，使得各民族的礼仪呈现出新中有旧、旧中有新、你中有我、我中有你的兼容性特征。

1.2.2 礼仪的世界性

礼仪的世界性，是指世界各国、各民族的礼仪，在保持本民族传统的同时，又会在相互交往中被同化和融合，并在此基础上形成了国际礼仪。因此，在涉外交往活动中，一方面要自觉地依据既定的国际法规和国际惯例；另一方面要充分尊重交往对象所在国家、所在民族的传统礼俗。

国际法准则是国家之间的法律，得到世界各国的公认，因而对世界各国都有法律约束力。例如，联合国于1961年4月18日通过的《维也纳外交关系公约》，明确规定了外交代表的等级以及礼宾位次的排列，这个公约就是各国确定对外礼遇的重要依据。另外，地区性组织及其成员国之间的礼宾待遇通常也有多边条约或协议予以规定，对成员国有法律约束力。而在两国之间签订的双边条约或协议里，涉及礼遇的条文对双方有效。长期的国际交往还形成了不少礼遇惯例，虽无法律条文，但各国已约定俗成，一般没有异议。例如，在召开国际会议时公布与会国名单、悬挂与会国国旗、安排与会国代表座位，一般可按照与会国国家名字的英文字母顺序排列。

在对礼仪的世界性进行分析时，必然要涉及礼仪的兼容性、通行性和国际性等特征，这实际上都属于礼仪的世界性范畴，或者说是从横向的视角来考察礼仪的同化、通行和融合。

1）兼容性

兼容性是指在继承和发扬本民族优秀的传统礼仪，废弃一些已经丧失生命力的、保守落后的礼仪形式的同时，被动地同化和主动地汲取国际上较为通行的并能为本民族心理所接受的礼仪形式，使之融入并成为自己所遵行的礼仪。

礼仪一旦形成，便受到民族心理、地域观念等延缓性因素的影响或制约，它不仅会在本民族内得以延缓传承和发扬光大，还会随着社会的发展，政治、经济、文化、科技、宗教等各方面交流的逐步增多，超越时空的界限，向外传播和向内吸收兼容。在这种传播和兼容的过程中，各民族的民俗文化礼仪便在相互冲突中得以交融。在不同民族混合居住地区的人们往往容易互相仿效、互相学习。历史上，一些殖民主义者或移民与当地居民之间在习俗礼节上也有互相渗透、互相融会而逐渐同化的现象。在现代，国际交往的频繁，也促进了人们在习俗礼节方面的相互了解与交流，使先进文明的习俗礼节在更大的范围内传播，也加速了习俗礼节的同化现象。

事实上，当前我们生活中流传的许多礼仪形式并不是所谓的"国粹"，而是通过吸收国际交往活动中的一些好的做法和惯例逐步形成的。比如过去中国人见面时的礼节是叩头跪拜、作揖拱手，而现在却被西方传入的握手所取代。西方某些具有明显的科学性和合理性的礼仪，已逐渐被吸收到我们民族的社会生活之中，如女士优先、送礼从简、约会守时以及中餐的分食制、鸡尾酒会、社交沙龙等。"西礼东渐"，穿西装、鸣礼炮、交际舞会等，也都是引进西方礼仪的结果。不仅如此，现代中国人的称谓、穿着、宴请、祝寿、婚庆等许多礼仪也都深受外来礼仪的影响。

中外礼仪在形成和发展过程中，既彼此独立，又相互影响，总的趋势是在交流中逐步地融合。当然，这种融合的前提是尊重各自文化个性、风俗习惯。各国、各民族的礼仪都兼收并蓄了一些外来的、为本民族人们所欣赏和认可的礼仪，尤其是在国际上较为通行的礼仪，且兼容量会随商品经济的发展和国际交往的频繁不断增加。

2）通行性

通行性包括共同性和共通性。共同性，一是人人都要遵守礼仪，虽然这些礼仪是不一样的；二是即便在阶级社会里，也存在着全民必须共同遵守的礼仪形式。一个民族总是存在着某些共同的利益，有着共同的历史传统、文化背景和生活环境，如果没有全民都必须遵守的礼仪形式，不同阶层的人就无法进行交际，整个社会生活也无法正常运转，因此在任何一个社会里（无论有多少个民族）都必然存在一些社会的全体公民都必须共同遵守的最简单、最起码的共同的礼仪形式。一般说来，社会愈发展，文明程度愈高，礼仪的阶层性就愈加淡化，礼仪的共同性就会愈加突出。

诚然，各个国家、民族的礼仪都具有自身的特色，但毕竟还有不少社会通行的礼仪，这就是礼仪的共通性。诸如起身迎客的礼节在许多地方都通行，而亲吻则是西欧诸国通行的礼仪之一，现代社会的握手礼几乎是最通行、最普遍的国际礼仪。另外，问候、打招呼、礼貌用语、各种庆典仪式、签字仪式等，大体上都是世界通用的。各国在礼仪上某种程度的同化，正表明了人类礼仪有着某种共通性，且其通行地域正随着国际交往范围的扩大而扩大。虽然各国家、各地区、各民族形成了许多特有的风俗习惯，但就礼仪本身的内涵、实质和功能来说，仍具有共通性。正是由于礼仪拥有共通性，才可能形成国际礼仪。

由于国际贸易的不断发展，"世界主义"意识逐渐增强，一些礼仪在人们多年交往中渐渐融合进本民族的交际礼仪中，被大家认可和接受。现代商界的招待会、洽谈会等活动也都按国际上通行的礼仪进行，其作用是保证与会者融洽地共处于同一环境中，增进交流和了解。并且，还有这样一个现实：一些起源于欧美的礼仪，如今已在世界众多国家中通行，仿佛已成为一种"国际礼仪"。这既有其历史渊源——西方列强曾雄踞国际舞台，在各方面都对世界产生了深刻影响，又有其现实基础——欧美诸发达国家的经济触角已伸向世界。因而，礼仪的通行性特征会日趋明显。

3）国际性

经济的全球一体化和信息共享的网络化把现代人带到了一个无限延伸而又不断浓缩的空间，这就是"地球村"。现实及未来国际礼仪走向统一的趋势，并不意味着各个民族礼仪文化特质的泯灭。正像高度综合和高度分化是现代自然科学发展的两个重要特点一样，当今世界的礼仪也同样呈现出多元化和统一性并存，民族性和世界性共处的局面。

实际上，在国际交往频繁、世界贸易范围日益拓展的今天，各国、各民族的礼仪既属于本国和本民族，也属于世界各国，具有国际性。因为在交往中，不可避免地要接触其他民族礼仪，我们既要将此作为一道异域风情去欣赏，也要视其为一种国际交往规则去了解、熟悉和遵守。同时，在国际交往中，各国、各民族的礼仪在被相互欣赏、了解和认可之中，也被兼收并蓄地融合进了本国和本民族的礼仪。

涉外活动的交往双方总是处在宾主之别的不同地位，或为宾客，或为东道主。作为东道主，应以礼待客，主随客便；作为宾客，应入乡随俗，客随主便。无论为客还是为主，显然涉外礼仪的内容主要来自三方面：一是本国的礼仪传统；二是国际的通行礼仪；三是对方的风俗习惯。这就意味着在涉外交往活动中的礼仪必然是民族性与世界性的统一。就我国的涉外礼仪而言，一方面要以我国优秀的礼仪传统和丰富的文化资源来体现我们对宾客的尊重和友好；另一方面要与国际礼仪接轨，熟悉了解各国的礼仪礼俗。

1.3 中外礼仪的习得与施行

1.3.1 中外礼仪的习得

礼仪贯穿于交际活动始终，可以说是交际中必不可少的运行机制，更是在 WTO 大背景下从事商贸活动必须熟悉的游戏规则。

礼仪谙悉、遵行得如何，直接影响交际个体的印象整饰能力和交际能力，往往显示出交际个体的文明与教养程度，同时也会反映出其道德与品质，从而影响个人形象

知识拓展 1-1

中外礼俗
七不同

和别人对他的尊敬、友谊、信任与合作。礼敬得人，轻慢失人。完美周到的礼仪怡人心脾，不仅能使已有的关系得以维系和发展，还会结交更多的合作伙伴。事实上，不遵行礼规，往往会在不知不觉中影响人际情绪，使交往出现不愉快、不和谐，甚至导致合作中断。在一些特定的涉外环境和场合，能否行礼如仪还会反映出人格和国格的文明水准，不但影响个体形象，还间接影响企业形象、国家形象。

礼仪就像进行交往的通行证，懂得不同民族、不同场合、不同对象交际应酬的各种礼仪，便打开了有效沟通的大门。

礼仪的习得，不仅指对礼仪的知晓、操练，还包括将所习之礼培养成一种习性或者说是品性的过程，非一朝一夕可成。礼仪的习得应着重于知、情、意、行的统一。

1）树立谙习礼仪的意识

在明确礼仪重要性的基础上，最要紧的就是必须树立长久的"习礼意识"，处处留心，时时经意。

礼仪的习得首先便是个体的"社会化""文化化"过程。也就是说，礼仪多是靠传统，靠有意无意地模仿，靠周围环境的影响，靠在交际实践中不断地学习、摸索，逐渐地总结经验教训而习得的。因为礼仪具有变异性的特点，在完成了社会化以后，人们还有一个继续"社会化"的问题，所以习礼可谓是一个贯穿终生的过程。除此之外，对于一些跨文化交往所涉及的不同民族、不同文化的礼仪，其习得则是靠入境问俗的诚心及细心去了解和熟悉，并以此调控自己的言行。

就社会方面而言，为适应现代商品经济发展的需要，尤其是适应加入了WTO的需要，可以开办一些礼仪学校或短期培训班，也可通过电视台、电台、互联网等传播媒介开办专题系列讲座，充分发挥大众传媒的示范作用，这样便可以大大提高整个社会文明程度和公民道德建设水平。

2）陶冶尊重他人的情感

在礼仪教育过程中，情感是由知到行的一个桥梁。陶冶情感就是要使受教育者产生一种尊重他人的真挚的感情，能够时时处处替他人着想，对他人始终抱有一种热情友好的态度。我们都有过这样的体验，在交际活动中如果遇到一个对人诚恳热情的人，那么就能很快地建立起一种良好的关系；相反，如果碰到的是一个冷漠无情或虚情假意的人，则难以建立融洽交流的气氛。一个人可以很快就了解一些礼仪方面的知识，但若缺少对人的情感，那么他就无法将礼仪准确地表现出来。因此，情感比认识具有更大的制约性，改变情感比改变认识要困难得多，陶冶情感是礼仪教育中更为艰巨的一项任务。

◀━━━━● 礼仪小知识1-3

某电视台想采访一位父亲与幸存儿子的灾后重逢，在询问父亲的意见时，父亲考虑了一下，然后抱歉地请媒体等待一下，他要征询儿子的意见，就转身进了病房。摄像机开着，面前是白色的门帘，整整两分钟，在播出时画面一动未动，坚持没有剪去空白画面，直到那位父亲出来示意，可以进去拍摄了。这整个过程耐人寻味，让人深思。

在给予被访者足够理解的同时，也给予观看者足够的知情权，这是作为媒体给予的双重尊重。这次优雅与稳重的采访，得到了全球舆论的一致赞许，该电视台的报道被评价为"绅士般"的报道。

3）锻炼履行礼仪的意志

要使礼仪规范变成自觉的行为，没有坚韧不拔的意志是办不到的。意志坚强的人，能有效地控制自己的言行，特别是在不顺利的情况下，也能不畏困难，始终不渝地按照自己的信念待人处世。

所习之礼要培养成习惯，要有意识地摒弃不合礼仪的旧习惯，养成遵从礼仪的新习性。习性是一个人行为方式的自动化，是不需要多加思考和意志努力的行为方式，它受人的性格核心层和中介层的支配与制约。一个人的行为习惯是其观念、态度的下意识表现。习性一旦形成，便具有一定的稳定性，但通过意志努力可以使之改变。因此，不该以"习惯成自然"为由，姑息迁就那些不合礼仪的坏习惯，而应从思想观念上加以重视，加强礼仪意识培养，确信坚强的意志是保证实现礼仪规范的精神力量。

4）养成遵行礼仪的行为

礼仪教育的综合结果就在于使人们养成良好的礼仪行为，也就是使人们在交际活动中对于礼仪原则和规范的遵从变成一种习惯的行为。衡量礼仪教育的效果如何，主要不是看受教育者了解了多少有关礼仪的书本知识，而是看他在交际活动中的行为是否符合礼仪规范的要求，是否能够促进交际活动顺利地进行。因此，在礼仪教育中，要认真组织和指导受教育者的行为演练，通过严格的训练，掌握调节行为的能力，养成良好的行为习惯。从一件件具体、琐碎的小事做起，大处着眼，小处着手，寓礼仪于细微之中，逐渐成习。

在礼仪教育过程中，知、情、意、行是相互联系、相互渗透、相互促进、缺一不可的。没有知，情失去了理性指导，意和行就会是盲目的；没有情，就难以形成意，知就无法转化为行；没有意，行便缺乏支持的力量，知和情也就无法落到实处；没有行，知、情、意也就都失去了具体的表现，成为空谈。因此，在礼仪教育过程中，要坚持晓之以理、动之以情、炼之以意、守之以行。

1.3.2　中外礼仪的施行

遵守丰富多彩、纷繁变化的各种礼仪，要以诚为本——"诚于中则形于外"。只有如此，在运用礼仪时所表达的对交往对象的尊敬与友好，才会更好地被对方理解与接受。同样，无敬无以行礼。任何礼节礼仪都应是出自真诚的敬意和关怀，出自友善和情谊。舍此而行礼，只是虚伪的形式和对礼仪的歪曲。

礼仪是一种文化，由高度仪式化的行为和全无定式的行为这两重性构成，极富弹性，自然却又刻板。自然是因为它不是刻意人为的，而是在漫长的人类生活和交往中自然形成的，被人们自觉遵守的；刻板是因为它需要人们约束自己，按某些既定的、社会认可的规矩准则行事。所以，施礼须不失规矩，灵活把握。

1）把握中外礼仪的文化差异

国际礼仪的主要内容源自西方礼仪。世界文化大致可分为东方文化和西方文化两大部分，东西方文化差别很大，这种文化差异对东西方人的思想、观念、行为习惯等产生了较大的影响。西方文化主要是指欧美的英国、美国、加拿大，以及大洋洲的澳大利亚、新西兰等国家。虽然这些国家在风俗习惯上略有不同，但由于人们的宗教信仰、价值观念、行为习惯、风俗礼仪、精神思想、意识形态等大致相同，从而具备许多一脉相承的文化。随着人们社会交往，尤其是涉外交往的日趋频繁，如果不了解这些文化差异，常常会引起误会，影响成功交际。

（1）家族为本与个人为本。中国人一向有很强的家族观念。在中国古代社会，人们以家族为本位，每个人作为家族中的一员，视家族利益为根本，可以说除了家族的利益外并无个人独立的利益。国只不过是家的放大，所有的人际关系都是家族关系或是这种关系的延伸，因此在家"孝"父母，出外"忠"君主，二者是一致的。时至今日，中国人仍十分看重家庭的作用。

在西方社会，个人本位的观念占据着主导地位，人们信奉每个人都是独立的，不依靠任何人而存在，个人的权利任何人不得侵犯。家庭中人伦之情也是存在的，但在家庭成员关系上更注重人格上的平等，个人更看重自己的实际利益。子女成年后对家庭的依赖也较少，主要靠个人奋斗。表现在礼仪上，常有儿女成婚后，父母在子女家或子女在父母家吃顿饭，也须计算伙食费的情况发生。

西方人崇尚个人独立，一般不愿意干涉别人的私生活和个人隐私，也不愿意被别人干涉。邻居之间推门直入，相识之人未经约定便来拜访，随便打听个人的隐私等，都被看成失礼的行为。而中国人在人际交往中嘘寒问暖，似乎没有什么可保留的，对于了解有关年龄、职业、收入、婚姻状况、子女等问题，觉得理所当然。而在西方国家中，特别重视隐私权，凡是涉及个人隐私的都不能直接过问。个人隐私主要包括：个人状况（年龄、工作、收入、婚姻、子女等）、政治观念（支持或反对何种党派）、宗教信仰（信仰什么宗教）、个人行为动向（去何地方、与谁交往、通信）等。比如，中国人看到别人穿了件非常漂亮的衣服，会上前摸一摸，询问价钱或质地。在中国人看来，物品的贵贱只是表示该物品的质量，而在西方人眼里，这是不礼貌之举，询问别人所购物品的价格，就可能是探问对方的经济条件，因此也涉及个人隐私。如果你想了解该物品的价格，只能委婉地夸耀、征求或询问，而西方人一般情况下只告诉你该物品的贵或贱，一般不会告诉你准确价格。这也是东西方文化观念差异所在。与此相对应的礼仪的主要区别也就在于此，其他许多差异都由此派生。家族为本并不是现代意义上的集体主义，个人为本也不等于自私自利。如果说中国人较重视整体的关系，那么西方人则较重视个性的独立。

（2）注重人情与讲求务实。由于上述原因，中国人十分注重人伦亲情，人们一向把情义摆在利益之上。"君子喻于义，小人喻于利"成了中国人妇孺皆知、代代相传的道德信条。每逢节庆，亲友之间总要互相拜访，相互致以问候。如果遇到天灾人祸，亲友之间也常相互扶持和周济。

在西方社会，人们办事讲究务实和效率。除必要的礼仪外，一些其他礼仪形式有日益简化的趋势。特别是在交际活动中不喜欢过分的谦虚和客套。比如一个西方人到友人家中做客，如果他说"谢谢，我不想喝茶了"，那就是真的不想喝了。如他想喝，就会说："如果你正好要沏茶，我也喝一杯。"在法律允许的范围内追求自身的利益，不认为是不道德的，而对别人侵害自己利益的行为也绝不让步。

（3）重视身份与追求平等。中国文化等级观念强烈，中国礼仪历来强调一个"分"字。"贵贱有等，长幼有差，贫富轻重皆有称者也"（《荀子》）是中国古人追求的一种理想的社会境界。到了现代，中国人的"官本位"意识仍然存在。无论是在组织里，还是在家庭里，忽略等级地位就是非礼。尽管传统礼制中的等级制度已被消除，但等级观念至今仍产生影响。比如，中国的某些地区的家庭在吃饭时，父亲有着优先权，父亲不动筷子其他人谁也不能先吃。

在中国文化中，男士往往备受尊重，这主要受封建礼制中男尊女卑观念的影响。现代社会虽然主张男女平等，但在许多时候，男士地位仍较女士优越，女士仍有受歧视现象。另外，在夫妻生活中，男主外、女主内，"男女有尊卑之序，夫妇有唱随之礼"，仍是许多人向往的生活模式。

西方社会的阶级、阶层的对立差别是客观存在的，不同身份的人往往有着不同的社交圈子。但在日常交际生活中，每个人都很重视自己的尊严，不喜欢打听对方的身份，一些带有浓重等级色彩的礼仪形式已越来越不受人欢迎。相反，像自助餐、鸡尾酒会这样一些不讲等级身份的交际形式却日益流行起来。在西方国家，除了英国等少数国家有着世袭贵族和森严的等级制度外，大多数西方国家都倡导平等观念。如美国崇尚人人平等，在家庭中不讲等级，只要彼此尊重，父母与子女可直呼其名。另外，西方人追求平等的一个突出表现是，妇女在交际生活中受到了人们的普遍尊重。在中世纪欧洲的骑士中就有着尊重贵族妇人的传统，这种传统随着时代的进步，已演变成整个社会对妇女的尊重。西方国家的许多礼仪都和尊重妇女有关，无论在何种公共场合，男士都要照顾女士，比如握手时，女士先伸手，然后男士才能随之；赴宴时，男士要先让女士坐下，女士先点菜；进门时，女士先行；上下电梯，不管相识与否，男士都要让女士先行；在公共车辆上男士主动为女士让座更是起码的礼仪；乘坐小汽车上车时，男士也须上前几步，为女士打开车门。

（4）谦恭含蓄与情感外露。中国人素来视谦虚为美德，"满招损，谦受益"被视作千古不变的规训。因此，在交际生活中，中国人很少夸夸其谈、自吹自擂。同时，中国人还很善于控制自己的情感，不轻易外露，"动于心，发于情，止于礼"被人视作有良好道德修养的表现。在交际生活中，中国的夫妻、恋人一般不会在他人面前表现出过分亲昵的举动。即便老朋友相见，也很少有狂呼猛抱的举动。多数西方人则与此相反，他们不喜欢过分的谦虚，绝不害怕"锋芒外露"。他们大都性格豪爽，感情炽烈，拥抱礼、亲吻礼、吻手礼这些礼仪形式，都淋漓尽致地展现了他们民族的性格特征和文化心理。

东西方礼仪在很多方面有着相同的目标，只是在表达方式等方面有所不同。只要我们了解这些不同之处，并尊重对方的文化习俗，就能和睦相处。

2）遵行入乡随俗的常规做法

（1）入境问俗。它是指在涉外交往之中，要真正做到尊重交往对象，首先必须了解和尊重对方所特有的习俗。因为世界上的各个国家、各个地区、各个民族，在其历史发展的具体进程中，形成了各自的宗教、语言、文化、风俗和习惯，并且存在着不同程度的差异。这种"十里不同风，百里不同俗"的局面，是不以人的主观意志为转移的，也是世间任何人都难以强求统一的。而在涉外交往中注意尊重外国友人所特有的习俗，容易增进中外双方之间的理解和沟通，有助于更好地、恰如其分地向外国友人表达我们的友好之意。可以说，"入乡随俗"是促进中外双方彼此之间相互理解与沟通的一条捷径。

在涉外交往中，"入乡随俗"要注意两个问题：一是充分了解与交往对象相关的习俗，"入境而问禁，入国而问俗，入门而问讳"；二是无条件地对交往对象所特有的习俗予以尊重。在对外交往中，对于其他国家所特有的习俗，没有必要照抄照搬，全盘引进。对于本国的传统习俗，需要发扬光大。这一切，与"入乡随俗"原则并不矛盾。然而对于别国所特有的习俗，则不能少见多怪，妄加非议。例如，与阿拉伯人打交道时，就必须对其忌食猪肉、忌酒、忌用左手与人接触、忌送雕塑玩偶，以及对方在斋月期间禁食等习俗表示尊重，否则就会冒犯对方。

案例窗 1-1　　　　　　　　　　　　　入境而问禁，入国而问俗

　　方雪待人热情，工作出色，因此颇受公司重用。一次，公司派她和几名同事一道，前往东南亚某国洽谈业务。可处事稳重、举止大方的方雪竟由于行为不慎，招惹了一场不大不小的麻烦。

　　她和同事一抵达目的地，就受到东道主的热烈欢迎。在为他们特意举行的欢迎宴会上，主人亲自为每位来自中国的嘉宾一一递上一杯当地特产的饮料，以示敬意。轮到主人向方雪递送饮料之时，一直是左撇子的方雪不假思索，自然而然地抬起自己的左手去接饮料。见此情景，主人神色骤变，最后根本没有把那杯饮料递到方雪伸过去的左手中，而是非常不高兴地将它重重地放在餐桌上，随即理都不理方雪，扬长而去。

　　分析提示：方雪伸出左手去接主人递送过来饮料的做法，按照当地习俗，是一种对主人"大不敬"的严重"犯规"行为。在该国，人们的左右两只手在日常生活中是有明显分工的，并且还有尊卑之别。右手被视为"尊贵之手"，可用于进餐、递接物品以及向别人行礼；而左手则被当作"不洁之手"，仅可用于洗浴或"方便"。以左手递接物品，或是与人接触、施礼，在该国被人们公认为是一种蓄意侮辱别人的行为。如此看来，主人当时的态度已经够给方雪面子的了。方雪在这次涉外交往活动中违规犯忌，是由于她未能了解当地的民族礼俗，未做到"入乡随俗"所致。

（2）客随主便。它是指处于客位的礼仪当事人必须遵循处于主位的礼仪当事人所在地域的礼仪规范。所谓处于客位的礼仪当事人以及处于主位的礼仪当事人，是根据礼仪行为或礼仪活动所处地域来划分的。礼仪当事人如果是从其他地方来到该地域，就是客位的礼仪当事人；礼仪当事人如果是以该地域主人的身份出现，就是主位的礼仪当事人。在一般情况下，处于客位的礼仪当事人可以简称为"客人"或"来宾"，处于主位的礼仪当事人则可以简称为"主人"或"东道主"。因此客随主便是指外来客人必须遵循主人所在地域的礼仪规范。

任何国家、任何地区都有一些长期以来自然形成的风俗和习惯。遵循所到地域的

礼仪规范，是一切处于客位的礼仪当事人无法推卸也无法回避的，如果做不到这一点，必然会带来程度不同的礼仪失误，并且造成一系列其他的不良影响。从积极方面来看，遵循所到地域的礼仪规范，是处于客位的礼仪当事人得到所赴地域主人的认同、认可、赞赏和欢迎的因素之一。

（3）主随客意。它是指在涉外交往中基本上采用本国礼仪的同时，适当地采用一些交往对象所在国现行的礼仪，尤为重要的是，要对交往对象的国家及民族的主要礼俗禁忌心中有数，并且在实际操作中尽量加以注意。

主随客意是相互尊重，是对客随主便的真正理解和准确把握。既坚持客随主便，又不失"主随客意"的精神，这就是现代礼仪的体现。其实，在许多礼仪行为和礼仪活动中，都需要"主随客意"。比如，在外事活动中经常举行各式各样的宴会，东道国在筹办宴会时，就必须具有这种"主随客意"的思想和精神。就拿宴会上摆放的鲜花来说，就必须考虑有关国家的风俗习惯及禁忌。如果客人来自比利时、意大利、法国或卢森堡，千万不可摆放菊花，因为在这些国家，菊花意味着死亡。

在涉外交往中，当自己身为东道主时，通常讲究"主随客意"；而当自己是客人时，则又讲究"客随主便"。从本质上讲，这两种做法都是对"入乡随俗"原则的具体贯彻落实。

（4）求同存异。它是指涉外交往中，为减少麻烦，避免误会，最为可行的做法是既要对交往对象所在国的礼仪与习俗有所了解，并予以尊重，又要对国际上通行的礼仪惯例认真遵守。所谓国际交往惯例，是指参与国际交往时，必须认真了解且予以遵守的常规、通行的做法。在与外国人打交道时，如欲举止有方，表现得体，唯一正确的做法就是遵守国际交往惯例。

求同，就是要遵守礼仪的国际惯例，重视礼仪的"共性"。存异，则是要求对他国的礼俗不可一概否定，忽略礼仪的"个性"，要对交往对象所在国的礼仪与习俗有所了解，并表示尊重。同时，也要珍视本民族的传统礼俗，将其视作自尊和民族精神财富的一部分来倍加维护。尤其是在与本国人交往时，还是以保留本民族的传统礼仪为好。

比如见面礼，其中较为常见的就有中国人的拱手礼、日本人的鞠躬礼、韩国人的跪拜礼、泰国人的合十礼、阿拉伯人的按胸礼，以及欧美人的吻面礼、吻手礼和拥抱礼，各有其讲究，都属礼仪的"个性"。握手作为见面礼节，则是通行于世界各国的。与各国人士打交道，以握手这一"共性"礼仪作为见面礼节，是最适用的。所以在涉外交往中采用握手礼，就是遵守礼仪的国际惯例。

3）行礼要根据交往的具体情况而定

（1）区分具体交往对象以及交往关系。行礼不可不分对象一概而论，应视交往对象的年龄、性别、身份、文化阶层等具体情况而定。礼节运用的最高境界，是在任何场合下都保持每个人的尊严。并且，交往关系的发展呈阶段性，施行礼仪也应该与此相适应。

社交初期大都始于互通姓名、职务，关系尚待建立。在这一阶段，礼仪周到，双方谦恭行礼。各种礼仪的遵行都是日后友谊与合作的一种承诺和表示，是在为将来的交往奠定基础，很有必要。当交往关系达到一定程度，进入加强巩固阶段时，过多的礼仪有时则会妨碍关系的发展。通常，随着相互交往的深入，礼仪表现则渐少。如老友之间多以点头，甚至注目为礼，只在分别重逢以及较正式的职业场合才出现握手等。即使握手，方式也不同，不仅是一般的形式化接触，还会加上其他动作，像老远就伸出手臂，面带笑容地走向对方的准备动作，或另一只手也同时做出辅助性动作。日常的交往，则无须礼数周到，那样反而会破坏轻松愉快、自由自在的交际气氛。因为以往岁月的交往所积累的关于对方的信息，已经足以证明双方的关系和情谊，不再需要借助更多的礼仪来表达。

（2）注意文化背景的差异及制约。一是在不同文化背景下相同礼仪形式的含义、施行方式差异以及相同礼仪的形式差异。仍以握手为例，在泰国，握手礼只在政府官员和学者、知识分子中盛行，但男女之间不许握手；在英国、巴基斯坦等国，若初次与女士交往，经人介绍后，她不主动伸手与你相握，你就不要主动先伸手，否则就等于强迫对方同你握手，自然有不恭之嫌了，你认为是在表达友好的愿望，反倒会产生不友好的结果；日本则以鞠躬代替握手，不仅在和熟人打招呼或告别时如此，在向对方表示感谢、致歉和提出要求时也要鞠躬。二是不同文化背景下人们对礼仪的崇尚、重礼程度的差异。比如在跨文化交际中，这种差异就表现得很明显。如许多美国人不拘礼仪；阿拉伯人则极端重视礼节；对彬彬有礼的日本人来说，破坏礼数无疑是破坏了交往。

对于中外礼仪与习俗的差异性，应当予以承认。要明确礼俗都有自己存在的必要性与合理性，谈不上优劣之分。在各自的适用范围之内，才有对错可言。就有关数字的民俗禁忌来看，在中国、日本、韩国、朝鲜等国家，人们大多不喜欢"4"。究其原因，主要是因为"4"在上述国家语言中的发音与"死"的发音相近。但在信仰基督教的广大欧美国家里，人们却认定最不吉利的数字是"13"。因为在《圣经》故事里，"13"与基督遇害相联系。因此，在涉外交往中，对于类似的差异，尤其是我国与交往对象所在国之间的礼仪与习俗的差异，重要的是要了解，而不是评判是非，鉴定优劣。

（3）考虑社交场合与事件的大小。交际场合越正式、隆重，则礼仪越厚；所涉及的事宜越重要，场面越庞大，礼仪规矩往往也就越多，越繁杂，细节越精致，也越显得重要。这都需要区别对待。例如服饰的礼仪，在正式场合，穿着运动服、牛仔服或沙滩装等都是有悖礼仪的，正确的做法是男士着西装、中山装；女士穿西装裙、连衣裙、旗袍等。同样，在休闲、娱乐场合，着装可以轻松些，各种休闲服，像夹克衫、运动服、度假服、牛仔服等，都很相宜。

═──● 礼仪小知识1-4   **美在礼貌，美在修养**

著名演员奥黛丽·赫本被人们誉为女神，不仅仅因其貌美（貌美的很多人，并不能被全世界的人记住），也不是因为学历（比她学历高的比比皆是），但她用她的一生诠释了修养这个概念。她在遗言里这样说："若要优美的嘴唇，就要讲亲切的话；若要可爱的眼睛，就要看到别人的好处；若要苗条的身材，就要把你的食物分享给饥饿的人；若要美丽的秀发，在于每天有孩子的手指穿过它；若要优雅的姿态，走路时要记住行人不止你一个。"

总之，在各种社交活动中，行礼如仪，既要遵守国际惯例和交往对象的民族习俗，又要根据本国特点和礼仪习惯以及职业场合的特殊需要灵活变通，让与你接触的每个人都受到应有的礼遇。礼仪作为交际场上的行为规范，对其把握应如弗兰西斯·培根所言：行为举止是心灵的外衣，应该有外衣的条件。首先，应该合乎时尚；其次，不应该太标新立异；再次，应该剪裁妥帖，以阐明心灵的优点，并弥补和掩盖缺陷；最后，也是最主要的，不应该又紧又窄，以致禁锢了心灵，在事务和行动上干预了自由。

启智润心 1-1　　　　　以仪彰礼，涵养爱国主义情怀

2024年是中国人民解放军仪仗司礼大队女兵入队十周年。网友们说，女兵们踢腿带风、落地砸坑，动作整齐得就像复制粘贴，她们用飒爽的英姿向世界彰显了大国威仪。那么，首批仪仗女兵组成的"中国排面"是怎么"炼"成的呢？在中国人民解放军仪仗司礼大队专业课目会操评比现场，女兵和男兵的评比标准完全一样。组织会操有一个特点和原则，就是随机抽取。每个班、每个兵都要做好准备，随时可能上场。几百双马靴同时砸向地面，声音铿锵有力。仪仗司礼大队王冉冉介绍，"从入场喊番号的那一刻起，评分就已经开始了。往前跨一步的距离就是地上黄线所标注的75厘米。标准是不能误差超过2厘米""评委的扣分标准非常精细，从入场开始，连眼神都会抠，只有精益求精才能选出最好的班级"。最终，三营八连一班以98.36分的成绩获得第一名。

10年前，原中国人民解放军仪仗大队从原北京军区选调30名女队员组建女兵分队，这是仪仗大队成立62年来首次招收女兵。这支代表"中国排面"的队伍中第一次出现了女兵的身影。2014年2月10日，首批30名仪仗女兵在报到当天便开始了紧锣密鼓的训练，所有人的目标就是能早日上任务。王冉冉回忆："当时每天就一个目标——训练。睁眼训练，闭眼训练。很多战友晚上睡觉都在喊一二一，还有人在踢腿……"王冉冉说："一次训练时，第一个人喊一二一，踢腿。这个人的嗓子喊哑了，就换第二个人喊。第二个人喊不出来了就换第三个人……"汗水浸湿军装，发髻一挤全是汗水。正是因为这样高强度的训练，女兵分队从正式组建起到走上东门外广场检阅场，仅用了100天。而一般情况下，仪仗兵要经过至少8个月的训练才能开始执行任务。

2014年5月12日，13名仪仗女兵接受检阅。首次精彩亮相就震撼了国人，惊艳了世界。2015年9月5日，36名女队员赴俄罗斯参加"斯帕斯钟楼"国际军乐节。这是仪仗女兵首次海外亮相，也是受邀参加的15个国家里唯一的女兵队伍。正式演出当天下起了大雨，意大利、日本等国都退出了演出，希腊、墨西哥的仪仗兵也穿上了雨衣。唯独中国仪仗女兵没有丝毫退缩。12分钟、441步、177个队列动作组成的枪操表演。每一个动作都伴随着雷鸣般的掌声。场上10分钟，场下10年功。10年间任务在变，但"献身仪仗、为国争光"的信念一直没变。

资料来源：马敏捷，林泉，崔浩宇，等. 这就是中国排面！首批仪仗女兵是怎么炼成的？[EB/OL]. [2024-04-10]. https://news.cnr.cn/native/gd/20240225/t20240225_526608353.shtml.

核心素养： 爱国情怀　大国形象　艰苦奋斗

学有所感：党的二十大报告指出："广大青年要坚定不移听党话、跟党走，怀抱梦想又脚踏实地，敢想敢为又善作善成，立志做有理想、敢担当、能吃苦、肯奋斗的新时代好青年，让青春在全面建设社会主义现代化国家的火热实践中绽放绚丽之花。"中国人民解放军仪仗司礼大队被誉为"中国第一天团""行走的中国名片"，他们的每次亮相都会激发国人的爱国热情和民族自豪感。同样，他们凭借整齐的步伐、豪迈挺拔的身姿、庄严肃穆的威仪频频惊艳世界，展现了可信、可爱、可敬的中国形象。欲戴皇冠，必承其重。在这些光鲜亮丽的荣誉背后是仪仗兵异乎寻常的高强度训练，支撑他们的则是艰苦奋斗的精神和深植内心的爱国主义理想和信念。

●●● 本章小结

★ 礼仪是各民族在长期的交际生活中，集体创造并共同遵守的表现形式，包含有尊重、爱护、关心他人等意义的具体行为规范体系。中外礼仪既包括中华民族的传统礼仪，也包括世界上通行的国际礼仪和一些主要国家的传统民族习俗。

★ 在对礼仪的民族性进行分析时，必然要涉及礼仪的约定性、民俗性、传承性和变异性等特征，这是从纵向的视角来考察礼仪的形成、嬗变和传承。在对礼仪的世界性进行分析时，必然要涉及礼仪的兼容性、通行性和国际性等特征，这是从横向的视角来考察礼仪的同化、通行和融合。

★ 经商必有交，交以礼为系。礼仪贯穿于交际活动始终，可以说是商业交往之中必不可缺的运行机制，更是从事国际商贸活动必须了解的游戏规则。礼仪就像是进行交往的通行证，懂得不同民族、不同场合、不同对象交际应酬的各种礼仪，无异于打开了有效沟通的大门。

★ 礼仪的习得，不仅指对礼仪的知晓、操练，还包括将所习之礼培养成一种习性或者说是品性的过程，非一朝一夕可以形成。一般说来，学习中应着重于知、情、意、行的统一。

★ 施礼应是出自真诚的敬意和关怀，出自友善和情谊。若仅把运用礼仪作为一种道具和伪装，则有悖礼仪的基本宗旨。礼仪是一种文化，由高度仪式化的行为和全无定式的行为这两重性构成，极富弹性，自然却又刻板。所以，施礼需灵活把握——把握中外礼仪的文化差异、遵行入乡随俗的常规做法和根据相互交往的具体情况而因地制宜。

●●● 主要概念和观念

□ 主要概念
礼仪　印象整饰　国际交往惯例

□ 主要观念
中外礼仪　礼仪的民族性和世界性　礼以诚为本　行礼应灵活把握

●●● 基本训练

☐ 知识题

1.1 判断题

（1）礼仪的世界性是从横向的视角考察礼仪的同化、通行和融合。 （　　）

（2）礼仪规范是不会变化的。 （　　）

（3）国际礼仪的主要内容源自西方礼仪。 （　　）

（4）客随主便与主遂客意并不矛盾。 （　　）

（5）要无条件地对交往对象所特有的习俗予以尊重。 （　　）

随堂测验1-1

判断题

1.2 选择题

（1）不包括在礼仪定义中的是（　　）。

A.礼貌　　　　　B.礼节　　　　　C.礼品　　　　　D.礼仪

（2）从纵向的视角来考察不涉及礼仪特征的是（　　）。

A.约定性　　　　B.通行性　　　　C.民俗性　　　　D.传承性

随堂测验1-2

选择题

（3）在国际交往中遵行求同存异、主遂客意、客随主便、入境问俗的做法主要是指（　　）。

A.文化差异　　　B.陶冶情感　　　C.入乡随俗　　　D.追求平等

1.3 简答题

（1）礼仪如何调节人们的行为？

（2）遵循礼仪的基本要旨是什么？

（3）从横向的视角来考察礼仪，会涉及礼仪的哪些特征？

（4）礼仪的习得应着重于哪几个方面？

随堂测验1-3

简答题

●●● 观念应用

☐ 案例题

20世纪60年代，某国总统访问某王国，当着国王的面，跷起二郎腿，脚尖向着国王，而这种姿势在该国是被认为带有侮辱性的。更为糟糕的是，在告别时，总统竟然以自己国家的礼节紧紧拥抱了王后。在该国，除了国王外任何人均不得触及王后，由此引起的不良影响可想而知。

问题：总统为什么会在社交上犯这样的礼仪错误？

☐ 实训题

举一个社交场合的实例，分析应该怎样根据具体交往对象以及相互间关系施礼，由此讨论学习中外礼仪的重要性。

第 2 章
中外服装佩饰礼仪

学习目标

知识目标：学习中外礼仪的服饰知识，懂得服饰的含义和基本功能，了解服饰形象策划的原则，把握中外礼仪交往过程中的着装和佩饰礼仪。

技能目标：能够根据 TPO 原则，适体适度地在整体上安排着装和佩饰，突出工作需要的特点，学会有关服饰色彩、质料的选择和搭配技巧；具有服饰、着装礼仪整体设计能力，实践中能满足自己所承担的社交角色与所从事的工作需要，在服饰上注意吻合一致。

素养目标：培养自尊心和自信心，具有必要的礼仪意识。

第 2 章

思维导图

引例　　　　　　　　"最美外交官"傅莹：智慧与穿衣学问并存

"外交官"是一个国家的名片，是国家对外的形象，不仅要有舌战群儒为国家发声的能力，在穿衣学问上也要体现出高雅的气质。

"腹有诗书气自华"，"岁月从不败美人"。这两句话用来形容"中国最美外交官"傅莹再合适不过。外交官需要出席各种正式场合和礼仪活动，代表的是国家的形象，因此穿衣打扮就需要格外讲究。而在傅莹的穿搭中，我们可以看到东方女性具备的各种"美"。

1）廓形西服的力量美

对于"外交官"这个特殊的身份来说，西服绝对是穿搭中必备的单品之一，它代表着对场合的尊重，也是一种身份的体现，而"西服套装裙"无疑是最能体现女性气质的职业装。傅莹身穿驼色短款西服，立体的廓形剪裁勾勒出挺拔的身姿，深棕色衣领与直筒半裙配色呼应，将复古的时尚感和端庄大方的气质展现得淋漓尽致。

在国际场合中，单穿西服还不足以体现出东方女性的韵味，因此傅莹采用了"中西方元素结合"的叠穿方式，彰显出干练又不失温婉的女性形象。同色系灰蓝色西服套装，内搭充满中式色彩的唐装，精致的立领、盘扣元素和碎花元素的组合，优雅古朴又不失端庄大气。而印着"山水画"的连体长裙，黑白色交叠，简约又不乏时尚感，外搭一件白色廓形垫肩西服，修饰肩部线条让身姿看起来更加挺拔。

2）旗袍、唐装的典雅之美

作为中国外交官，在向世界展现东方女性形象时，最好的服饰就是旗袍、唐装。

改良式的深蓝色中国风旗袍，过膝裙摆、七分袖和收腰剪裁设计，勾勒出身段比例的同时也非常端庄得体；搭配祖母绿手包和白色珍珠耳环的点缀，让深色系旗袍造型充满了典雅与贵气。

唐装也能充分体现中国女性的气质和韵味。傅莹身穿黑色暗花纹唐装，长款版型及踝设计，高级又惊艳；内搭碎花长裙，内长外短、内繁外简的叠穿造型，完美彰显了高雅的姿态。

3）珍宝首饰的富态美

对于职业女性来说，首饰是造型中不可或缺的一部分，然而在选择配饰时，也有很多学问。

可以选择带有珍珠元素的项链、耳环，晶莹透亮的光泽质感，提亮肤色又不会显得过于做作，尽显温婉知性的富态美；也可以选择极具装饰效果的胸针，在西服或是大衣造型中都非常实用，不仅可以彰显职业女性的端庄与大气，而且能丰富造型层次感，体现个人气质和时尚品位。

岁月从不败美人。女性之美，不仅限于皮相，而是内外共同呈现的优雅气质。就如傅莹所说，外交礼仪对于大多数人而言，是个鲜有涉及的领域。但如今中国已成为世界级大国，了解全球多元文化的发展，以及如何在自己所处的位置上恰如其分地展现出中华礼仪之邦的风采，是每一个人都该去做的事情。

资料来源：佚名．"最美外交官"傅莹：69岁一头银发优雅依旧，智慧与穿衣学问并存［EB/OL］．［2023-12-12］．https://baijiahao.baidu.com/s?id=1741483872285062637&wfr=spider&for=pc．

服饰搭配不仅有关外表形象，而且也是我们在日常工作和生活中讲究礼仪的行为表现。在总括性地探讨了中外礼仪的渊源、功能、特点及其施行以后，从本章开始我们将进入中外一些具体礼仪的介绍。中外服饰礼仪主要探讨服饰的功用及选配的基本要求，着装礼仪、佩饰礼仪和中外服饰习俗。

2.1 服饰概述

服饰是服装和佩饰的总称，是人的外在表象，由服装本体及其延伸饰物所构成。延伸饰物包括首饰、帽子、发夹、围巾、腰带、领带、提包、胸花、鞋子、眼镜、手套、手表等。着装佩饰反映着一个人的精神状态和礼仪素养，左右着人们交往第一印象的形成，影响着社交的成功和事业的顺达。因此，我们必须注重服饰，使之与自己所扮演的社交角色和所从事的社会活动相符，与所在企业的整体形象相协调。

2.1.1 服饰的功用

除了最为原始的基本功能遮羞挡风外，服饰的主要功用包括：

1）掩瑕扬瑜，美化形象

天生丽质、风仪秀整的人毕竟是少数。我们可以靠化妆修整、着装佩饰等修饰手段，弥补和掩盖容貌、形体等方面的不足之处，并在视觉上把自身较美的部分展露、衬托和强调出来，使形象得以美化。如腿形粗短或萝卜腿，可借长裙"藏拙"，而优美修长的双腿，则可用短裙或超短裙使之得以充分体现。如果你相貌平平，但颈项顾长，十指纤秀，可佩戴项链、手镯、戒指来强化这些动人之处和吸引视线。

服饰不但能掩瑕扬瑜美化形象，还能通过讲究仪表所折射出的精神状态和礼仪素养，更深层次地美化形象。每个人的形象，就像橱窗里的风景画，我们没有理由将憔悴的面容、邋遢的服装展现在众人面前。修饰仪表，体现了一个人的自尊、自爱和对社会、对他人的尊重，本身就是一种礼仪。我国某男演员在获泰国女总理接见时，卷着衣袖晋见合影，就被网友们严批失态。

2）角色整饰，塑造形象

角色整饰指在人与人之间的交往中，个体选择一定的语言和非语言行为，以达到有效地控制别人对自己形成与自己在交际活动中所扮演的角色相一致的印象，并以此满足交际对象心目中的角色期望之过程。而这个期望在交际对象心目中留下的印象，实际上就是可以表现个人个性特征、社会身份、生活方式、社交角色等的身份形象和角色形象。仪表修饰，作为一种非语言行为，对人的影响力绝不亚于语言，甚至在某种程度上超过语言。它作为一种角色整饰的手段，帮助人们从外观上静态地塑造所期望的形象。这样，能使和你打交道的人首先在心理上认可你的身份和角色，产生一种与期待相符的安全感和信任感，从而有利于双方在某一目标中尽快地达成互相沟通与合作。在现代社会，在重要场合讲究"男人看表，女人看包"；在一般场合则是"女人看头，男人看腰"。也就是说，重要场合男人的手表是最重要的行头，他的身份、身价、时尚品位都跟手表有关；女士则千万不要戴三件以上的黄金首饰，主要看包，看品牌、色彩、里面放什么东西等。一般的社交场合，女士看头是指看发型、看化妆；男士看腰不是看腰粗不粗，腰带威风不威风，衬衫下摆是否放在腰带里，而是说在腰上不能挂任何东西。

一个人若能成功地推销自己，几乎就可以推销任何有价值的东西。推销员的服饰应根据推销商品和推销对象的不同而有所变化。比如，在推销高级名牌产品时，顾客对你在衣着方面的角色期待是考究且有品位，你就必须在穿着上努力为你推销的著名企业和名牌产品树立起权威的形象，与顾客的期待相吻合。男推销员可着高档西服与衬衫；女推销员可着高档西装套裙和与西装颜色构成鲜明对照的衬衣，并佩戴一些高档饰品，创设出名贵的购买气氛以促使推销的成功。若你的推销对象是一般基层工作人员，那着装就别太考究和奢华，以免引起对方的不悦和反感。

在贸易谈判时，着装应选择色彩凝重、沉稳且合体的西服，因为合适的西服颇具影响力，能左右人的判断，在短时间内凝聚起有权威、讲信义这些生意场上最重要的气质印象。

可见，服饰除了能美化形象之外，更重要的是还能塑造形象。人的形象并非一成不变，所以服饰应根据身份和角色的不同而随时改变和调整。譬如，商界领导的服饰宜端庄、稳重，质地较高档，款式略保守，以体现一种权威感；公关经理的服饰形象应与企业形象一致，因为人们常通过其形象来评价其代表的企业。

通过服饰进行印象整饰，塑造形象，不但能使人的外在形象与角色形象相符，有时还会潜移默化地影响人的内在素质。当一个人的仪表修饰得与其本身素质不同，却又是他的期望形象时，就会比较容易适应与仪表形象相协调的行为。久而久之，修饰形象便会渐渐改变其性格、气质，乃至心态。

课堂互动 2-1

课堂互动 2-1

答案提示

推销乡村住宅和城市住宅时，你的穿着应有何不同？

3）辅佐社交，顺达事业

服饰在社会生活中有着不可低估的作用，形成的价值是有形的。它不但影响人们办事的效果、社交的成败、事业的顺利与否等许多方面，还控制和左右着周围人的态度。"以貌取人"是不足取的，但这种行为却是实实在在地存在着，并且相当普遍，根深蒂固。

社交，尤其是初交，影响最初印象的因素主要是认知交际对象的外部线索和信息，经由语言和非语言的途径获得，且以非语言为主。如果你通过语言传递的信息与你的仪表传递的信息一致，对方就容易对你产生信任感；否则，素不相识的对方更相信仪表所传递的信息。人们在较短时间内判断一个人，很多时候取决于强烈的第一印象。这个第一印象，往往是在视觉器官与观察对象的外表形态相接触的一瞬间产生的。根据"晕轮效应"，一旦第一印象这种思维定式产生了，在一定时期内就很难改变。短暂的人际接触，有时会决定你的某项事业或某种行为的成功与否。"以貌取人"在大部分人和大部分场合中完全是下意识的。

课堂互动 2-2

课堂互动 2-2

答案提示

美国著名的服饰工程师约翰·摩洛埃曾做过一项多元性研究。他派一位大学毕业生去拜访100家公司，去其中50家时，他穿着普通服装，去另外50家时则穿着高档服装。摩洛埃对每家公司的经理都事先打过招呼，让他们事先通知自己的秘书，这个年轻人是他刚刚聘任的助理，并要求秘书听从他的吩咐。结果这位年轻人穿着高档服装去拜访时，秘书几乎是有求必应，而穿着普通服装时，就至少有1/3的秘书对他表情冷淡，或颇有微词。当他要求调阅3份职员档案时，身着高档服装时有42次在10分钟内收到，而在身着普通服装时只有12次在10分钟内收到。这个实验的统计显示，身着高档服装时，在50次会面中得到的积极反应和合作是30次，而身着普通服装时却只有4次。可见，借助服饰既可以美化形象，增强人际吸引力，又可以塑造形象，优化你的第一印象，使你得到人们的重视和尊敬。

你认为之所以会出现这种状况的原因何在？

2.1.2　服饰形象策划的原则

服饰形象策划，其实是一个动态的概念。其策划因人的个体差异，所从事社会活动的性质、内容、场合、时间和地点的不同，以及交际范围和交际对象的变化而有所差别。尽管如此，服饰形象策划仍有一些带有共性的原则可循。

1）适体性

要求服饰与个体自身的性别年龄、容貌肤色、身材体型、个性气质、职业身份等相适宜和相协调。

（1）与性别年龄相适宜。男性服饰要体现刚毅有力、优美自然的男子气韵，绝不能弄得不男不女、不伦不类；女性则要展示温柔妩媚、典雅端庄的女子风韵。不同年龄的人处在社交、事业和生命的不同发展时期，应体现不同的风格。青年着力展示青春风采，淡淡妆饰，以体现自然之美和塑造个性，服饰质地不必太考究；中年力求突出成熟风韵，妆色柔和，服饰优雅，不逐时髦，服饰质地则要考究；老年则适当渲染岁月赐予的财富，创造高雅持重、深沉理性的睿智风格。

（2）与容貌肤色相适宜。每个人的容貌，都有其自身特点，五官的形状、大小、分布和比例不尽相同，服饰要根据各自特点扬长避短。人的肤色也有差异，中国人的皮肤大致可分为浅黄、苍白、黄、暗黄和浅褐几种颜色，应以不同的妆色和服饰颜色与之相配，既要使原先不甚理想的肤色得以改善，又要给人一种和谐感。

（3）与身体造型相适宜。人的身体造型并非都十分完美，要针对自己的脸型、颈型、肩型、体型、手型、腿型等身体特征，找出其优势和劣势，再选择与之相适宜的服装的色彩、图案、款式和质料，饰品的造型、色彩和大小等进行修饰，力求突出体型优点，淡化体型的不足。

（4）与个性气质相适宜。每个人都有自己独特的个性气质，如文雅、粗犷、拘谨、潇洒、沉稳、活泼、忧郁、爽朗等。应把握自己的个性气质，通过着装和佩饰烘托个性、展示个性，使之溢于外表，而不是相悖，以期获得外在仪表与内在精神的和谐之美，并在这种和谐中，使个性气质得到充分表现和完善。

（5）与职业身份相适宜。服饰与职业身份相适宜就是要合乎和体现自己的职业身份的特点以及表现内在的素养，与所从事的职业和身份的角色形象相协调。一般情况下，公关工作者服饰须优雅、大方、考究。商界推销人员的服饰则需体现既稳重、可靠而又有魅力。男性主管要追求干练、稳重的风格，并略微保守些。

2）整体性

整体性要求服饰策划的着眼点是将人视作一个整体，考虑局部的各修饰部位，促成着装佩饰与人自身诸多因素之间的协调一致，使之浑然一体，营造出整体风采。

（1）着装的整体协调。着装，是以人体为基础，通过服装的色彩、款式、质料和装束的匹配，塑造个体形象。注意着装的整体协调，首先是服装本体在色彩、图案、款式、质料和风格上要统一和谐；其次是服装的本体及其延伸要有整体感。帽子、围巾、领带、领结、腰带、手套、手帕、鞋袜、皮包、眼镜等都属于服装的延伸，它们与服装本体构成了最广泛意义上的着装，对服装本体起着对比和呼应、烘托和渲染的作用。所有的装束都要力求在色彩风格、款式图案和质料质感等方面整体匹配，形成一种整体美。

（2）佩饰的整体协调。佩饰，是以人体诸部位为基础，借助饰品的佩戴扬长避短，点缀装饰，传递信息和表达意向，塑造个体形象。注意佩饰的整体协调，就是指同时佩用的几种饰品，要在色调、光泽、材质、形态、寓意和风格上取得相应的协调与一致。不可因为饰品在人体修饰上所占面积小而忽略它，否则，难以发挥其装饰溢美的作用。

（3）着装、妆饰和佩饰的整体协调。首先，最重要的是色彩效果的协调统一。着装在服饰中所占面积最大，要以着装的主色系为中心基调，施妆用色和佩饰择色则需配上与着装的主色系相近或相对的色彩，以取得和谐与呼应、均衡与变化。其次，还要全方位地考虑着装、妆饰和佩饰在款式造型、质感档次、格调意趣等方面的协调统一，并使之与所修饰的主体取得协调，也就是要让所有的修饰效果造就出一种和谐的整体美。

眼影、口红的用色以服装颜色为依据，其配合变化有一定规律，详见表2-1。若服装颜色以蓝色为主，眼影有四种色系可变化使用：蓝、灰、紫、粉红；口红色也有四种色系可选用：红、粉红、桃红、棕。

表2-1　　　　　　　　　　　　　　根据不同服饰施妆

服装	红	粉红	紫	蓝	绿	黄	橙	棕	灰	黑	白
眼影	蓝绿灰紫棕	粉红紫棕绿	紫粉红蓝灰	蓝灰紫粉红	绿棕灰粉红	棕绿灰紫	绿棕灰紫	棕绿蓝灰	灰粉红紫蓝绿	灰紫粉红棕蓝绿	粉红紫棕蓝绿灰
口红	红粉红桃红棕	粉红桃红棕	桃红粉红棕	红粉红桃红棕	红粉红橙桃红	橙棕桃红红	橙棕红	橙红棕粉红	粉红红桃红橙	红桃红橙粉红	粉红红桃红橙

3）独特性

独特性要求仪表修饰在与个体自身诸因素相适宜、相协调的基础上，突出个性风采，讲求与众不同，形成独特的色彩风格。

企业形象设计，即CIS，从本质上说是一种企业为求生存发展的差异化战略，是为企业创造个性。而作为企业形象代表的个人形象设计，即PIS，也同样着力于创造个性，创造差异性。个性与差异性是密不可分的，个性本身就意味着差异，没有差异就谈不上个性。从受众角度看，能使其留下深刻印象、难以忘却的是那些具有独特性的东西，即那些有个性的东西。一个平庸、没有个性的人，难以引人注目，只有与众不同的人，才能备受关注。而要想与众不同，就要形成相对于其他人（尤其是竞争对手）的差别化形象。通过与他人形成一种理念上、行为上与视觉上的差别来达到强化个人形象乃至企业形象的目的。

因此，服饰不能简单、盲目地追逐和趋从时髦，或是仿照他人的视觉设计，使自己的个性淹没在统一的时尚和名牌的包装之中。外在形象的独特性，绝不能靠追求奇装异服、荒诞怪异和逾规越矩来实现，而必须是建立在遵循静态视觉形象设计原则的基础之上。

4）TPO原则

TPO原则要求服饰因时间、地点和场合的变化而相应变化。所谓TPO，分别是英文Time、Place、Occasion三个单词的首字母，意思是时间、地点、场合。

（1）随时间变化。时间的含义有三层：一是指每天的早上、日间和晚上三段时间的变化；二是指每年的春、夏、秋、冬四季的不同；三是指时代间的差异。要根据一日内因时间变化所具有的不同光照以及人们从事的不同活动和对礼仪的不同要求，一年里随四季更迭所形成的不同气候条件、自然背景，及其对人们生理和心理的不同影响，顺应不同时代的界定、潮流和节奏，选择与之相适宜并协调的着装和佩饰。

（2）随地点变化。地点在这里是指环境。当你进入一个环境——繁华都市或是偏远乡村，豪华宾馆或是海滨公园，晚宴舞厅或是林荫花间，你就成了环境的一部分，你必须与之保持一致，否则环境会对你形成一种排斥力，使你在这个环境中显得十分突兀，以致让其他人感到不舒服。你西装革履坐在雅致的办公室里就十分相宜，可要是走在乡野田埂上便会觉得别扭。所以，应尽量使服饰与环境氛围相协调，从而整个环境不会因你而产生视觉破坏，你在其中也会自在而舒服。

（3）随场合变化。不同的场合与气氛，上班或居家、欢喜或悲伤、热烈或严肃等，都具有与之相配的一些约定俗成的礼仪规则。服饰修饰的效果只有合乎所处的这些特定场合的气氛，并与其融洽和谐，同时遵循一定的礼仪规则，才会使交际对象感受到你的礼貌、诚意、教养和情趣，对你产生好感。

案例窗 2-1　　　　　　　从令人心动的offer，看新人职场穿搭

詹秋怡教科书式面试穿搭：温柔知性的OL风格，让人想起韩剧里的金秘书搭配：V领白衬衫+亮黄色包臀裙+香槟色亮片高跟鞋。重点：白衬衫是职场百搭单品，款式应选择简洁大方的设计。V领能够拉长脖颈，更好地修饰线条。亮黄色包臀裙给人视觉上的提亮效果，腰带可以凸显身材比例，但拿捏不好颜色容易用力过猛，如无把握建议选择饱和度较低的颜色。另外一定要注意裙子的长度，不可过短。

面试穿搭万能公式：质感的衬衫+半裙，低饱和色系职业套装，冬季可替换为羊毛、羊绒材质的线衫和长裙/阔腿裤。全身上下不能超过3个颜色，尽量选择同色

系搭配，避免大面积露肤和紧身的装扮。颜色推荐：白色、米色、淡蓝、淡黄、淡粉、黑色。

还需注意的搭配细节：除了基础的穿搭之外，也应重视穿搭中的小细节，比如口红、头发、首饰等。头发：要整齐顺滑，不建议染亮色。口红：请用浅红色、浅橘色，不可太过出挑。面妆：应精致而不浓重，不建议浓重的眼妆。配饰：耳环项链尽可能成套，选择低调款式。鞋子：大方得体，3~5厘米，建议裸色系或纯色深色。

资料来源：佚名. 从令人心动的offer，看新人职场穿搭! "菜鸟"也能轻松逆袭. [EB/OL]. [2023-12-15]. https://mp.weixin.qq.com/s/oxaxWzR17Ae_miNXXiEJXw.

分析提示：案例中詹秋怡作为职场新人，其着装符合TPO原则，展现了得体且专业的形象。首先，她的服饰与职场环境相契合，既不过于张扬也不过于随意，保持了恰当的正式感。其次，她考虑到时间因素，在不同场合穿着适宜的服装，如会议时穿着正式的西装，而休闲交流时则选择较为轻松的装扮。此外，她也考虑到了个人因素，选择的服饰符合她的个人风格和气质，展现出独特的魅力。总之，职场中个人着装需要既符合职场规范，又体现个人特色，从而可以为个人职场形象加分。

5）适度性

适度性要求服饰无论是在修饰程度，还是在饰品数量和修饰技巧上，都应把握分寸，自然适度，追求雕而无痕的效果。

（1）适当的修饰程度。修饰不是矫饰，应以仿照人体的自然为本，为突出人的外在美及其个体气质服务，而不是本末倒置，只见服饰不见人。修饰作为一种能动的创造，要有分寸感，恰如其分，该简则简，该繁则繁，使经修饰后的人以自然美的姿态展现。即使是在晚宴上，女士的着装和佩饰也应有自然的魅力，不要让人有妖冶和矫饰的感觉。美与丑仅一步之遥，过分修饰，刻意装点，不仅不会产生美感，还会给人烙下庸俗、做作的印象。

（2）适当数量的饰品。饰品意在点缀。恰到好处的缀饰，似点睛之笔，如锦上添花，让人更具风采和魅力。但若不节制地佩饰，珠翠满头，把自己装扮得宛如圣诞树一般，反而会给人轻浮浅薄、庸俗不堪的感觉，可谓适得其反。美与美相加，不一定等于美。饰品佩戴，贵在适度。恰到好处的缀饰，既不在于首饰的数量多寡，也不在于首饰的价值贵贱，而在于选配得当。

（3）适宜的修饰技巧。修饰贵在无痕。修饰的运用技巧在于变无意识为有意识，使有意识又要看起来像是无意识。仪表不修饰不好，修饰得露痕迹更不好。如有些经粗劣的化妆手法修饰的面容：粉厚厚地涂满脸，胭脂浓浓地抹遍腮，会让人产生一种粉墨登场的感觉。成功的修饰是寓精心构思于漫不经心的风格中，既雕琢，又似自然天成。

礼仪小知识2-1　　　　有件事比漂亮更重要——得体

在初冬的暖阳温暖的照耀下，同事们10人组团去看据说是1 500多年前唐太宗亲手种下的银杏树。队伍里有一个姑娘，踩着高跟鞋，深一脚浅一脚艰难地行进着。姑娘啊，不是说好爬山不穿高跟鞋的吗？你说这样穿照相好看，的确，出发前合影时在其他人黑、灰和深蓝色的陪衬下，你美得像一朵雪莲花。可是在爬山行进中，你还好看吗？穿裙子登山，穿高跟鞋打球，或者穿带洞的牛仔裤谈判，其实一点都不美。因为有一件事比漂亮更重要，那就是得体！

2.2　着装礼仪

着装是指人的衣服装饰。作为人体外表的重要构成，着装构成了人们最为直接的视觉印象。每个人所选择和穿着的服装，直观地呈现出个人的精神内涵、审美品位和礼仪素养。

2.2.1　常用礼服

在出席隆重的社交活动时，许多国家都有穿着礼服的习惯。在为此类交往活动所发的正式请柬上，往往会做出特别的规定，要求穿着礼服。

1）男士礼服

（1）中式男礼服即中山装，一般应由上下身同色的深色毛料精制而成。中山装前门襟有五粒扣子，领口为带风纪扣的封闭式领口，上下左右共有四个贴袋，袋盖外翻并有盖扣。穿着时，应将前门襟、风纪扣、袋盖扣全部扣好；口袋内不宜放置杂物，以保持平整挺括；配黑色皮鞋。中山装可以用于各种礼仪活动。

（2）西式男礼服，分日间礼服和晚礼服两种。一般日落后是穿着晚礼服的时间，忽视了时间而胡乱穿着各式礼服，是失礼的。

①晨礼服。通常上装为灰色或黑色，后摆为圆弧形；下装为深灰色黑条裤；配黑礼帽、灰领带、黑色皮鞋。白天参加各种典礼、婚礼及星期日上教堂做礼拜时穿用。

②大礼服。大礼服也称燕尾服，是西式晚礼服的一种。大礼服由深色高级衣料制成；前身较短，后身较长而下端张开如燕子尾巴状；翻领上镶缎面；裤腿外侧有丝带；通常系白色领结；配黑色皮鞋，黑丝袜；戴白手套。燕尾服是晚间最为正式的礼服，用于隆重庄严的场合，如婚礼晚宴、观歌舞剧、授勋仪式、授奖仪式等。

③小礼服。小礼服也称无尾礼服、便礼服。由于无尾礼服的领带是黑色的领结，因此有"黑领结"之说。小礼服适用于一般性的晚宴、音乐会、酒会等。

（3）通用男礼服即西装。西装的样式很多，领型有大、小驳头之分；前门有单、双排扣之分；对扣有一粒、二粒、三粒之分；口袋有明暗之别；套件有两件套（上、下装）和三件套（上、下装和背心）之别。礼服的西装应由上下身同色的深色毛料精制而成，系领带，穿黑色皮鞋，必要时还要配帕饰。

2）女士礼服

（1）中式女礼服。中式女礼服中最常见的是旗袍。旗袍有各种不同的款式和花色。在礼仪场合穿着的旗袍，一般采用紧扣的高领、贴身、衣长过膝、两旁开衩、斜式开襟，袖口至手腕上方或肘关节上端或无袖的款式。面料多为高级呢绒、绸缎。颜色以单色为佳，而且不宜在面料上刺绣或装饰过多的图案或饰物。旗袍的长度最好是长至脚面，其开衩不宜太高，以到膝关节上方一至两寸为最佳。着旗袍应穿高跟鞋或半高跟鞋，或穿高级面料、制作考究的布鞋。

（2）西式女礼服。西式女礼服包括：

①大礼服。它也称大晚礼服，为袒胸露背的单色无袖连衣裙式服装。从正面看，穿着者的脖颈、双臂及前胸以上部分暴露在外；从背面看，穿着者的双肩，直至腰际全部裸露在外。裙子的下摆可长及拖地或刚及地面，其面料多为高档的薄纱或绸缎，色彩必须为单色。穿时必须戴上与其色彩相同的帽子或面纱，还要有薄纱或网眼的长手套、耳环、项链等饰品相配。大礼服是一种最正式的礼服，主要适用于在晚间举行的最正式的各种活动，如官方举行的正式宴会、大型正式的交际舞会等。

②小礼服。它是一种质地高档、色彩单一的露背的连衣裙式服装。与大礼服相比，小礼服的前胸暴露在外的肌肤相对少些，裙长至脚面而不拖地。其衣袖有长有短，着装者可根据袖长的具体情况来选配长短适当的手套。一般情况下，着小礼服时，为方便交谈，女士可不戴帽子或面纱。小礼服的地位仅次于大礼服，主要适合于参加晚上6点以后举行的宴会、音乐会或观歌舞剧时穿着。

③晨礼服。它也称长礼服，可由质料、颜色相同的上衣和裙子组合，也可以是单件连衣裙。一般以长袖为多，而且肌肤的暴露很少。与此搭配的是一顶合适的帽子，一副薄纱短手套，还可携带一只小巧的手包或挎包。晨礼服主要是在白天穿，适用于参加在白天举行的庆典、茶会、游园会和婚礼等。西方人在星期日去教堂做礼拜时，也讲究穿晨礼服。

（3）通用女礼服，即西装套裙。作为礼服的西装套裙是西装上衣与配套的裙子成套设计制作的，一般是由一件西装上衣和一条半截裙所构成的两件套女装。也有三件套的西装套裙，是在西装上衣与半截裙之外，加上一件背心。

2.2.2 着装的礼仪规范

在此主要讨论着装的礼仪规范和注意事项。

1）西服的穿着规范

西服已发展成为当前国际上标准通用的礼服，能在各种礼仪场合穿着。其穿着有相当统一严格的模式和要求。只有穿着符合要求才被认为是合乎礼仪的。具体的礼仪规范为：

（1）西装的套件。西装有单件上装和套装之分。在非正式场合，可穿单件上装配以各种西裤或牛仔裤等休闲裤。在半正式场合，应着套装，可视场合气氛在服装色彩图案上稍微大胆些。在正式场合，必须穿颜色素雅的套装，以深色、单色为宜。

（2）西装的衬衫。与西装配套的衬衫应挺括整洁无褶皱，尤其是领口。衬衫下摆要塞进西裤，袖口须上纽扣不得翻起。如不系领带，可不扣领扣。袖长以露出西装衣袖1~2厘米为标准。衬衫领子要高出西装领子约1厘米。

（3）西装的领带。在正式场合要佩戴领带。领带必须系扎在硬领衬衫上。领带系好后，领带上面宽的一片要略长于底下窄的一片，不能相反；领带尖须刚抵腰带上端。若内穿背心，领带下端必须放入背心内，领带尖不能露出背心。领带结的系法颇有讲究，常见的标准系法有：活领结系法，适合纽扣靠下的衣领或标准衣领；大领结系法，适合于欧式方领和较大翻领的衬衣。

（4）西装的纽扣。西服上装有单排纽和双排纽之分。单排纽又有单粒扣、双粒扣、三粒扣之别。在非正式场合，一般可不扣纽扣，以显示潇洒飘逸的风度；在正式场合，要求将实际扣即单粒扣、双粒扣的第一粒、三粒扣的中间一粒都扣上，其余的都是样扣，不必扣上。双排纽一般不要敞开穿。

● 礼仪小知识2-2　　　　　　　　　是上司在找碴儿吗？

张先生是一位经常东奔西走的业务人员，遵照公司的规定，他必须天天穿着蓝色西装上班，同时配上白衬衫及深蓝色领带。张先生自认为这身服装让他显得英姿焕发，但是他的上司经常以手指着他的领结处，然后说："不及格呀！"

经过同事的提醒，张先生才晓得原来上司是怪他没扣上衬衫的第一颗纽扣，但他很不以为然："反正我已打了领带，有它箍着，衬衫的领子固定得很好，何必扣扣子，令自己不舒服呢？上司真是会找碴儿！"

和张先生持相同想法的人绝对不在少数，不过，他的上司是在找碴儿吗？不是的，那才是合"礼"的要求。第一颗纽扣不扣，在心理上，或许真的比较舒服，但在视觉上并不美观。

资料来源：沈骊. 错误的礼仪［M］. 上海：复旦大学出版社，1999.

2）套裙的穿着规范

西装套裙会使着装者看起来干练、洒脱和成熟，还能烘托出女性所独具的韵味，显得优雅、文静。可以说，西装套裙是能够体现职业妇女的工作态度与女性美的"最好的道具"。

（1）西装套裙的面料。西装套裙所选用的面料质地应当上乘，上衣与裙子应使用同一种面料。除了女士呢、薄花呢、人字呢、法兰绒等纯毛面料之外，还可选择高档的丝绸、亚麻、府绸、麻纱、毛涤面料来制作西装套裙。应当注意的是，用来制作西装套裙的面料应当匀称、平整、光洁、挺括，其弹性一定要好，而且要不易起皱。

（2）西装套裙的色彩。色彩应当淡雅、清新、庄重，不宜选择过于鲜亮扎眼的色彩，与流行色要保持一定的距离，以示自己的传统与庄重。具体来讲，标准的西装套裙的色彩，应当与所从事的具体工作的环境相协调。藏蓝、炭黑、烟灰、雪青、黄褐、茶褐、蓝灰、暗土黄、暗紫红等较冷的色彩，都是很好的选择。西装套裙的色彩以冷色调为主，意在体现着装者的端庄与稳重。在此基础上，有时亦可小有变化。以两件套西装套裙为例，上衣与裙子可以一色，也可以采用上浅下深或上深下浅两种不同的搭配。前者正统而庄重，后者则富有动感与活力，二者各有千秋。

（3）西装套裙的造型。西装套裙是变化无穷的，其变化主要集中于长短与宽窄两个方面。在西装套裙中，上衣与裙子的长短没有明确的规定。上衣与裙子的造型，采用上长下长、上短下短、上长下短、上短下长等四种形式，在视觉上都能取得较好的效果。西装套裙的上衣最短处可以齐腰，裙子最长可至小腿中部。但是上衣不能再短，裙子不宜再长，否则会给人勉强和散漫的感觉。同时，也不宜肥大或过于紧身，免得有不正经之嫌。穿西装套裙时不能露肩、露背、露腰、露腹，不可"捉襟见肘"。

（4）西装套裙的裙子。作为西装套裙，裙子的式样可以有不少选择。西装裙、围裹裙、一步裙、筒裙等，式样端庄，线条优美；百褶裙、人字裙、喇叭裙、旗袍裙等，飘逸洒脱、高雅漂亮，都是可以被西装套裙所接纳的裙子式样。西装套裙的裙子一般不宜添加过多的花边或饰物。因此，在选择裙子时，应当首先从自己实际出发，不要唯时髦是从。穿西装套裙，特别是穿丝、麻、棉等薄型面料或浅色面料的西装套裙，一定要内穿衬裙。

（5）西装套裙的穿着。衣扣要到位：在正式场合，西装套裙上衣的扣子应按规矩系好，不可敞着怀不系扣，也不可随便当着别人的面把它脱下。内衣不外现：穿西装套裙时，必须内穿一件款式适宜的衬衫。不应让它过于透明，显现出内衣，也不可任内衣从衬衫的领口"现身"。不随意搭配：在上班场合，一定要照规矩办，不可像休闲时一样乱穿衣。再高档的西装上衣，都不可与牛仔裤、健美裤、裙裤进行"合作"。不乱配鞋袜：不可在穿西装套裙时着布鞋、凉鞋、拖鞋、旅游鞋，也不可穿色彩艳丽、图案繁多的袜子或是低筒袜、中筒袜。应当穿高跟或半高跟皮鞋，配高筒或连裤丝袜。

3）着装的注意事项

（1）按规定着装。重大的宴会、庆典和商务谈判，尤其是涉外性商务活动，组织者所发请柬上有时专门注有着装要求，参加者就应按规定着装。如果组织者没有具体的着装规定，参加者也应穿着较正式的服装。通常，男士较正式的服装为上下同色同质的毛料中山装、西装或民族服装等；女士则可穿各式套装、民族服装、旗袍或连衣裙等。

（2）正式场合不要穿短裤、背心、超短裤、紧身裤等，内衣（背心、衬裙、袜口等）千万不能露在外衣外面。宴会时女士应穿裙子，公共场合只穿内衣是非常失礼的，睡衣只适宜在卧室穿着。在家里或宾馆内接待来访客户时，也不得光脚或只穿内衣、睡衣、短裤。各式休闲鞋、时装鞋不能与正规礼服相配。穿西服一定要配颜色相宜的皮鞋，但忌戴帽子，西服的衣裤兜内忌塞得鼓鼓囊囊。

（3）参加社交活动，进入室内场所均应摘帽，脱掉大衣、风衣、雨衣等。男子任何时候在室内不得戴帽子和手套。室内一般忌戴墨镜，在室外遇有隆重仪式或迎送等礼节性场合，也不应戴墨镜。有眼疾须戴有色眼镜时，应向客人或主人说明并表示歉意，或在握手、交谈时将眼镜摘下，离别时再戴上。

2.2.3 着装的技巧

服装诸要素中，色彩作为一种信息的传递方式，其影响力和感染力最强。色彩是着装给人的第一印象，而款式与质料的因素也不能忽略。一身色彩协调，与环境色调融为一体的着装，再配以合适的款式造型、相宜的质料，就会达到穿着者孜孜以求的效果。

1）色彩的选择

（1）色彩与人和谐。着装行为中，人是主体，色彩选择应首先与人和谐。这种和谐表现在色彩与人的体型、肤色、发色等外在条件的和谐，以及与人的气质、性格等内在条件的和谐上。

一是要根据体型选择衣色，强调和改善体型。体胖或高大者择色应以冷色调为主，宜深不宜浅，宜柔和淡雅不宜浓艳鲜亮；体瘦或矮小者，择色应以暖色调为主，宜浅不宜深，宜明艳亮丽不宜色彩晦暗。而且应注意利用衣色的明亮或暗淡来强调人体的优美部分或掩饰人体的不足部位。

二是要根据肤色选择衣色，以映衬和改变肤色。肤色浅黄者和肤色白净者，择色范围较广。不过，若肤色苍白，宜选偏暖色调，忌穿紫红色，选黑或白色上衣则会"雪上加霜"。肤色白里透红者，应避免择纯红或纯绿色上衣；肤色偏黄者，宜选橙红类的偏暖基调的服装，增加皮肤红润感，忌穿明度高的青蓝、黄绿、紫色调的上衣；肤色暗黄、浅褐、或较黑者，宜选柔和明快的中性色调，增加明朗、健美感，不宜着黑、绛紫、墨绿、深褐等深冷色调的上衣。

三是要根据个性选择衣色，以体现和突出个性。热情活泼者宜选择浓艳活跃的色系，内向文静者宜选择淡雅平稳的色系，老成持重者宜选择蓝灰基调，严肃冷峻者宜选择黑褐基调等。

（2）色彩与环境和谐。衣色要与所处环境的色彩和整体氛围相和谐。环境因素大致可分为以下两种：

一是社会环境。社会环境包括职业场所、商业街区、宾馆酒店、文娱场馆、家庭居室等。职业场所对服装色彩的要求最为具体，除有专门标志服饰的行业外，每个人要善于按自己的职业角色形象配色。在商务谈判中应首选沉稳、庄重的色调，给人严谨可信印象；在宾馆酒店的晚宴酒会上，配色应当浓重华丽，产生雍容华贵的气派；在家庭居室，择色应趋于淡雅柔和，充满温馨浪漫的气息。另外，还要注意把握色彩的民族性、地域性和时代性特征。

二是自然环境。自然环境包括高山大川、林荫花间、海滨公园等，以及户外的自然背景。着装色彩应与所处的自然环境的总体色彩风格相映成趣或形成对比。自然环境有季节的变化，春夏秋冬大自然会呈现不同的风貌，衣装选色也应随之适当变化。春季生机盎然、姹紫嫣红，着装可选择色彩纯度较高的粉绿、桃红、湖蓝、鹅黄与之相映成趣；也可在咖啡、深褐等暗色上用明艳色彩点缀，既与之形成对比，又洋溢出春的气息。夏季天气炎热，着装可以绿色为主，宜用月白、水蓝等冷色系，既与之和谐，又造成轻快凉爽的视觉效果。秋季是成熟收获的季节，着装可选土黄、米黄、橙红、砖红等暖金色彩与之协调。冬季寒冷萧瑟，色彩单调，选色宜与自然形成对比，可选大红、橙黄、宝蓝、翠绿等艳丽热烈的色调，使冬天也多姿多彩，充满活力。

2）色彩的搭配

（1）亲色调和法。它是将色调相近似，但深浅浓淡不同的颜色组合在一起的配色方法。亲色调和法具体有以下三种方法：①同种色调和。它指以一种色彩为基色，用不同明度和纯度的色彩组合配色，如银灰与烟灰色搭配。搭配时要注意色与色之间的明度差异不可太大，要有逐步变化的层次感，以免给人整体割裂的感觉。②类似颜色调和。它指由色相环上约90以内相邻近的类似颜色组合配色，如蓝绿与蓝色搭配。搭配时要注意色与色的明度差异和掌握纯度、色相的变化。③主色调调和。它指由一种起主导作用的色彩为主色和基调，辅之以其他颜色的组合配色。搭配时首先要注意先确定整体基调，冷或暖、明或暗色调；其次选择与基调一致的主色；最后用多种

知识拓展2-1

10秒自测
冷暖皮

辅色。

（2）对比色调和法。它是将对比色进行搭配，使之对立，既让各自的特征更为突出，又相映生辉的配色方法。在色相环上，相对的称为补色，在这个补色周边的颜色被称作对比色。对比色调和法具体有两种：①两色对比调和。它指用两种对比色，其中一种颜色是主色，压住另一种颜色的组合配色，如红配绿。②三色对比调和。它指将三种颜色对比组合搭配，如红黄蓝、橙绿紫。搭配时要注意不用同比例搭配，突出主色，主色应面积较大，色彩柔和平稳，两种配色应用鲜明的饱和色，且面积小。

亲色调和法与对比色调和法，因为遵循了对立统一这个宇宙的根本规律，是比较有效的配色方法。着装色彩的搭配就是要遵循这一规律来处理色与色之间的冷暖、深浅、面积大小等对比关系与调和关系，使配色主次分明，达到既调和又有变化，在变化中又有整体统一的良好效果。

3）质料的选配

（1）质料的选择。不同的质料具有不同的性能与特点。质料的选择要与服装的穿着用途相适应，与服装的格调品位相适应。"两极分化"可供考虑：正式的礼仪服装宜选择高档的天然纤维面料，由于毛、丝、麻等面料流行寿命很长，一般不会使服装因面料的过时被淘汰，且这些面料看起来挺括、高雅、气派，能产生很好的着装效果；日常服装，由于款式更新快，宜选择中低档棉布面料和易洗易干的化学纤维面料，这样，既可应付正规隆重的礼仪场合，又能避免日常衣着不入时的问题。

（2）面料的组配。衣装组配的另一关键就是面料要协调，要考虑面料的厚薄、质地和加工精度。面料的厚薄由其纤维粗细和密度决定。如西服，冬天要厚重些，春秋应中厚，夏天则应穿薄轻些的亚麻、棉或混面料的。面料的质地由纤维的质量和纺织精度决定。如花呢、灯芯绒较硬，属中下品；上品是纺织紧密的毛料，优质棉布和光滑的丝绸。面料的加工精度有粗糙、光滑、坚挺、柔软的不同。面料的组配须依照重厚与重厚、粗糙与粗糙、薄轻与薄轻、光滑与光滑搭配的要旨。诸如，粗花呢西服，牛津布衬衣，中等厚光滑领带；质料光滑的西服，丝绸衬衣，丝绸领带；灯芯绒裤子，法兰绒衬衣的组配。另外，还要注意服装的配件，如帽子、围巾、手套、鞋袜质料的整体组配。

所以，着装的技巧主要在于利用色彩、款式与质料的特性和人的视觉错觉巧妙搭配，来获得和谐和美化自身的效果。

礼仪小知识2-3　　　　　　　　　**易记的搭配口诀**

大脸不宜戴帽，小头不可包巾；平胸不宜T恤，胸大不穿衬衫。
粗腿不穿裙装，细腿不穿宽松裤；肥胖不可坦露，骨感要配高领。
吊带不可显露，低腰不露内裤；黑鞋不配白袜，红衣慎穿绿裤。

2.3 佩饰礼仪

佩饰是指人体佩戴的装饰物品，是全身装饰物的总称，即广义上的首饰。其中，头饰有发卡、发簪、耳环、耳钳、耳插等；项饰有项链、项圈、项坠等；首饰有手镯、手链、戒指、袖扣、臂镯等；胸饰有胸针、别针、领针、领带夹等；腰饰有腰带、挂坠、佩刀等；脚饰有脚镯、脚趾环、脚链等。

2.3.1 佩饰礼仪概述

佩饰不仅仅是财富的象征，更是一个人文化素养、气质风度和审美格调的表现，而且由于人们诸种佩饰的动因和不同的风俗，使其佩用有着特定的规范，不可随心所欲。

1）佩饰的礼仪规范

（1）戒指的佩戴。戒指既是一种装饰品，又是吉祥物和生活变迁的标记，其佩戴很有讲究。国际上较为通行的佩戴规范是把戒指戴在左手上，拇指不戴戒指。作为特定信息的传递物，戒指的不同戴法，表达着不同的约定含义。如戴在食指上，表示无偶求爱；戴在中指上，表示已在恋爱；戴在无名指上，表示已订婚或结婚；戴在小指上，表示奉行独身主义。社会交际中，应注意准确地传递戒指的特定信息，以免造成误会。

（2）手镯的佩戴。手镯是一种戴在手腕上的环形首饰，手镯的戴法不甚讲究。一般情况下，在左手腕或左右两腕上同时佩戴，表示佩戴者已结婚；仅在右手腕上佩戴，则表明佩戴者是自由而不受约束的。并且，戴手表不应同时戴手镯。还要考虑到手镯的戴法会因各地各民族的习俗不同而有差异。中国人习惯将手镯戴在右手腕上，而西方不少地方则习惯戴在左手腕上。

（3）领带夹和袖扣的佩戴。领带夹是最常见、最醒目的男用饰品之一。领带夹把领带固定在胸前，领带夹的佩戴位置不能太靠上，以从上往下数的第4粒衬衫扣处为宜。在正式场合，若佩用领带夹，须佩戴线条优美挺拔、工艺精致、材料考究的领带夹，尤其是业界主管。袖扣是佩在男式衬衫袖口上的特有装饰，常与领带夹配套使用。因此，要求两者在造型、图案、色彩、材质等诸方面风格统一，相互协调。

2）佩饰的注意事项

（1）佩饰要注意场合差异。在不同的场合，要遵从不同文化背景的人们对佩饰的传统和习惯。在上班、运动或旅游时少戴首饰为好；晚宴、舞会或喜庆场合最适宜佩戴首饰；吊唁、丧礼场合只允许佩戴结婚戒指、珍珠项链和素色饰品。

（2）佩饰要考虑性别差异。女性佩饰的种类很多，选择范围也很广，除男性特有的饰品外，基本上每种都能佩用。而男性能佩用的只有戒指、领饰、袖饰、项链等。所以，男性佩饰的原则是少而精，且场合越正式，男性佩戴的饰物应越少越好。男性佩饰不要花哨繁杂，否则会令人感到做作并有损男子的形象。

（3）正式场合佩饰要考究。正式场合不佩粗制滥造的饰物，要戴就戴质地做工俱佳的，尤其是中年人。别将四个手指都套上戒指，一般情况下，一只手上只戴一枚戒指。切忌同时戴两枚款式不同、风格迥异的戒指。在正式场合，应避免佩戴发光、发亮、发声的耳环。

2.3.2　佩饰的技巧

饰品既要与人相宜，与人的外在体型和内在气质和谐，起到掩瑕扬瑜的作用，又要以服装为轴心进行佩饰，使饰品与服装在意念、色彩、图案、款式和造型上取得呼应，在整体效果上起到点缀、平衡、对比的作用。让整体的服装在原有基础上，因佩饰而产生层次、节律和情感的变化，使人的全身画面有和谐韵致的美感。

1）与人相宜

（1）与脸型相宜。椭圆脸型比例匀称，可比较自由地挑选饰品，特别适合佩戴大方形和大圆形等夸张款式的耳环。

圆脸型应佩戴具有竖线条的细长首饰，像链节式、杠式耳坠，长方形、叶形、泪形垂吊耳环，细长项链或带挂件的项链；还可在蓬起的发型上稍加点缀或用宽发带，以增加脸的长度。单独别一枚胸针在领口下方中间的位置，也会使脸显得清瘦些。不宜戴纽扣形、圆圈形等使脸显得更圆的耳环。

方脸型应佩戴体积较小、线条圆润流畅的圆形、鸡心形、螺旋形、垂挂形耳环等，以减弱面部棱角。不宜选规整的方形或边距棱角突出的几何耳环，避免与方脸型产生重复。

长方脸型应佩戴粗短结构的耳环与项链，耳环宜选较大的圆形结构，头饰要向两侧发展，以产生脸型变短、线条变柔的效果。不宜选细长或带挂件的项链和戴细长的耳环、耳坠。

正三角脸型应佩戴较大的耳环，配合短发的一角遮盖下颌，还可在蓬松的发型鬓角处戴一醒目的发簪、发夹、花簇等，以增加上额的宽度。亦可借助具有拉长效果的长项链，弥补脸型缺陷和不足。

倒三角脸型应佩戴具有圆润感的圆形的发饰、耳饰、项饰和胸饰，使其多些浑然的感觉。

（2）与身材相宜。比例恰当且匀称的身材佩饰选择面较广，若身材不够标准，则需精心选佩。体形瘦长者，宜佩戴横向、块状造型的饰品，色彩宜择白色、粉色等浅色。体型矮胖者，宜佩呈竖直条状、片状且简练明快、小巧玲珑的饰品，忌用横向、方形、块状造型的饰品。

颈型细长者，宜佩戴粗且短的项饰，使其在颈部占据一定位置，视觉上能缩短颈长，不宜戴细长坠子的耳环；颈型粗短者，宜佩戴细且长的项饰，以下垂的弧线增加脖子的修长感，或者索性不戴项饰。手臂细长者，宜佩戴宽手镯或多个细型手圈，手臂粗短者，宜佩戴窄手镯或不戴手镯。

指型修长者，宜佩戴方戒、钻戒等粗线的款式；指型丰满者，宜佩戴圆形、梨形或心形的戒指，且戒指分量相对加重；指型短胖者，宜佩戴细小的指环，有起角和不对称的款式，如梨形、圆形的嵌宝石戒指；指型纤秀者，适合佩戴各种类型的戒指。

（3）与气质相宜。贤惠型，贤良温和，端庄稳重，宜选佩以自然景物为题材，或者有圆线、曲线韵味的饰品；色彩和材料宜考虑柔和的珍珠色、温暖的金色和各种暖灰色系，冷色系应尽量少用。奔放型，开朗奔放，自由不羁，宜选大而粗犷并带有动感的饰品，如坠式的耳环；色彩应具刺激性。书卷型，冷静内向，温文尔雅，宜选较为端庄素雅的饰品树立自己的形象。练达型，爱好交际，精干好强，宜选造型刚直抽象的饰品为好。纯真型，耽于幻想，清纯无拘，饰品宜选卡通玩具类的造型，单纯明快的色彩，不宜佩戴式样过于复杂的饰件。娇美型，小鸟依人，娇娆甜美，宜选线条造型柔和，色彩充满暖意的饰件。需要注意的是，无论哪种气质，在正式职业场合，佩饰都要与场合相宜。

礼仪小知识2-4　　　　　　　　　　**女士饰品——胸针**

胸针也是女士常用的饰品。胸针有大有小，形状各异。大的胸针，多镶珠宝，而且图案精致、复杂；小胸针，一般以单一的材料制成，色彩简洁、图案简单。

胸针佩戴的位置，可视自己意欲突出的重点而定。一般多佩戴于胸前，以强调自己胸部线条的优美。穿套裙时，将其别在衣领处，可在庄重之中平添一分妩媚。

佩戴胸针比较强调场合，在一些正式场合，如参加舞会、宴会、音乐会等戴上一枚精致的胸针，既能使人视线上移，显出身材高挑，还能衬出美丽的面庞，显得雍容华贵。需注意的是，佩戴胸针时，既不能和胸花、徽章等同时佩戴，也不能和项链，尤其是带坠式项链同时佩戴，否则只会分散他人的注意力，影响整体装扮效果。

资料来源：刘永艳，宋薇. 礼仪学［M］. 海拉尔：内蒙古文化出版社，2000.

2）以衣为轴

（1）与服装色彩匹配。由于饰品色彩的特征所致，饰品在整体服饰效果中应起到"画龙点睛""锦上添花"的作用。服装色彩单调和沉稳时，可佩戴鲜明而多变的饰品来点缀，使之活泼而富有变化；服装色彩华美和强烈时，可佩戴简约而含蓄的饰品来调节，使之缓和且具平衡感。饰品色调与服装色调相呼应时，会使两者相辅相成。如棕色套裙，配衬上透明的琥珀手镯和胸针；白色西装套裙，配镶嵌黑亮珠饰的项链与耳饰。在饰品色调与服装色调相对比时，会使两者相得益彰。如蓝色西装配橙色领带夹，绿色连衣裙配水晶项链。

（2）与服装质料匹配。饰品的材料、工艺、档次要与服装的质料协调统一。一般是高档的服装质料配材料昂贵、工艺精致的珍贵宝石和贵重金属的饰品；中低档的服装质料配材料低廉、工艺一般的天然材料和人工合成材料的饰品。华贵的裘皮大衣，配陶质、骨木为材料的饰品就显得不协调，会使裘皮大衣黯然失色；若佩配黄金、钻石材料的饰件，则会产生雍容华贵、气度不凡的效果。饰品的质感、格调、意趣也要与服装的质感、格调、意趣相协调统一。钩织面料的服装，配金丝项链、花丝手链、填丝戒指等花丝织编或雕琢剔透质感的饰品为佳；而骨质饰物的格调意趣与蜡染布服十分相宜。

（3）与服装款式匹配。饰品的款式造型要与服装的款式造型取得格调上的统一。一般是宽松的衣服配粗犷、松散的饰品；紧身显露体型的服装，则配结构紧凑细小的饰品。休闲服配造型活泼、明快简洁的饰品；礼宴服则配造型典雅、精致唯美的饰品。衣饰一经穿戴在人体上，便成为人外表的有机组成部分，烘托、陪衬和反映着人的内在气质。

2.4 中外服装佩饰习俗

习俗的不同可以直接从服饰上表现出来。俗语说"十里认人，百里认衣"，正是表达了这层意思。在服饰方面，不同的民俗文化又有着不同的禁忌。关于服饰禁忌的产生和形成，都是有某种信仰根据的：或是人与服饰的认同关系，或是人与服饰的相互感应，或是服饰本身的魔力信仰等。服饰的各种禁忌常常表现于服饰的颜色、材料、款式、穿戴等方面。了解服饰的民族特色，顺应并尊重各国服饰的风俗禁忌，对于相互交往是大有帮助的。

2.4.1 亚洲

在亚洲的各个地区，服饰礼俗既受到伊斯兰教和佛教的影响，又受到中国传统的道教等的复合性影响，差异性较大。

1）中国

中山装是中国男性的传统民族服装和礼服。旗袍则是中国女性的传统民族服装和最高档的礼服。紧扣的高领、贴身、衣长过膝、两旁开衩、斜式开襟，这些都是旗袍的特点。穿无袖式旗袍，忌暴露内衣，也不适合戴长袖的网眼手套，冬天可配以披肩，但参加正式宴会，切忌加毛线衫，夏季多将真丝双绉或手编镂空的素色披肩披在身上。在现代社会，社交应酬中男士通常都穿着西服，女士则以西装套裙为主。

在中国，颜色寓示着高低贵贱、好坏吉凶，因此有着不少禁忌。中国人以黄色、紫色等为贵色。黄色常令人联想到黄金的颜色，因而有尊贵的寓意。封建社会的历代皇帝大都喜尚黄色，俗称登基为"黄袍加身"，这种颜色曾一度是皇室或权贵人士的专用色，民间百姓禁止用于服饰。如今，这种禁忌已淡化。再如，中国人以白色、黑色等为凶色，在服饰方面有所忌讳。黑、白两色都与死人的事相关联，如今举办丧事，都戴黑纱，或穿白色孝服，佩戴白纸花等，故在婚嫁、生育、过年、过节等喜庆日子里忌讳穿纯白、纯黑的衣裳，唯恐不吉利。民间有"父母存，冠衣不纯素"之说，以免有不吉之象。

民间亦有不以白色为凶而喜尚白色的习俗。陕西汉中、临潼、华阴、渭南等地都有衣饰尚白的习俗。蒙古族牧民亦以白为祥瑞之色，习俗尚白，衣冠纯素，喜骑白马，住白色蒙古包，以白色哈达为敬献礼品。如今，人们在多种场合亦有不忌白色的，如在夏季常穿白衣白裙，着纯素服饰。有的甚至在婚礼上亦穿戴纯白色的服装，不以为凶，反以为吉祥、高雅。这或许是对西方婚仪习俗的仿效，但中国民间绝大多数地区和民众仍视纯白为凶饰。

2）日本

日本人在交际应酬中对穿着打扮十分讲究。在商务交往、政务活动以及涉外场合，日本人通常要穿西式服装。而在民间交往中，常会穿着自己的国服。

日本的国服是和服，是大和民族的一种传统服装。和服的基本特点在于，它是由一块布料缝制而成的，并且没有什么线条；领口很大，袖子宽短，腰身宽大。穿和服的时候，一般都要脚穿木屐或草屐，并且配以布袜。日本妇女在穿和服时，通常还要腰系彩带，腰后加上一个小软托，并且手中打伞。唯有如此，才能产生一种特殊的和谐美。

与日本人打交道时，衣着方面应注意：其一，日本人认为衣着不整齐便意味着没有教养，或不尊重交往对象。所以与日本人会面时，一般不宜穿着过分随便，特别是不要光脚或穿背心。其二，到日本人家里做客时，进门前要脱下大衣、风衣和鞋子。但切勿未经主人许可，而自行脱去外衣。其三，参加庆典或仪式时，不论天气多么热，都要穿套装或套裙，单穿衬衫、短袖衫，或是将长袖衬衫袖管卷起来，都会被视为失礼。其四，日本人忌讳绿色。

3）泰国

泰国的各个民族都有自己的传统服饰。在正式场合，泰国人都讲究穿着自己本民族的传统服饰，并且以此为荣。总体上看，泰国人的服饰喜用鲜艳之色。在泰国，有用不同色彩表示不同日期的讲究。例如，黄色表示星期一，粉色表示星期二，绿色表示星期三，橙色表示星期四，淡蓝色表示星期五，紫色表示星期六，红色表示星期日。泰国人常按不同的日期，穿着不同色彩的服装。

由于气候炎热，泰国人平时多穿衬衫、长裤与裙子。只有在商务交往中，才会穿深色的套装或套裙。但在公共场合，尤其是在王宫、佛寺，穿背心、短裤和超短裙是被禁止的。

去泰国人家里做客，或是进入佛寺之前，务必要记住先在门口脱下鞋子。另外，在泰国人面前，不管是站是坐，都不要让鞋底露出来，尤其不要以鞋底朝向对方，泰国人对此是深为忌讳的。泰国人还忌讳褐色和狗的图案。

4）印度

一般场合，印度男子的着装往往是：上身穿一件"吉尔达"，即一种宽松的圆领长衫，下身穿一条"陀地"，即以一块白布缠绕在下身，像穿着一条垂至脚面的围裤。在极其正规的活动中，则习惯于在"吉尔达"之外，再加上一件外套。印度妇女最具民族特色的服装是"纱丽"。它实际上是一大块丝制长巾，披在内衣之外，好似一件长袍。"纱丽"色彩鲜艳，图案优美。

出门在外，尤其是在正式场合，印度人大都讲究不露出头顶。为此，妇女要头披纱巾，男子则根据宗教信仰的不同"各自为政"：印度教徒要戴白色船形帽，伊斯兰教徒要戴伊斯兰小帽，锡克教徒则要在头上包裹上一块头巾。印度的妇女，大都习惯在自己的眉心以红色点上一个"吉祥痣"。过去，"吉祥痣"用于表示妇女已婚，而今则主要用于装扮。"纱丽"与"吉祥痣"，可以说是印度妇女穿着打扮上的两个独特之处。出于宗教方面的原因，印度的男锡克教徒还有不理发、不剃须、夹发梳、戴铁手镯、佩短剑的习惯。印度人忌讳白色和弯月图案。

2.4.2 非洲

非洲的多数国家，商品经济不是很发达，有些国家还保留有浓厚的原始部落习俗。因缺乏交往，各国、各地区在服饰礼俗和禁忌方面差异较大。

1）南非

在城市之中，南非人的穿着打扮已经基本西化。大凡出席一些正式的场合，他们都讲究着装端庄、严谨。因此，与南非人进行官方交往或商务交往时，最好要穿样式保守、色彩偏深的套装或裙装，不然就会被对方视作失礼。

在日常生活中，南非人大多爱穿休闲装。白衬衣、牛仔装、西短裤，均受其喜爱。南非黑人穿这类服装，不分男女老幼，往往对鲜艳色彩更为偏爱，尤其爱穿花衬衣。此外，南非黑人通常还有穿着本民族服装的习惯。不同部族的黑人，在着装上往往会有自己不同的特色。在一些部族，已婚妇女通常比未婚妇女佩戴的首饰要少得多，以此表现出对自己丈夫的忠贞。

2）埃及

埃及人的穿着打扮早已与国际潮流同步。穿西服、套装、制服、连衣裙、夹克衫、牛仔裤的人，在埃及的街头巷尾随处可见。然而，普通百姓，尤其是上了年纪的人的着装观念依旧较为保守。从总体上看，埃及人的穿着依旧主要是长衣、长裤和长裙。对于又露又短的奇装异服，埃及人通常不愿问津。

埃及城市里的下层平民，特别是乡村中的农民，平时主要还是穿着阿拉伯民族的传统服装——阿拉伯大袍，同时还要头缠长巾，或是罩上面纱。埃及的乡村妇女很喜爱佩戴首饰，尤其是讲究佩戴脚镯，还喜欢梳辫子，并且习惯于将自己的发辫梳成单数。在每根辫子上还要系上三根黑色丝线，然后挂上一小块薄薄的金属片。

埃及人忌讳有猩猩、猪、狗、猫以及熊猫图案的衣服，认为它们有悖其习俗。埃及人忌讳黑色和蓝色，认为是不祥之色。

3）尼日利亚

尼日利亚人的穿着打扮，往往会因为民族与宗教信仰的不同而存在一定的差异。由于曾经遭受英国的长期殖民占领，英国人的着装之道迄今仍对尼日利亚人影响很深。在正式的商务交往中，尼日利亚人通常会要求交往对象西装革履，至少也要穿长袖衬衫，并且一定要打领带。

在日常生活中，尼日利亚人一般都穿着本民族的传统服装。男子大都会内穿长袖衬衫、瘦腿裤，并且外穿白色大袍，头上再戴一顶白色无檐圆帽。妇女则通常会用几块彩色花布裹在身上。未婚少女一般用两块花布，一块裹在腰上作为裙子，另一块则裹在上身当上衣。已婚妇女则一般要用三块花布，其中两块用法与未婚少女相同，第三块则要披在肩上。

尼日利亚妇女戴首饰不厌其多。常戴的首饰有耳环、项圈、手镯、脚镯，但是不爱戴戒指。尼日利亚妇女对发型也很讲究，不同形状的发髻，寓意也有所不同。她们的讲究是：未婚少女要梳成蛇形，已婚妇女要梳成鱼形，老年妇女梳好发髻后要扎上三叶棕榈条，寡妇则需梳成圆顶。

尼日利亚人一般不穿鞋袜，至多也就是赤脚穿拖鞋而已。拜访尼日利亚人时，进门前务必要脱下鞋子。

2.4.3　美洲

北美洲和南美洲，合称美洲。北美洲的美国和加拿大是经济发达国家，其居民大多是英、法等欧洲国家移民的后裔，其服饰礼仪规范有些与欧洲相似。南美洲的许多国家则有着自己独特的服饰礼仪规范。

1）美国

总体而言，美国人平时穿着打扮不太讲究。崇尚自然，偏爱宽松，讲究着装体现个性，是美国人穿着打扮的基本特征。在日常生活中，美国人大多是宽衣大裤，素面朝天，爱穿 T 恤、牛仔装、运动装以及其他风格的休闲装。

衣冠楚楚的美国人在现实生活中也不是没有，但要想见到身穿礼服或套装的美国人，大约只有在音乐厅、宴会厅或者大公司的写字楼内才比较容易。美国人认为，一个人的着装，必须因其所处的具体场合，或是所扮演的具体角色而定。一个人穿着西装、打着领带去轧马路、逛公园、游迪士尼乐园，与穿着夹克、T 恤、短裤、健美裤赴宴或出席音乐会一样，都是极不得体的。在美国若不了解此类讲究，往往会被人耻笑。

美国人在着装方面虽较为随便，但这并不等于一点儿讲究都没有，只不过是相对而言少一些。跟美国人打交道时，应注意对方在穿着打扮上的下列讲究和禁忌：

其一，非常注意服装整洁。在一般情况下，美国人的衬衣、袜子、领带必然每天一换。穿肮脏、褶皱、有异味的衣服，是会被美国人看不起的。其二，十分重视着装细节。在美国人看来，穿深色西服套装时穿白色袜子，或是让袜口露出自己的裙摆之外，都是缺乏基本的着装常识。其三，女性最好不要穿黑色皮裙，否则被美国人视为非"良家妇女"。而且，一位女士要是随随便便地在男士面前脱下自己的鞋子，或者撩动自己裙子的下摆，往往会产生有意引诱对方之嫌。其四，穿着睡衣、拖鞋会客，或是以这身打扮外出，都会被美国人视为失礼。拜访美国人时，进了门一定要脱下帽子和外套，而进入主人家室内依旧戴着墨镜不摘的人，往往会被视作"见不得阳光的人"。

2）巴西

在一些正式场合，巴西人的穿着打扮十分考究，不仅穿戴整齐，而且主张在不同的场合下着装应有所区别。在重要的政务、商务活动中，一定要穿西装或套裙。而在一般的公共场合，男人至少要穿短衬衫、长西裤，妇女则最好穿高领带袖的长裙。

相对而言，巴西妇女的着装更为时髦一些，爱戴首饰，爱穿花衣裳，并且喜欢色彩鲜艳的时装。一般情况下，巴西妇女大多喜欢赤脚穿鞋。在巴西妇女之中，黑人妇女的着装可谓独树一帜。她们一般爱穿短小紧身的上衣、宽松肥大的花裙，并且经常身披一块又宽又长的披肩。巴西人忌讳棕色。

在巴西的纳简斯第地区，妇女们所戴帽子的方式，可被用以表明情感。按照当地习俗，帽子戴得偏左，表示"未婚"；帽子戴得偏右，表示"已婚"；帽子扣在前额上，则表示"别理我，烦着呢"。

3）墨西哥

墨西哥人的穿着打扮，既具有强烈的现代气息，又有浓厚的民族特色。在墨西哥人的传统服装之中，主要是"恰鲁"和"支那波婆兰那"。前者是一种类似于骑士服的男装，由白衬衣、黑礼服、红领结、大檐帽、宽皮带、紧身裤、高筒靴所组成。后者则为一种裙式的女装，多以黑色为底，金色镶边，并以红、白、绿三色绣花，无袖、窄腰、长可及地，穿起来显得高贵大方。

日常生活中，墨西哥的男子爱穿格子衬衫、紧身裤。在乡村还常上穿衣襟绣花的衬衫，下着白色或米色长裤，头戴宽边草帽，脖子上系着红绸印花领巾；有时还会再穿上一件马夹，或是外披一件斗篷。平时，墨西哥妇女爱穿色调明快、艳丽的绣花衬衣和图案、款式多变的长裙；出门在外时，还喜欢披上一块用途多样的披巾。

只有在十分正规的场合，墨西哥人才讲究穿西服套装或西式套裙。墨西哥人非常讲究在公共场合着装的严谨与庄重，出入于公共场所时，男子忌穿短裤，须穿长裤；妇女忌穿长裤，务必要穿长裙。墨西哥人喜爱白色，对紫色很忌讳。

2.4.4 欧洲

欧洲，特别是西欧，不仅多数国家经济较发达，而且有着悠久的文化传统。欧洲人普遍比较讲究服饰礼节。

1）法国

法国人对于衣饰的讲究，在世界上最为有名。法国人善于穿着打扮，他们的衣着、佩饰、发型、妆容往往令人无可挑剔。

在正式场合，法国人通常要穿西装、套裙或连衣裙。所穿的西装或套裙多为蓝色、灰色或黑色，质地则多为纯毛。出席庆典仪式时，一般要穿礼服，男士所穿的多为配以蝴蝶结的燕尾服，或是黑色西服套装；女士所穿的则多为连衣裙式的单色大礼服或小礼服，并且讲究要同时以薄纱面罩、薄纱手套与之相配。有身份的法国人在正式场合露面时，往往不会将同一套服装连穿两次。他们认为，那样做会有失自己的身份。法国人讲究自己的衣着既要尽量保持个性，与众不同，又不宜过分地超前或落伍。

对于穿着打扮，法国人认为重在搭配是否得法。在选择发型、手袋、帽子、鞋子、手表、眼镜时，法国人都十分强调要使之与自己着装相协调。法国女士在参加社交活动时，一定要化妆，并且要佩戴首饰和选择"真材实料"，对于仿真人造首饰大多加以拒绝。法国男士对自己仪表的修饰相当看重，许多人经常出入美容院。在正式场合亮相时，剃须修面，发型"一丝不苟"，身上略洒一些香水，已被法国人看成男人所应具备的基本教养。

2）德国

德国人在穿着打扮上的总体风格是庄重、朴素、整洁，不容易接受过分前卫的服装，不喜欢穿着过分鲜艳花哨的服装，并且对衣冠不整、服装不洁者难以容忍。德国人在正式场合必须要穿戴整齐，衣着多为深色。在商务交往中，他们讲究男士穿三件套西装，女士穿裙式服装。对于服饰品位与自己相近者，德国人往往比较欣赏。

男士大多爱穿西装、夹克，并且喜欢戴呢帽。女士们则大多爱穿翻领长衫和色彩、图案淡雅的长裙。在日常生活中，德国女士的化妆以淡妆为主，对于浓妆艳抹者，德国人往往是看不起的。

德国人服饰的民族特点并不显著。但是，也有个别地区例外，例如巴伐利亚人在节庆之时的穿着就极具特点。男子一般是上穿以墨绿色为主的无领外套，下着挂着背带的皮短裤，头戴插着一根羽毛的小呢帽，脚穿长袜与翻毛皮鞋。妇女则一般上穿敞领、束腰、袖口带有花边的上衣，下着多为红、绿、白色的类似于围裙的长裙。

德国人对发型较为重视。在德国，男士不宜剃光头，免得被人当作"新纳粹"分子。德国少女的发式多为短发或披肩发，烫发的妇女大多是已婚者。德国人对纳粹党党徽的图案十分忌讳。

3）英国

英国人十分注重衣着，还极爱以衣帽取人。用英国大文豪莎士比亚的话来说，"一个人的穿着打扮，就是其自身修养的最好的说明"。尽管如此，英国人却十分注意节省衣着方面的开销，一套衣服穿上十年八年是常有的事。

英国人在交际应酬之中的衣着，非常注意体现其"绅士""淑女"风范。过去，英国绅士参加社交应酬时，非要身穿燕尾服，头戴高筒礼帽，手持文明棍或是雨伞不可。他们的这身"标准行头"，曾经给世人留下了很深的印象。时至今日，英国人在正式场合的穿着仍然十分庄重而保守。一般情况下，男士要穿三件套的深色西装，女士则要穿深色的套裙或者素雅的连衣裙。庄重、肃穆的黑色服装往往是英国人的首选。

在英国的传统民族服装之中，苏格兰男子所穿的"基尔特"最为著名。它实际上是一条由腰至膝的花格子短裙。穿它的时候，还要配上很宽的腰带，并在裙前系上一小块椭圆形的垂巾。在苏格兰，每逢喜庆聚会之时，男人们都要穿上"基尔特"，以表达自己强烈的民族感情。

英国人在正式场合的着装，大致有以下禁忌：其一，忌打条纹式领带。那样会让英国人联想起旧式的"军团领带"或老式学校的制服领带。其二，忌不系长袖衬衫袖口的扣子。不论是直接外穿，还是与西服配套，都不允许那么做。将长袖衬衫的袖管挽起来，也不允许。其三，忌在正式场合穿凉鞋。英国人认为，只有在海滨度假或是在家中闲居时，才能穿凉鞋。不然的话，就是不礼貌的。其四，忌以浅色皮鞋配西服套装。过去，英国男士穿西服套装时，必须穿黑色系带皮鞋。现在，虽不至于像过去那么要求严格，但浅色皮鞋依旧难登大雅之堂。

启智润心 2-1 以礼塑旅，增强文化自信自强

一城汉服映风华。在第五届"中国服务"·旅游产品创新大会上，中国旅游协会向全行业推介"中国服务"·旅游产品重点创意案例，河南省洛阳市老城区洛邑古城成功入选。

2023年以来，穿汉服沉浸式打卡洛邑古城火爆"出圈"，越来越多的游客来到老城共赴"汉服之约"，在古城厚重的历史中，点燃文化自信。2023年1—10月，洛阳市老城区累计接待游客 2 720.55 万人次，实现旅游综合收入 199.04 亿元，同比分别增

长 190.73%、233.21%；洛邑古城累计接待游客 833.7 万人次，持续位居全国最受欢迎的汉服打卡地榜首。

　　除了洛邑古城，在老城区的十字街、应天门景区内，也随处可见身着汉服的游客。手执团扇、环佩叮当，她们或华丽儒雅，或端庄大气，把汉服古典、含蓄、飘逸之美体现得淋漓尽致，举目之下满是中国韵味，满是文化自信。"在老城穿汉服，你会发现，无须矫揉造作，更无须刻意摆拍，处处皆景，一颦一笑皆入画。"有小红书用户发帖表示，老城厚重的历史氛围历经千年依然鲜明，从丽景门到洛邑古城，从应天门到明堂天堂，正是汉服出游最好的背景板。还有微博网友发文："来到老城，我实现了'汉服自由'，并且能随时随地来一场古今穿越，这里让人迷恋。"

　　历史为轴，汉服为媒，让老城成为大家争相打卡的旅游目的地。

　　资料来源：佚名. 汉服+洛邑古城 点燃文化自信［EB/OL］.［2023-12-10］. https://www.thepaper.cn/newsDetail_forward_25517076.

　　核心素养：文旅融合　创新精神　文化自信

　　学有所感："中国有礼仪之大，故称夏；有服章之美，谓之华。"中国传统服饰是中国传统礼仪文化的重要组成部分。党的二十大报告指出："坚持创造性转化、创新性发展，以社会主义核心价值观为引领，发展社会主义先进文化，弘扬革命文化，传承中华优秀传统文化，满足人民日益增长的精神文化需求，巩固全党全国各族人民团结奋斗的共同思想基础，不断提升国家文化软实力和中华文化影响力。"洛邑古城以历史为轴，汉服为媒，以文塑旅，创新发展旅游业，推进文旅深度融合发展，不仅满足了现阶段旅游高质量发展的需求，也很好地传承了中华优秀传统文化。

●●● 本章小结

★　服装佩饰反映了一个人的精神状态和礼仪素养，左右着人们交往第一印象的形成，影响着社交成功、事业顺利与否。

★　服饰有掩瑕扬瑜、美化形象、角色整饰、塑造形象、辅佐社交、顺达事业的功用。

★　服饰形象策划有适体性、整体性、独特性、TPO、适度性五条原则。

★　常用礼服分为男士的中山装和男式西服以及通用男礼服几种；女士主要有大、小礼服，晨礼服以及西服套裙几种，要注意各自的着装礼仪，以及色彩的选择、搭配，质料的选配等技巧。

★　佩饰的礼仪规范要注意戒指、手镯、领带夹、袖扣的使用，考虑到场合差别和性别差异，强调与人相宜，以衣为轴。

★　熟知中外服装佩饰的习俗。

●●● 主要概念和观念

□ 主要概念

　　服饰　角色整饰　佩饰

□ 主要观念

　　角色整饰原理　服饰形象策划　佩饰要领

●●● 基本训练

☐ 知识题

2.1 判断题

（1）服饰只要选配得能对着装人起到掩瑕扬瑜的效果便是最好的。 （ ）

（2）人们对于任何一个民族的服饰禁忌，即使毫无科学可言，也只能表示尊重和理解。 （ ）

（3）角色整饰是为了满足交际对象的角色期待。 （ ）

随堂测验2-1

判断题

2.2 选择题

（1）服饰策划的基本原则除了整体性和TPO外，还包括（ ）。

A.适体性　　　　B.适度性　　　　C.差异性　　　　D.合理性

（2）在选择职业场合的服饰时，以下几点中首先要考虑的是（ ）。

A.合乎时尚　　　B.防寒纳凉　　　C.角色整饰　　　D.美化形象

随堂测验2-2

选择题

（3）礼仪的适度性原则是指（ ）。

A.适当的修饰程度　　　　　　　B.适度的饰品数量

C.适可而止的整体协调　　　　　D.适宜的修饰技巧

2.3 简答题

（1）什么是角色整饰？什么是TPO原则？

（2）职业女性怎样穿着西服套裙才合乎礼仪规范？

（3）怎样理解服饰及其在社交中的作用？

（4）谈谈你对服饰的整体性原则的理解。

随堂测验2-3

简答题

☐ 技能题

（1）举例说明佩饰怎样做到以衣为轴。

（2）试根据自身情况进行某一社交场合的静态视觉形象设计。

●●● 观念应用

☐ 案例题

英国女王伊丽莎白二世访问中国时，走出机舱的第一个亮相，穿的是正黄色西服套裙，戴正黄色帽子。其实，女王本人喜欢红色和天蓝色，平时很少穿黄色服装。

问题：英国女王伊丽莎白二世此次访华为何如此穿着？

☐ 实训题

设定一个特色职业，根据服饰策划的诸原则，设计个人静态形象的服饰策划，师生共同进行点评。

第 3 章
中外体态体姿礼仪

学习目标

知识目标： 明确体态体姿的含义及其生理与心理机制，了解体态的基本规律，懂得各种体姿、手势举止及表情的基本礼仪要求。

技能目标： 掌握站姿、坐姿、行姿的规范要求，并能在实践中自觉施行，懂得目光和笑容的基本礼仪规范；能够区别各种体姿的正误，懂得正确得体的手势、举止和表情的表达方式，知晓不同国家的体态体姿习俗。

素养目标： 注重细节，从小事做起，树立正确的道德观和价值观。

第 3 章

思维导图

引 例　　　　　　　　站得正，还得"站得其所"

某日20时左右，上海港汇广场中庭偌大的购物娱乐商场，仅有的两部观光电梯在运行。伴随着"叮咚"的提示音，靠右侧的电梯到达了一楼。还没等电梯门完全开启，一名中年男子便夺门而入，硬往里挤，居中而立。"别挤了，这是往地下停车层去的。"电梯里有人提醒他。"先进来再说，不然一会儿没地方了。"这名男子回答得理直气壮。等电梯从地下停车层回到一楼，果然空了不少，那男子却依旧"居中而立"。面对一进一出的人流，这名男子毫无避让之意。拥挤中，有人示意他"往里去一点"，他却振振有词地说："我过一会儿要先下的。"

在日常生活中，除了要有得体、正确的站姿之外，自己如何"站得其所"，不影响他人，也是对人们礼仪水准的一种考核。短短几十秒钟的"电梯旅程"，包含了很多站立的礼仪：如电梯到达后，应先出后进；尽量让长者、尊者、妇女、儿童、行动不便者先行；身后有人要下电梯时，应主动让出通道；必要时还应先走出电梯，等其他人出来后再进去；乘坐自动扶梯时，自觉站向一侧，留出"快速通道"，等等。

体态就是人的身体姿态，又称仪态，包括体姿和表情两个方面的内容。一般来说，人的感情、欲望和需求在动作中流露出来，体现在身体姿势上的叫体姿，体现在颈部以上部位的叫表情。但这种划分是相对的，而不是绝对的。

据体态语言学大师伯德斯戴尔的研究，在人际沟通过程中，有65%的信息是通过体态语言来表达的。达尔文在《人类和动物的表情》一书中写道：现代人类的表情和姿态是人类祖先表情动作的遗迹，这些表情动作最初曾经是有用的，具有适应意义，后来成为遗传的习惯而被保存下来。在社交中，人的体姿呈现和传递着各种各样的信息。不同的姿态、举止、表情，反映着社会交往中人们的不同心理，因此，体态在传情达意方面的礼仪功能是不容忽视的。同时，我们还要注意体态的变化比语言的表达更简练、更迅速，体态能简洁生动、真实形象地传达礼仪方面的信息，功能同样也十分重要。此外，体态还具有表达文化信息的礼仪功能。姿势、动作及其表达的意思也同语言一样是与文化紧密相连的。什么样的文化，就会形成什么样的姿势、动作和体现它们所表达的意思。

3.1　体态概述

人的体态是人的机体对外界刺激的一种反应，它的产生是身体各个部位共同作用的结果。我们可以通过对身体各部位在体态中作用的了解，进一步认识体态在社交中的一些共同规律。

3.1.1　体态产生的生理与心理机制

人的体态的产生不是单纯的生理反应，而是生理与心理的综合反应，其运动规律虽然比较复杂，但还是有迹可循的。人的面部表情产生的生理与心理机制则比体姿的反应更复杂，其发生与人的情感活动密不可分。人们往往在面对刺激和压力时，会判别客观事物是否符合个体需要，会对引起的生理感觉产生情感体验，而这种情感体验又会通过面部表情传达出来。

（1）体姿和表情是对压力的反应。现实生活中的人处处感受着各种刺激，而这些刺激一旦对人的机体提出可调节的需求，就形成了压力。压力有正压力和负压力，后者会使人产生身心失调。产生压力的因素主要是来自外界的刺激，它在生理、心理以及人际关系上作用于人，使之在心理上处于一种张力状态，从而使人在生理上、行为上发生相应的变化。

（2）体姿和表情对压力的反应具有一定的相似性。面对压力，就体姿而言，其产生必须经过行为原因→行为需要→行为→行为目标四个阶段。仅仅有压力未必会发生行为，只有当压力提出可调节的需求时，人才会产生行为需要，从而推动人采取行动，以实现其行为目标。表情的产生亦是如此。

（3）体姿和表情对压力的反应具有许多差异性。面对压力，人在现实生活中表现出丰富多彩的表情和动作。这表明在内在运行机制基本一致的情况下，还有许多因素参与影响人的体态发生的过程。这些因素包括实际环境和条件、所属的组织、人际关系、技术规范、文化规范等。

3.1.2　人体不同部位在体态中的功能

人体不同部位在体态中表达不同的含义，正是由于不同部位的功能组合，才形成体态特有的功能表达。下面列举人体部分重要部位的主要功能：

（1）腿部。它虽然位于身体的下端，但往往最先表露出人的潜意识和情感。比如，人在小幅度地摇动脚部或抖动腿部时，意味着不安、紧张、焦躁，架腿动作可以表示防卫态度。同时，腿部动作还可以表达扩大或缩小自己的势力范围的情感。

（2）足部。它指脚踝骨以下的部位，其表现力与腿部相仿，同样可以表现欲望、需求、个性。

（3）腰部。其位置的"高"或"低"与一个人的心理状态和精神状态有关联。比如，鞠躬、哈腰等弯腰动作属于精神状态的"低姿态"，蹲、揖、跪、伏、叩拜等都具有服从、屈从的含义。反之，挺直腰板，则反映出情绪高昂，充满自信。

（4）腹部。相对比较不引人注目，但其表达的含义也是十分深刻的。比如，凸出腹部，往往表现自己的心理优势，带有自信与满足感。反之，抱腹蜷缩的动作则表现出不安、消沉、沮丧。

（5）背部。其具有一定掩盖和隐藏情感、情绪的功能，但是其泄漏出来的信息反而展示出更为深刻的内涵。

（6）胸部。挺胸表示自信和得意，因为挺胸的姿势是把自己的心脏部位暴露出来，显示不可能有对自己进行攻击的敌人，是精神上处于优势的表现。

（7）肩部。它历来被视为责任与尊严的象征，特别是男性尊严、威严、责任感和安全感的象征。把手置于对方的肩上，暗示信任与友好。肩与肩的互相接触，表示对等关系。肩与手的相互接触则表示亲密关系。

（8）颈部。它的功能是表露个人想法的"是"与"不是"。

（9）腕部。它是力量、伎俩、能力的象征。比如，政治上强有力的人物被称为

"铁腕人物",善于玩弄权术则被称为"耍手腕"。

（10）嘴部。嘴可以凭嘴唇的伸缩、开合表露心理状态。比如，噘起嘴是不满和准备攻击对方的表示。抽烟动作则可以表现出一个人的内心活动和情绪变化。

3.1.3 体态的基本规律

人体是一个整体，各部位是相互配合、协调动作的。在全身各个部位的配合下，人体就能产生整体性的姿势、表情与动作，它比个别部位的动作更直接、更全面地反映动作主体的意识活动和心理活动的信息。人的体态千差万别，但在反映人的内心世界方面，则具有一定的共性和规律性。

（1）不同体态的表现（如图3-1所示）。

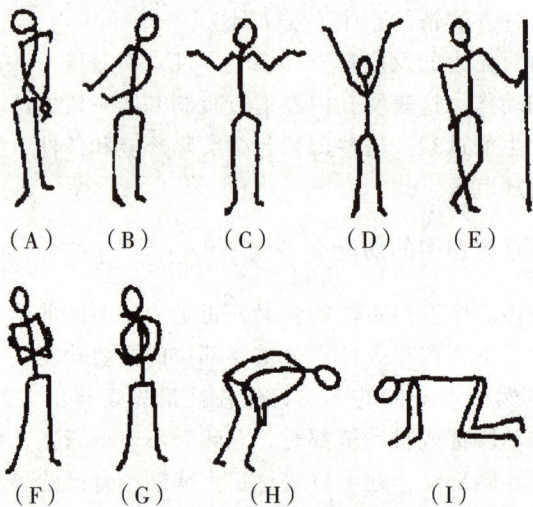

(A)　(B)　(C)　(D)　(E)

(F)　(G)　　(H)　　　(I)

图3-1 不同体态的表现

（2）不同体态的表现在特定文化背景下具有相对的确定性。如在中国文化背景下，图3-1（A）是羞涩的表现，图3-1（B）是拒绝的表现，图3-1（C）是无可奈何的表现，图3-1（D）是兴奋的表现，图3-1（E）可能是自满的表现，图3-1（F）是傲慢的表现，图3-1（G）是清高的表现，图3-1（H）是卑怯的表现，图3-1（I）是乞求的表现。

（3）同一体态在同一文化或不同文化中的含义还可能具有一定的多重性。比如，图3-1（B）和图3-1（C）都可能表示拒绝的含义，图3-1（C）和图3-1（D）都可以表示高兴、兴奋的含义。因此，对一种体态所表达的含义进行判断时，必须结合文化背景和具体因素进行综合判断。

3.2 体姿礼仪

体姿主要是指人的身体表现出来的姿势。人的生理结构、年龄、修养、学识、环境、经历不同，往往使人们在展示自己体姿上表现出自己的特点。但是，我们可以根据人类活动的特点，在归纳其共同特性的同时进行简单分类。

人的体姿在社会交际中起着十分重要的作用。人们往往通过体姿的变化反映动作主体的内在信息、表达情感，展示自己的内涵、修养。在这一部分，我们主要介绍站姿、坐姿、走姿三种基本体姿，以及手势等一些特殊的体姿。

3.2.1　站姿

站姿是人们日常工作和生活中最基本的举止，是仪态美的起点和基础。良好的站姿能衬托出优雅的气质与内涵。

1）站姿的要求

站姿的基本要求是：端正、挺拔、优雅，即所谓的"站如松"。从整体上看，正确的站姿应平（头平正、双眼平视、肩平）、直（腰直、腿直，后脑勺、背、臀部、脚后跟成一直线）、高（身体给人一种挺直、高大、向上的感觉），同时还应该是轻松的、自然的。

其具体要求如下：①头要正，头顶平，双目向前平视，嘴唇微闭，下颌微收，面带微笑，动作要平和自然。②双肩放松，稍向下压，身体有向上的感觉。③躯干挺直，直立站好，身体重心应在两腿中间，做到挺胸、收腹、立腰、提臀。④双臂自然下垂于身体两侧，手的虎口向前，手指自然弯曲。⑤双腿并拢立直，双膝和双脚要靠紧，两脚平行（男士两脚间可稍分开点距离，但不宜超过肩宽），如图 3-2 所示。

图 3-2　站立的基本姿势

以上是基本的站姿，还可以在此基础上进行调整。男士的站姿可调整为两脚成"V"形，右手搭在左手上，双手贴于臀部，或一手垂于体侧，一手放在臀部，如图 3-3 所示；女士的站姿可调整双脚成"V"形或"丁"字形，右手搭在左手上，双手贴在腹部，或一手垂于体侧，一手放腰部，如图 3-4 所示。男女站姿应形成不同侧重的形象，男士应站得刚毅、潇洒、挺拔向上、精力充沛；女士应站得庄重大方、亲切有礼、优美秀雅。

图 3-3　男士的其他站姿

图 3-4　女士的其他站姿

此外，不同场合对站姿的要求也有所不同。①庄严的场合，如升国旗、听悼词、接受奖励等场合应肃立，眼神要专注；②演讲、授课时，为了减轻身体对腿的压力，缓解由于较长时间站立腿部的疲惫，可以用双手支撑讲台，双腿自然站立或轮换支撑；③主持公关文娱活动时，为了使站姿更优美，可以将双腿并得很靠拢，双脚站成"丁"字步（一般是女性）；④迎宾先生、迎宾小姐，双脚可以变换姿势，手有前握式、后握式或一手垂于体侧、一手放在腹部或臀部等姿势。

2）不正确的站姿

站立时弯腰驼背、左右摇晃、脚不停地打拍子、叉腰、叉脚以及身体抖动、晃动或倚靠其他物体等都是不雅的站姿，给人以懒散、轻浮、不健康、缺乏教养的印象。如果站立时间较长，可变换双脚、双手的姿势，身体重心可交叉落在左右脚上，但必须保持站姿的基本要求。

3）与人交往时站姿的含义

（1）站立时胸背挺直，双目平视，给人以充满自信、气宇轩昂、乐观向上的感觉；而弯腰屈背的人，在社交中给人的感觉是精神上处于劣势，表现出自我防卫、消沉、封闭的心理倾向。

（2）双手叉腰，挺立而站，一般是精神上处于优势的表现，对面临的事物有充分的心理准备，这是一种有信心迎接挑战的姿势。

（3）双臂交叉，表明对他人谈话的审视或排斥的态度。女性常以此作为习惯的防御动作。

（4）双手插着口袋，挺胸直背，是一种不表露心机、暗中思索的表现。在此动作基础上如果再加弯腰屈背的姿势，会给人一种心情沮丧、苦恼的感觉。

（5）踝关节交叉是一种态度上的保留或轻微拒绝的表现。

（6）当两人呈"八"字形站立时，就是允许第三人加入他们的势力范围，成为三人封闭圈；当三个人呈"门"字形站立时，是容许第四人加入，并形成拒绝他人加入的栅栏；当两人并肩站立时，说明双方关系较平和、友好；三人并肩站立时，说明他们在受着同一种力量的约束；当两人相对而立时，距离较近，头与头形成"A"形，表示不允许第三者加入，两人的关系亲密；如果两人怒目相对而立，说明双方有怨气。

4）站姿的训练

（1）训练的内容。加强站姿训练，可以进一步提高站姿的规范化水平，形成良好的站立姿势。对站姿的训练，一是训练站立时身体重心的位置或重心的调整，使身体正直，中心平衡，并能自然改变站立的姿势；二是训练挺胸、收腹、立腰、提臀、身体重心上升，使躯体挺拔向上；三是训练两脚位置与两脚间的距离，并与手的位置和谐一致，使整个身体协调、自然；四是训练站立时面部表情，面带微笑，精神饱满；五是训练站立的持久性。

（2）训练的方法。其包括：①背靠背训练。两人一组，背靠背站立，两人的脚跟、小腿、臀部、双肩、后脑勺都靠紧，并在两人的肩部、小腿部相靠的位置各放一张小卡片，不能让其滑动或掉下。②贴墙训练。贴墙站立，脚跟、小腿、臀部、双肩、后脑勺都要紧贴墙面，让身体上下处在同一平面上，并在肩部、小腿部与墙相靠的位置各放一张小卡片，不能让其滑动或掉下。③顶书训练。把书本放在头顶，为使书不掉下来，头、躯干自然会保持平稳。这种方法可以纠正低头、仰脸、头歪、晃头及左顾右盼的毛病。④对镜训练。面对镜子站好，检查自己的站姿及整体形象，看是否有歪头、斜眉、含胸、驼背、弯腿等问题，发现问题及时调整。

站姿训练每次需要20~30分钟，可结合微笑进行，强调微笑的准确、自然，始终如一，训练时可配上轻松愉快的音乐，以调整心境，防止训练的单调，减轻疲劳。

3.2.2　坐姿

坐姿是人们日常生活和工作中最常用的一种举止。坐姿是静态的，但它有美与不美、优雅与粗俗之分。良好的坐姿传递着自信练达、友好诚挚、积极热情的信息，同时也是展现自己良好气质和内涵的重要形式。

1）坐姿的要求

坐姿的基本要求是：庄重、文雅、大方，即所谓的"坐如钟"。其具体要求如下：①入座要轻、稳。动作协调从容，走到座位前，转身后退，轻稳坐下，女士穿裙装入座时，应将裙脚向前收拢一下再坐，不宜将裙子下摆东撩西扇，也不要坐下后再站起来整理衣服。一般应从座位的左边入座，不要坐在椅子上再挪动椅子的位置。②落座后，立腰、挺胸，上体自然挺直，上身微向前倾，重心垂直向下。③双膝自然并拢（男士可略分开些），双腿正放，双脚并排自然摆放。④双肩平正放松，双臂自然弯曲，男士可将双手自然地放在腿上面，掌心向下；女士可将右手搭在左手上，轻放在腿上面，如图3-5所示。⑤面带微笑，双目平视，嘴唇微闭，下颌微收。⑥起身时，右脚向后收半步，而后站起，轻稳离座。

图3-5　基本坐姿

以上是基本的坐姿，还可以在此基础上进行调整。男士可将双脚略向前伸或将双脚交叉放或叠放，手可以放在椅子或沙发的扶手上，如图3-6所示。女士可将两脚并拢，两脚同时向左或向右放，两手叠放，置于左腿或右腿上；也可以将两腿交叉或重叠，但女士叠腿时要注意将上面的小腿向回收，脚尖向下，如图3-7所示。

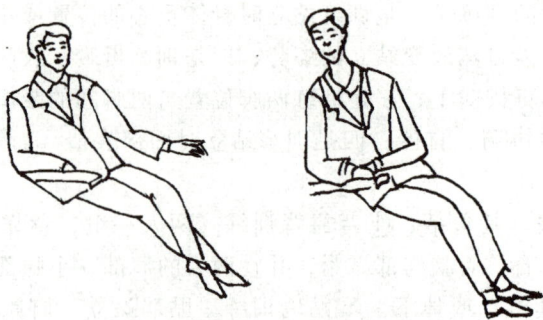

图 3-6　男士的其他标准坐姿

图 3-7　女士的其他标准坐姿

此外，不同场合对坐姿的要求也有所不同。①在谈话、会谈、谈判等比较严肃的场合，适合正襟危坐，上体正直，臀尖落在椅子中部，双手放在桌子上或腿上，胸部与桌子要有一拳之隔，脚可以并放，小腿可以定期前后交错；②在倾听他人的教导、指导、传授、指点时，对方是尊者、长者、贵客，坐姿除了端正以外，还应将臀尖落在椅子的前半部或边缘，身体稍向前倾，对对方表现出一种积极、迎合和重视的态度；③在公关、社交场合，为了使坐姿更优美并便于交谈，可采用略侧向的坐法，上体与腿同时转向对方，双膝并拢，双脚相并或一前一后；④在比较轻松、随意的场合，可以坐得较舒展、自由，可以经常变换坐姿，以得到休息。

2）不正确的坐姿

不正确的坐姿包括：①坐时将双手夹在双腿之间或放在臀下；②将双臂端在胸前或抱在脑后；③将双腿分开得过大或将脚伸得过远，把脚叠成"4"字形或架在桌子上，跷起二郎腿晃悠，或将腿不停地抖动，摇晃双腿；④全身完全放松，瘫软在椅子上；⑤头扬在沙发或椅子后面，臀部坐到椅子边缘，脚尖跷起或双腿伸直；⑥弯腰驼背，全身缩成一团；⑦在落座或离座时，碰倒杯子，踢倒椅子，打翻了东西，弄出声响；⑧与人交谈或搭讪时，坐得太深，靠在椅背上；⑨叉开双腿倒骑在椅子上等。以上不雅的坐姿给人以懒散、缺乏教养的印象。如果端坐时间过长，可适当调整坐姿，但必须保持坐姿的基本要求，不能影响坐姿的优美。

3）与人交往时坐姿的含义

（1）正襟危坐，是一种严肃认真的表现，给人以正人君子的印象。

（2）深深坐在椅子内，腰板挺直，往往在心理上处于劣势。

（3）抖动着脚或腿，是在传达内心的不安和急躁。

（4）张开双腿而坐的男性，是充满自信、有支配性格的人。

（5）一条腿自然架在另一条腿上的女士，对自己的外貌较有信心。

（6）频频地变换架腿姿势，是一种情绪不稳定、急躁的表现。

（7）把腿放在桌子上的人，往往有较强的占有欲和支配欲，在待人接物上给人一种傲慢无礼的感觉。

（8）有修养的女性，用脚踝交叉而坐，往往传达一种较委婉的拒绝的含义。

（9）听领导、长者讲话时，始终坐在椅子前沿，流露心理上的劣势，感觉缺乏精神上的安定感，或是迎合对方，是一种谦虚的表现。在某些场合，这种方式则表示随时起身要走。

（10）在会场中或公众场合，坐时手捂着嘴，掩嘴摸下巴，多是以评判的态度听对方发言。

4）坐姿的训练

（1）就座姿势练习。预备姿势：女士双脚呈"V"形；男士双脚分开而立，两脚平行，距离不超过肩宽。保持站立的基本姿态，目视前方，面带微笑。

动作过程（如图3-8所示）：①右脚退后半步；②女士右手捋裙（用右手沿臀部顺理一下裙子，不着裙装者则可像男士一样省去此动作，只控制①③④⑤动作）；③坐下；④收回左脚，与右脚相并；⑤控制动作。

图3-8 坐姿训练

动作要求：①女士捋裙的动作要娴雅得体；②女士坐在椅子的1/2位置上，不可坐满椅，也不可坐1/3，男子可坐满椅。坐在椅子上后，上体要端直，女士双膝并拢，双手交叉置于小腹前，男士双膝可略开一拳头距离，双手分别置于左右腿上或左右扶手上。

（2）起立姿势练习。预备姿势：女士双膝并拢，坐于椅上，身体端直，双手交叉置于腹前，目视前方；男士双脚并拢，双膝略开，双手置于左右腿上或椅子扶手上，目视前方。

动作过程（如图3-9所示）：①右脚向后收半步；②右脚蹬地，起身；③收回右脚，女士双脚呈"V"形，男士双脚分开而立，重心移至双脚之间；④控制动作，呈规范站立姿势。

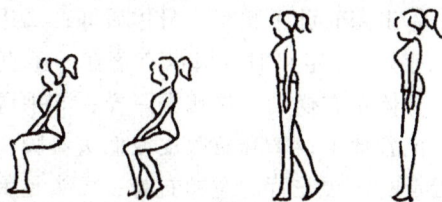

图3-9 起立姿势训练

动作要求：①起立时右脚要用力蹬地，要注意重心的移动过程；②无论是坐着还是站立，都要保持上体端直。

（3）配合音乐，练习各种坐姿，面带微笑，每次坚持练习20~30分钟。

课堂互动3-1

双腿交叠而坐是否是优美的坐姿？

3.2.3　行姿

行姿是在站姿的基础上展示的动态美，是站姿的延续动作。无论是在日常生活中，还是在社交场合，行姿往往是最引人注目的体态语言，最能体现一个人的内涵和韵味。

1）行姿的要求

行姿的基本要求是：协调稳健，轻盈自然，有节奏感，即所谓的"行如风"。其具体要求如下：

（1）上体正直，抬头，下巴与地面平行，两眼平视前方，挺胸收腹立腰，腰应适当收紧，重心稍向前倾，精神饱满，面带微笑。

（2）双肩平稳，双臂以肩关节为轴前后自然摆动，上臂应稍贴于身体，摆幅以30~40厘米为宜。

（3）脚尖略开，脚跟先接触地面，依靠后脚将身体重心送到前脚脚掌，使身体前移，不要让重心停留在后脚。

（4）行走时要注意步位和步幅。步位，即脚落在地面时的位置，行走时两脚内侧行走的轨迹为一条直线。步幅，即跨步时两脚间的距离，标准步幅是前脚跟与后脚间的距离为一脚长。但因性别不同，步幅也会不同，男士步幅可稍大些，以一脚半距离为宜。着装不同，步幅也不同：女士穿旗袍、一步裙、西装裙时，步幅要小，走碎步，两脚走成一条直线，使裙子下摆与脚的动作显现韵律感，才能走出高雅的韵味；穿牛仔裤、健美裤时步幅可大些，两脚走成两条平行的直线，显得潇洒、敏捷。

（5）步伐稳健，步履自然，有节奏感。

以上是行姿的基本要求，还应注意，男女的行姿应树立不同的形象，男士的步态应雄健有力、豪迈洒脱，显示出英武的阳刚之美；女士的步态应轻盈、含蓄、优雅、飘逸，显示出柔和、庄重、文雅的温柔之美。

此外，不同的场合对行姿的要求也有所不同。如在喜庆的场合，要走得轻松、轻盈；在庄重的场合，步伐要稳重；在开会等严肃的场合，要踮着脚走；迎宾时的行姿应是一种"敞开"的姿势等。

2）不正确的行姿

不正确的行姿包括：①走路时肚子腆起，身体后仰；②迈脚的方向不正，或有明显的"外八字"或"内八字"；③走路时两脚没有落在一条直线的沿线上，明显地叉开双脚；④脚迈着大步，身体左右摆动，像鸭子一样；⑤手臂、腿部僵直或身子死板僵硬；⑥脚步拖泥带水，拖着地走；⑦耷拉眼皮或低头看脚；⑧双手插在裤兜内，双臂相抱或背手而行；⑨行走时弯腰驼背、左顾右盼、摇头晃脑、摆胯扭腰等。

以上这些都是不雅的行姿，会严重影响自身的形象，应当避免。

3）与人交往时行姿的含义

行姿的含义包括：①一个人在沮丧时往往双手插在口袋里，拖着脚走，很少抬头注意过往的人；②一个人在心事重重时，走起路来会摆出一副若有所思的姿态，低着头，双手反握在身后，步伐很慢；③走路时双手叉腰的人，往往精力充沛，做事情风风火火；④自满而傲慢的人，走路时下巴抬起，手臂夸张地摆动，步伐迟缓。

4）行姿的训练

（1）双肩双臂摆动训练。身体直立，以身体为柱，双臂前后自然摆动，注意摆幅适度，纠正双肩过于僵硬、双臂左右摆动的毛病。

（2）步位步幅训练。在地上画一条直线，行走时双脚内侧稍稍碰到这条线，注意检查自己的步位步幅是否正确，纠正"内八字""外八字"及步幅过大或过小的毛病。

（3）顶书训练。将书本置于头顶，保持行走时头正、颈直、目不斜视，纠正走路时摇头晃脑、左顾右盼的毛病。

（4）步态综合训练。训练行走时各种动作的协调，女士最好穿西装裙和半高跟鞋练习。最好配上节奏感较强的音乐，训练行走时的节奏感。注意目光平视，不能往地上看，挺胸、收腹、立腰、面带微笑。注意掌握好走路时的速度、节拍，保持身体平衡，双臂摆动对称，动作协调。

我们以某公司为例，看一下该公司对员工礼仪行为的考核标准（见表3-1）。

表3-1　　　　　　　　　　　某公司对员工礼仪行为的考核标准

考评项目	等级标准			
	优秀	良好	及格	不及格
仪容仪表	（1）能严格按照公司规范穿着工作服，着深色皮鞋或黑色布鞋；按要求佩戴工号牌 （2）工作服和工号牌整洁，无皱褶、污渍和破损 （3）发型整洁大方（长发女员工做到盘发、不披发，男员工不留长发）；头发不蓬乱、不梳怪异发型；发色自然，保持清洁	（1）能较好按照公司规范穿着工装、佩戴工号牌 （2）工作服和工号牌较整洁、无破损 （3）发型较整洁、自然	（1）工作时，能着工装、佩戴工号牌 （2）工作服和工号牌基本整洁完好 （3）发型基本整洁、自然	（1）未按规范着工装、佩戴工号牌 （2）工作服或工号牌有污渍或破损 （3）发型欠整洁、大方，发色夸张
行为礼仪	（1）严格执行公司行为礼仪标准，不在任何场合大声喧哗，待人接物低声有礼 （2）自觉将手机调至振动或静音状态，并放置在隐蔽位置 （3）不在任何场合内奔跑、躺卧、倚靠、蹲、搂抱、勾肩搭背等	（1）能较好执行行为礼仪标准，做到不在工作区域内大声喧哗 （2）能自觉将手机调至振动或静音状态 （3）不在办公区域内奔跑、躺卧、倚靠、蹲、搂抱、勾肩搭背等	（1）基本做到有礼有节 （2）未将手机调至振动或静音状态，但能将手机放置在隐蔽位置 （3）基本做到不在办公区域内奔跑、躺卧、倚靠、蹲、搂抱、勾肩搭背等	（1）未执行公司行为礼仪，在工作区域内大声喧哗 （2）手机未调至振动或静音状态，且直接放于工作台面 （3）在办公区域内奔跑、躺卧、倚靠、蹲、搂抱、勾肩搭背等

3.2.4　手势

手势是指表示某种意思时用手所做的动作，是一种表现力较强的"体态语言"。恰当地运用手势可以增强表情达意的效果，并给人以感染力，加深印象。

1）使用手势的要求

使用手势的总体要求是准确、规范、适度。

（1）手势的使用要准确。在现实生活中，为避免手势使用不当，引发交际双方沟通障碍，甚至引起误解，必须注意手势运用的准确性。用不同的手势，表达不同的意思，并使手势与语言表达的意思一致。

（2）手势的使用要规范。在一定的社会背景下，每一个手势，如"介绍"的手势、"递名片"的手势、"请"的手势、"鼓掌"的手势等，都有其约定俗成的动作和要求，不能胡乱使用，以免产生误解，引起麻烦。

（3）手势的使用要适度。与人交谈时，可随谈话的内容做一定的手势，这样有助于双方的沟通，但手势的幅度不宜过大，以免适得其反，显得粗俗无修养。同时，手势的使用也应有所限制，并非多多益善，如果使用太多，滥用手势，会让人产生反感。尤其是手势与语言、面部表情以及身体其他部位动作不协调时，会给人一种装腔作势的感觉。

总之，手势的运用要准确、规范、适度，才能给人一种优雅、大方、彬彬有礼的感觉，才能真正体现出尊重和礼貌。

2）不正确的手势

日常生活中某些手势会令人极其反感，严重影响交际形象。如当众搔头皮、掏耳朵、抠鼻孔、剔牙、咬指甲、抠眼屎、修指甲、揉衣角、搓泥垢及用手指在桌上乱画等。应注意为人指路时，切忌伸直一根指头；在社交场合，不能用手指指点，与人说话不要打响指；在任何情况下，不要用拇指指着自己的鼻尖和用手指点他人等。

3）与人交往时手势的含义

手势可以表达丰富的内涵，如搓手，常表示对某一事物的焦急等待，跃跃欲试；背手，常显示一种权威，若伴以俯视踱步则表示深思；摊开双手，表示出一种真诚和坦率，或流露出某种无奈；握拳，显示出决心或表示愤怒、不满；不自觉地用手摸脸、擦眼、搔头，是在掩饰心中的不安；用"虎口"托下巴，说明老练或沉着；用食指指点对方，是在指责、数落对方；用中指指向对方，表示轻视、嘲弄，以及侮辱对方；竖起大拇指表示称赞；翘起小拇指则是瞧不起；十指交叉，或放在胸前，或垂于胸前，常表示紧张、敌对或沮丧；双手指尖相抵，形成塔尖形，置于颌下的动作，是向对方传达自己充满自信的信号，若再伴以身体后仰则显得高傲；如果把尖塔倒过来，移到腰部以下，这叫"倒尖塔行为"，意思就完全不同了，这个动作往往产生于心情比较平静，愿意虚心听取别人的意见或洽谈内容的时候。

知识拓展3-1

这10种手势，身在外国千万不能做！

3.2.5　其他举止

除了站姿、坐姿、行姿以及常用的手势之外，其他动作举止也必须优美得体，才能有良好的交际形象。

1）蹲姿

蹲姿也应当是优雅的。在取低处物品或拾取落地物品时，不可弯腰翘臀，而应使用正确蹲姿。其基本要求是：一只脚在前，另一只脚在后，两腿靠紧，前脚全着地，小腿基本垂直于地面，后脚跟随提起，脚掌着地，臀部要向下，注意要弯腰低头。

2）上下楼梯

上下楼梯时要以优雅走姿为基础。头要正，背要伸直，胸微挺，臀部要收，脚步要轻，速度要快，应靠右走。

3）上下轿车

上车时应侧身，一只脚伸入，下半身先进去，上半身和另一只脚再自然移入，不能先把头钻进去。下车时也要侧着身，移动靠近车门，伸出一只脚，下半身一起出去，上半身和另一只脚再自然移出，站稳后，缓步离去。下车时男士或下级、晚辈要把车门打开，另一只手撑在车门上，以免对方碰头。

4）递物与接物

这是一种常用动作，应当双手递物，双手接物，表现出对对方的礼貌和尊敬。递物时要注意，如果是文件、名片等要将正面对着接物的一方；如果是尖锐的物品，应将尖头的部分朝向自己，不能指向对方。接物时不能漫不经心，在双手接物的同时，应点头示意或说一声"谢谢"。

礼仪小知识3-1　　　　　　　　姿势也会"说话"

在人的非语言交际中，不但身体的动作（动态，如点头同意、挥手再见等）能表明一定的意思，而且身体的姿势（静态）常常也能"说"出很多话来。身体的姿势很多，而最基本的就是坐、站、蹲、倚等。即使最常见的坐姿，也可以表达各种感情。比如直挺挺地坐、七倒八歪地坐、只坐一个椅角、跷二郎腿、叉开腿等，就可能意味着毕恭毕敬或爱理不理，或局促不安，或悠然自得，或踌躇满志。与德高望重的人说话，站的姿势比坐的姿势更能表示尊敬的意思；而对不屑一顾的唠叨，倚的姿势比站的姿势或坐的姿势更能表示厌烦。由此我们可以理解为什么高级宾馆要实行"站立服务"。因为站的姿势意味着随时准备为客人服务，表示对客人的礼貌。

要读懂一个人的姿势"语言"不容易，但在特定的"语境"之中，这种"语言"又是不容随意"说"错的。因此我们在交际时要注意这种"语言"的表达。

知识拓展3-2

不可不知的
个人礼仪修养

3.3 表情礼仪

表情是指人的面部情态，即通过眉、眼、嘴、鼻的动作和脸色的变化表达出来的内心思想感情。表情在人际沟通上占有相当重要的位置。古人云："人身之有面，犹室之有门，人未入室，先见大门。"现代心理学家也总结出一个公式：感情的表达=7%言语+38%语音+55%表情。健康的表情可以给人留下良好的第一印象。

3.3.1 表情的特点

1）表情的复杂性

表情是人体语言中最丰富的部分，也最有表现力，它能迅速、灵敏而又充分地表达人类的各种感情。法国著名作家罗曼·罗兰说过："面部表情是多个世纪培养成的语言，是比嘴里讲得更复杂到千百倍的语言。"脸色的变化，面部肌肉的收展，以及眉、眼、嘴的动作组成了多种多样的面部表情，反映了人类最深刻而复杂的内心世界。

2）表情的共同性

有人说面部表情是一种世界语。美国心理学家埃克曼在1973年做过一个实验，他在美国、巴西、智利、阿根廷、日本等国家中选择被试者，拿一些分别表明喜悦、厌恶、惊异、悲惨、愤怒、恐惧等情绪的照片让他们辨认，其结果是绝大多数被试者的"认同"趋于一致。达尔文认为，人类不管属于哪种文化层次，面部表现大体相同。

3）表情的真实性

表情不像有声语言那样明确而完整，但它在表露人的性格、气质、态度、心理活动等方面却更真实可靠。一个人所说的话可能是真实的，也可能是虚假的，语言可以言不由衷，而人的表情往往是难以掩饰的，也许你的嘴上在说着欢迎对方到来的话，可你的表情却流露出你的冷漠、无奈，这才是你的真实态度。当然，面部表情有天生的因素，但是后天的气质、内涵、学识、性格等必然真实地反映在脸上，它与修养水平有十分密切的关系，最关键的是内心的诚恳。

构成表情的主要因素，一是目光，二是笑容。

3.3.2 目光

1）对目光的认识

目光是面部表情的核心，是一种真实的、含蓄的体态语言。眼睛是心灵的窗口，是人体传递信息最有效的器官，而且能表达最细微、最精妙的差异。有人说，人的眼睛和嘴巴说的话几乎一样多，不需要字典，却能够从眼睛的语言中了解整个世界。有时对微妙的眼神，只能意会，难以言传。从解剖学上看，眼睛是大脑的延伸，在人的各种感觉器官所获得的信息总量中，眼睛占80%以上。心理学家认为，最能准确表达人的感情和内心活动的是眼睛。它能如实地反映一个人的喜、怒、哀、乐，如实地反映一个人的思维活动，如实地反映一个人高尚或鄙俗的内心世界。

2）目光的礼仪规范

在人际交往中，要注意注视对方的时间、位置，讲究目光的礼仪规范。

（1）目光的注视时间。与人交谈时，不可长时间地注视对方，自始至终注视对方是不礼貌的。一般情况下，50%的时间注视对方，另外50%的时间注视对方脸部以外的5~10厘米处。对东方人也可保持1/3时间注视对方。社交场合无意中与别人的目光相遇不要马上离开，应自然对视1~2秒，点头致意，然后慢慢移开。与异性目光对视时，不可超过2秒，否则将引起对方无端的猜测。必须根据注视的对象和场合把握好注视的时间。比如，你希望在谈判中获胜，就不要移开目光，直到对方眼神转移为止。

（2）目光的注视位置。与人交往时，不能死盯住对方某部位，或不停地在对方身上上下打量，这是极其失礼的。注视对方什么位置，要依据传达什么信息、造成什么气氛而异，依据不同场合、不同对象而异。

第一，公务注视区间。它是指在进行业务洽谈、商务谈判、布置任务等谈话时采用的注视区间。范围是以两眼为底线，以前额上部为顶点所连接成的三角区。由于注视这些部位能产生严肃认真、居高临下、压住对方气势的效果，所以常为企图处于优势的商人、外交人员所采用，以便帮助他们掌握谈话的主动权和控制权。

第二，社交注视区间。它是指人们在普通社交场合采用的注视区间。范围是以两眼为上线，以下颌为顶点所连接成的倒三角区。由于注视这一区域最容易形成平等感，创造良好的社交氛围，人们常在茶话会、舞会、联欢会以及其他一般社交场合运用。注视谈话者的这一区域，能使谈话过程轻松、自然，能比较自由地把自己的观点、见解表达出来。

第三，亲密注视区间。它是指具有亲密关系的人在交谈时采用的注视区间。范围是对方的眼睛、嘴部和胸部。恋人之间、亲朋好友之间，注视这些区域能激发感情，表达爱意。

（3）目光应自然有神。用目光注视对方应自然、稳重、柔和。一个良好的交际形象，目光应当是坦然的、亲切的、友善的、和蔼的、诚恳的、有神的，这是心情舒畅、充满信心的反映，也是尊重对方的表现。冷漠的、疲惫的、鄙视的目光都是社交中不应出现的。

（4）敢于正视对方。在人际交往中敢于礼貌地正视对方，是一种坦荡、自信的表现，也是尊重他人的体现。谈话中切忌眯眼、斜眼、白眼、闭眼、游离不定、目光涣散、左顾右盼，这是傲慢、怯懦、蔑视、漫不经心的表现，是交际中忌讳的眼神。但应注意，当别人难堪时、交谈休息时、停止谈话时，不要正视对方。

3）与人交往时目光的含义

人的眼睛时刻在说话，时刻在道出内心的秘密。如交谈时注视对方，意味着对其重视；走路时双目直视、旁若无人表示高傲；频频左顾右盼，表示心中有事；对来访者只打招呼不看对方，表示工作忙而不愿接待；相互正视片刻表示坦诚；互相瞪眼表示敌意；斜着扫一眼表示鄙视；正视逼视表示命令；不住地上下打量表示挑衅；白眼表示反感；眼睛眨个不停表示疑问；双目大睁表示吃惊；眯着眼看既可表示高兴，也可表示轻视；左顾右盼，低眉偷觑表示困惑；行注目礼表示尊敬；俯视对方表示保持尊严；频繁而又急速地转眼，表示内疚、恐惧或撒谎；视线移动频繁且有规则，表示思考；游离不定的目光传达的信息是心神不宁等。

　　　　　礼仪小知识3-2　　　　　　　　　个人仪态三字诀

　　面必净，发必理，衣必整，纽必结；头容正，肩容平，胸容宽，背容直。

3.3.3　笑容

　　人的笑容有许多种，如微笑、狂笑、浪笑、奸笑、冷笑、嘲笑、傻笑、皮笑肉不笑等，不同的笑表达不同的情感。其中，微笑是一种最能表达美好感情的笑容。

1）对微笑的认识

　　微笑是人们对美好的事物表达愉悦情感的心情外露，是善良、友好、赞美的象征。微笑表现出对他人的理解、关心和爱，是礼貌修养的外在表现，是谦逊、含蓄、自信的反映，是心理健康的标志。

　　微笑是一种情绪语言，它来自心理健康者。因为心理健康者不仅七情俱全，更重要的是积极、乐观的情绪占主导地位。积极主动的心态，对生活、工作和学习充满乐趣和信心是微笑情绪的源泉，欢乐有度，悲愤有节，善于驾驭自己的情感，是情感的主人。若人们在交际活动中有乐观向上的情绪，会给工作和生活带来新活力；若在工作中遇到挫折，应学会自我控制，善于调节自己的心境，使自己保持乐观向上的情绪。

2）微笑的礼仪规范

　　微笑应是发自内心的笑，要真诚、适度、适宜，符合礼仪规范。

　　（1）微笑要真诚。微笑要亲切、自然、诚恳、发自内心，做到"诚于中而形于外"，切不可故作笑颜，假意奉承，做出"职业性的笑"。发自内心的微笑既是一个人自信、真诚、友善、愉快的心态表露，同时又能造就一种富有人情味的融洽气氛，它能温暖人心、消除冷漠，获得理解和支持。发自内心的真诚微笑应是笑到、口到、眼到、心到、意到、神到、情到。

　　（2）微笑要适度。微笑的美在于文雅、适度，不能随心所欲，不加节制，想怎么笑就怎么笑。微笑的基本特征是不出声、不露齿，嘴角两端略提起，既不要故意掩盖笑意，压抑内心的喜悦以影响美感，也不要咧着嘴哈哈大笑。只有得体、适度的笑，才能充分表达友善、真诚、和蔼、融洽等美好情感。

　　（3）微笑要适宜。微笑应注意场合和对象，不能走到哪里笑到哪里，见谁对谁笑。比如，特别严肃的场合，不宜笑；当别人做错了事，说错了话时，不宜笑；当别人遭受重大的打击，心情悲痛时，不宜笑。相反，当两人初次见面时，微笑可以拉近双方的距离；同事见面时点头微笑，显得亲切、融洽；商务人员对顾客微笑，表现出热情与主动；商务洽谈时微笑，显得潇洒大方、不卑不亢；当别人与自己争执时，不愠不火地微笑，既能缓解对方的紧逼势头，又能赢得主动的时间；当对方提出一些不好回答或不便回答的问题时，轻轻一笑不作回答，更显出它的特殊功能。

3）微笑的训练

微笑的训练包括：①对镜练习。使眉、眼、面部肌肉、口形在微笑时和谐统一。②诱导练习。调动感情，发挥想象力，或回忆美好的过去，或憧憬美好的未来等，使微笑源自内心，有感而发。③众人面前练习。使微笑规范、自然、大方，克服羞涩和胆怯心理。④讲话练习。练习讲话时脸上保持微笑。

3.4 中外体态体姿习俗

如前所述，体态与语言一样，是与文化紧密相连的。在不同文化背景下的国度里，人的相同体态却传递着不同的信息，有些甚至截然相反，这已成为不同国家和民族习惯的风俗。

3.4.1 中国体态体姿习俗

（1）中国古代的曳地长裙，使足部动作语言的传达受到限制。中国人十分重视腹部在精神上的含义，把腹、肚、肠视为高级精神活动与文化来源及知识、智慧的储藏所，有很多言语都表现出了这一特点，比如："满腹经纶""一肚子学问""打腹稿""腹诽""搜肠刮肚""愁肠百结""肝肠寸断""肝胆相照"等。

（2）中国人点头表示肯定或赞同，摇头表示否定或不同意。

（3）中国人竖起大拇指，是表示"好""了不起"等，有赞赏、夸奖之意。

（4）在中国，拇指和食指合成一圈，其余三指略屈或伸直，显出"0"或"3"，用以表示同意。

（5）通过双方变换伸出手指的数量来完成"划拳"游戏。

（6）伸出手，掌心向下挥动是招呼别人过来的意思。

（7）在中国，表示身高的手势是：将手心朝下与地面平行地放在小孩儿头部高度位置上，表示小孩儿的身高。

（8）中国人将大拇指和食指分开表示"8"。

（9）中国人用手指自己的鼻子表示"我"。

（10）中国人很少在公共场所流露爱慕之情。但是你却能看见同性别的人手拉手地在街上走，这只是一种友谊的表示。

（11）在中国，人与人之间的间距比较小。这意味着中国人在交谈时相互站得比西方人近。中国人与西方人交谈时的状态往往是西方人往后退，而中国人跟着向前走，犹如在跳非蓄意的但却配合默契的双人舞。

（12）中国人很热衷于拍手，表示热情、欢迎或赞叹，因此，如果有人向你拍手，甚至是一群儿童，请不要感到惊奇。

（13）中国人用一只摊开的手掌指点方向（而不是用一个手指）。

（14）中国人在交谈时，引人注目的眨眼睛被认为是不礼貌的，因为这暗示不尊敬和厌烦。

（15）中国香港地区有叩手指的礼节，以叩手指表示感谢。

（16）中国的维吾尔族人将右手按在自己的心脏部位，以表示自己的忠诚、诚实和可靠。

（17）中国人表示"不"的示意动作是把手举到脸前，手掌向外，频频摇手，很像汽车的雨刮器。

3.4.2　国外体态体姿习俗

1）英国

（1）在餐馆里，要召唤侍者，只要举起手来。打个手势表示你要账单，则用两只手做好像你在纸上签名的动作。

（2）在英格兰，捏住鼻子，然后好像拉着一根链子一样往外轻拽，这是表达"糟透了"的信号，是侮辱性动作。

（3）其他的惯例包括打呵欠时要把嘴遮住；进入室内要脱帽；坐着的时候，男士是把两腿在膝部交叉，而不要把一只脚的脚踝搁在另一条腿的膝上；女士则经常在脚踝部交叉两脚而坐。

（4）要特别注意表示胜利的"V"形手势。在这个国家里，做这个手势时是手掌向外的，如果把手反过来，手掌对着自己，则是粗鲁和无礼的。

（5）伸出手指掌心向上并用食指弯曲表示"请过来"。

（6）拇指向上伸表示"好""行""不错"，拇指左右伸则大多是向司机示意搭车方向。

（7）"OK"手势，在英美表示"赞同""了不起""很好""真棒"。

2）法国

（1）不能把脚搁在桌子上或椅子上。

（2）不能把手插在口袋里与人交谈。

（3）双手同时捻手指发出噼啪声，或手掌打在握着的拳头上，这两个动作都代表淫秽的含义。

（4）由于法国人认为用手和手指指点别人很不礼貌，因此，当你要召唤侍者的时候，最好只要把头略向后仰，口中说garcon（法语的侍者）便可以了。

（5）法国人坐的时候，通常是两腿在膝部交叉。在法国，优美的姿态和端庄文雅的举止被认为是美德。

（6）用大拇指和食指形成环，套在鼻子上，再扭动，这是表示"某人喝醉了"。

（7）"OK"手势（拇指和食指形成环形）在法国某些地区表示"0"或"毫无价值"。

（8）做"V"形手势时，手掌向内或向外都可以，都表示"和平"和"胜利"。

（9）假装吹笛子的动作是表达"某人喋喋不休地唠叨，已到讨厌的程度"的信号。

（10）如果你开车在法国的公路上看到一个驾驶员高举他的手，五指向上，并前后转动，他的意思是他不喜欢你的驾驶情况。

（11）要说"多乏味呀"，只要用手指轻拂脸颊。

（12）用食指和中指把鼻子向上推，表示"这太容易了，就像把手指放到鼻子上那么容易做"。

（13）当法国人以他们著名的方式——耸耸肩膀，伸出手掌时，这表示"我并不担心"。但是，如果把手掌抬到胸部那么高，就变成"那你希望我怎么处理呀"？

3）德国

（1）德国人常常十指交叉地紧握双手并高举过头顶，向大伙表示感谢。

（2）绝不要把脚搁在家具上。

（3）男士一般走在女士的左边（德国人认为这是浪漫的表示，因为心脏是位于人体的左边），但在繁忙的街道上，他们走在人行道的外侧。

（4）要召唤侍者，举手并把食指伸出来。

（5）挥手告别时，伸手向上，手掌朝外，手指上下挥动。但不要像信号旗那样频频挥动手，因为那样表示"不"。

（6）把食指放在唇上，指甲向外，这表示请安静。

（7）在德国的高速公路上，如果一位驾驶员对另一位驾驶员不满的话，他会把食指指向太阳穴，并且做一个拧螺丝的动作。这被认为非常粗鲁，事实上，它表示"你发疯了"。

（8）要表示"祝你交好运"，德国人往往双手握拳，拇指捏在掌心里，然后做敲桌子状。

（9）要特别注意不要用"OK"的手势，因为这个手势在德国被认为是非常粗鲁的。

4）俄罗斯

（1）在公共集会时，如果有人吹口哨，这是表示不同意和不赞成的意思。

（2）在剧院里，如果你要走进两排座位之间去就座，又非得在已就座的观众前面走进去，那么你务必要脸朝着他们，绝不能背对着他们走进去。

（3）在这里，"OK"手势的意义含糊、模棱两可。它可以被认为是从西方引进的手势，意思是"好的，太棒了"。但在俄罗斯的某些地方，它可能被认为是一个人庸俗的手势。

（4）举起拳头摇晃，它表达了不满和愤怒。握拳竖起大拇指则表示赞赏。

（5）在餐馆里要召唤一名侍者，只要稍微点一下头；如果不行的话，只要举起手或伸出食指。

（6）一只手握拳，把大拇指从食指和中指中间伸出来，这种手势表示"什么也没有"。

（7）在俄罗斯，认为"左"是灾殃的预兆，"右"是胜利的预兆。自古认为人的身体两侧有两个不同的神灵，左边的是凶神，右边的是守护神。左眼发痒生灾，右眼发痒生吉；左耳鸣必有噩耗传来，右耳鸣则喜事临门。如果有不愉快的事发生，定是今早下地时左脚先着地了。切忌伸出左手与俄罗斯人相握。

5）美国

（1）根据人类学家的说法，美国人在交谈时或在公众场合，两人之间的距离刚好是一臂之遥。这个距离通常被称为"舒适的范围"。

（2）也许能在一种情况下看到两名男士手拉手地在公共场所行走，那就是说他们是公开的同性恋者。

（3）在社交和业务场合，目光直接接触非常重要。如不这么做，则会被其他人理解为暗示厌恶或无兴趣。

（4）挥手打招呼或挥手告别，都是伸出手臂，手掌向下，在腕关节部位上下挥动手。另一种做法是举起前臂，手掌向外，然后把整个手臂和手来回摆动，就像一只倒放的钟摆。知道这个手势很重要，因为在许多国家里，这样做是表示"不"的信号。

（5）许多美国人对于片刻的沉默会感到不安。因此，在业务或社交场合，如果碰到有片刻冷场的话，他们就会想方设法赶快用谈话来弥补。

（6）在美国眨眼、使眼色可以表示几种不同的信息：调情卖俏、友谊、饶有兴趣，或表示"我只是开个玩笑"。

（7）要召唤人可以有两种做法：一是伸出食指并频频向内弯曲；二是举手，手掌向内，手指向身体挥动。两者都可以接受。

（8）伸出手，掌心向下摆动，是唤狗的意思。

（9）一般情况下，男士是不能盯着女士看的。两位男士之间也不能长久对视，除非得到对方的默许。

（10）要召唤侍者，只要举到到头部或高于头部。要表示你要账单，用两手作写字状（一手代表纸，另一只手做写字状）。

（11）用手或食指来指东西或指明方向是非常普遍而又完全可以接受的。

（12）吹口哨很普遍，这或者是一种引起有一段距离的人注意的方式，或者是边拍手，边欢呼喝彩、吹口哨，或者仅是个人娱乐的方式。吹口哨并不像在欧洲那样用作口头嘲笑的形式。如果群众要表示不满，会大声发出"boo"的音。

（13）有一个广泛应用表示"不"的手势是，把前臂和手（手掌向外）在胸前来回摆动。

（14）"OK"手势、表示胜利的"V"形手势和"竖起大拇指"在美国各地都广泛流传。

6）日本

（1）不要拍日本人的背部，不要和日本人站得很近，也不要和日本人在公共场所亲吻或有其他的过久的体肤接触。然而，在拥挤的公共交通工具里，情况就不一样了。人们对挤入狭小的空间已很习惯，这可以从运输系统的雇员身上体现出来，他的职责就是把人推进公共车辆中去，再关上门。

（2）在召开会议的时候，可能会有冷场，日本人对此完全可以接受并习以为常，这时，日本人甚至在举目远眺并沉思。

（3）在日本人之间，微笑经常可以遮盖丰富的情感领域：喜悦、恼怒、困惑、愧悔或忧伤。

（4）对着人张开嘴在日本被认为是非常粗鲁的。所以，许多日本人，特别是日本妇女，只是掩嘴而笑。

（5）日本人很难对一个问题或一件事直截了当地说"不"。但是，在自己脸前来回挥手（手掌向外），是一种表示"我不知道"或"我不明白"的形式——但这也只是在表示谦卑的情况下使用。

（6）正确的姿态在日本非常重要，特别是坐着的时候。因此，绝不要懒散地斜靠在椅子里或把脚搁在桌子或凳子上。不论站或坐，都要端端正正。双脚规矩地放在地上，双手放在腿上或椅子的扶手上。不论是懒散地坐着，或是靠在椅子的靠背上，都可以被理解为表示"我不在乎"的态度。

（7）倾听在日本不仅被认为是有礼貌的，而且还被认为是一种宝贵的经营技能。

（8）交叉双腿，最好在膝部或踝部，而不要把一条腿的踝部搁在另一条腿的膝上。

（9）要召唤人，伸出手臂，手掌向下，手指作搔痒状。

（10）如果你四指伸直，拇指弯曲放在掌心处，用这个手势来指人的话，被认为是侮辱。

（11）如果用手指来计数，日本人用大拇指表示数字"5"。

（12）在日本，"OK"手势可以被理解为表示"钱"。

（13）在许多餐馆里，男人习惯盘腿坐在地上，而妇女则跪坐在自己的腿上或把双腿蜷缩在一边坐着。

（14）日本人举起右手抓起自己的头发，表示愤怒和不满。

（15）日本人对话时，目光要落在对方的颈部，相对而视被认为是失礼的。

7）泰国

（1）在进入房间时，不要踩在门槛上。泰国人认为有门神住在里面，如果踩在上面会得罪门神。

（2）人体中最神圣的部位是头部。因此，决不要触摸任何泰国人的头顶。

（3）相反，人体最低贱的部分是脚，因此，你不应把脚趾、脚跟或脚的任何部分对着人或物。不要用脚移动东西，也不要让你的鞋底给人看见，因为这会被认为是不礼貌的。

（4）把手臂搁在旁边有人坐着的椅背上时，亲热地拍拍别人的肩膀或背都被认为是不得体的甚至是唐突无礼的。

（5）看到两名泰国男子手拉手地在街道上走，这只是友谊的象征。泰国人在公共场所很少表露任何其他柔情。

（6）和许多东方国家一样，微笑不仅表示愉快或感兴趣，而且也用以掩盖各种难堪的窘态。

（7）用一个手指指点别人，被认为是粗鲁的，而且只能在指物或指动物时才用一个手指，绝不能指人。要指人，可用你的下巴或头表示。

（8）要召唤人，伸出手臂，手掌向下，手指作搔痒状。不要捻手指头，也不要发嘘声或大声嚷嚷。

（9）由于左手被认为是"不洁的"，因此，不用左手拿东西吃或给人传递东西。

（10）站着和人交谈，把手插在口袋里是不礼貌的。

（11）在经过别人面前的时候，特别是经过地位较高、年龄较大的人的面前时，要略欠身弯腰。

8）印度

（1）印度商人会放纵自己，热情地甚至热烈地拍拍背部或击掌。这主要是表示亲切和友谊。

（2）在街上行走时，不要盯着人看，因为这会被认为是瞧不起他们。

（3）在靠近寺庙或其他圣地的地方，常有小贩走近你，并伸出手，像是要和你握手，这是为使他们能在你臂上戴上一只宗教性的手镯，然后，向你要求捐赠。

（4）在公共场所吹口哨是非常不礼貌的。

（5）如果一个印度人微笑并把头猛向后仰，这可以表示"是"。然而，在印度南部，如果有人来回摇头，这表示"是的，我理解你在说什么"。

（6）头被认为是身体神圣的部分，因此，不要拍小孩儿的头，也不要碰年长者的头。

（7）女士在进入寺庙等宗教圣地的时候，要把头遮起来。

（8）脚和鞋底被看作身体最低和最脏的部位，因此，切不要用鞋或鞋底去碰触别人，或指着某人。

（9）在印度有个独特的动作是抓住耳垂，这表示悔恨和诚实，如一个仆人受到责骂，通常会这么做。

（10）如果你要指点某人或某物，用你的下巴、整只手或者大拇指，但是切不可用其他手指中的一个手指。只有在指点地位低的人时才可用一个指头点。但是对地位高的人或上级也不能用下巴指或点。表示你的注意力在某人或某物上的最好办法是用整只手指点。

（11）召唤别人的标准方式是伸出手臂，手掌向下，手指做搔痒状。

（12）要召唤侍者有不同的方式：当地人可能捻手指并发嘘声，但不要用食指向上向内勾的方式。

（13）欧洲人挥手告别是用手和手臂上下挥动，这在印度可能会被误解为"到这儿来"。

（14）尽量避免使用左手，用右手递赠礼物和其他物品，用右手拿东西吃，用右手指和点。

9）巴西

（1）由于这里的人比较喜欢碰触，因此人们在谈话时，站得很近，在排队时，也挨得比较近。

（2）"OK"手势，即拇指和食指搭成环形，这是个粗鲁的手势，如果另外三个指头向外伸出，尤其粗鲁。

（3）如果一位巴西男人想表示他看到了一位漂亮姑娘，他会把双手握成筒状，并注视着那位姑娘。

（4）为加强语气，巴西人会把手向下并往外甩，同时捻手指发出噼啪声。

（5）如果你看到一位巴西人把手指背从下巴底下向外拂出，他是在表达"我不知道"的意思。

━━━● 礼仪小知识3-3 下巴表示的含义

轻拂下巴，用一只手的指尖自颈向下巴滑，直到离开下巴弹出去。和其他许多手势一样，这样做在不同的地区表示不同的意义：在法国和意大利北部，这表示"给搞糊涂了，你使我讨厌"！在意大利南部，这是否定的但没有侮辱性的意思，它可以表示"没有什么"或者"我不能"。在突尼斯，这是侮辱性的。在法国，它代表男人的胡子，因此，它是个侮辱性动作，好像在说，"我向你显示我的男性器官"。

轻抚下巴也犹似将胡须（或想象中的胡须），这也是个男性的动作，它表示沉思，"我正在思考"。这个动作也可能表示赞赏，当一个男子在欣赏一张美丽的油画、一辆汽车，或一位漂亮女人时，时常这样做。

突然把下巴抬起，也就是突然把头抬起向后仰，这在意大利南部、马耳他、希腊和突尼斯表示否定；在德国和斯堪的纳维亚，这是示意"召唤"的动作；在印度，这表示"是"。

资料来源：阿克斯特尔. 身势语 [M]. 万明玉，译. 上海：上海译文出版社，1998.

（6）要表示欣赏，巴西人会用拇指和食指挤压自己的耳垂。他们还会进一步做出夸张动作，将一只手从颈后面伸过去，抓住另一侧耳朵的耳垂。

（7）把手向下甩，同时拇指和食指相互弹压，这个方式是表示"那确实很多"。

（8）手握拳，把大拇指从食指和中指中间伸出来，这在巴西是表示"交好运"的手势。

（9）把拳头击入另一只弯着的手的手心中去，这是个淫秽的手势。

10）沙特阿拉伯

（1）沙特阿拉伯人把头转来转去表示"是"，而把头向后抬起，并用舌头发出声音以表示"不"。

（2）同样性别的沙特阿拉伯人站在一起，比北美人或欧洲人要靠近得多。

（3）当走在街上或走廊里时，一位沙特阿拉伯主人会轻轻抓住他的西方男性客人的臂肘或握着客人的手，领他走过去，并且继续手拉着手地走着，这是表示友好和尊敬。

（4）不要过多地用手指指点点或者打手势。

（5）目光接触很重要。许多西方人感觉中东人眼光似乎有些"呆滞"时，会误解为他感到厌烦或不感兴趣，但实际上不一定如此。

（6）左手是用来洁净身体的。因此，绝不能用左手拿东西吃、送上礼物或名片或做其他类似的事情。

（7）如果在非西方化的沙特阿拉伯人面前交叉双腿，这可能被认为是对人不尊重的表现。

启智润心 3-1　　　　　　　　　明礼修身，守卫健康中国

　　国家体育总局体育科学研究所与光明日报联合调研组在全国六省（市）展开调查研究。调研显示，我国 68.7% 的青少年存在 2 项及以上的身体姿态问题，80% 的青少年至少存在 1 项身体姿态问题。在儿童青少年常见的身体姿态异常问题中，头前伸、高低肩、胸椎曲度异常、腰椎曲度异常、骨盆侧倾的发生率分别为 47.2%、49.5%、31.5%、27.1% 和 40.1%。

　　儿童青少年身体姿态与脊柱健康问题难以量化、认知程度低，难以用简单的统一标准衡量体态异常程度，家长也缺乏判断和认知，无法对学生的体态做出正确要求和引导；同时，身体姿态问题复杂化、低龄化、进展快的趋势突出，越来越多的低年级学生也出现了体态异常问题。与之相对的是，教师和家长也愈发因孩子的体态异常而焦虑，在中小学的课堂教育中也总有关于"挺胸抬头""不要趴在桌子上"的提示。

　　其实，处于骨骼生长期的青少年如果能养成正确的形体习惯，就可以有效避免体态异常的发生。可以选择在闲暇时间做一些较简单的垫上动作，也可以选择单杠、篮球、游泳等有利于锻炼腰背部核心肌群的运动，从而达到预防脊柱侧弯的目的。同时，各地应大力推广青少年体育运动，持续在社会中提倡运动健康的理念，这样的氛围对改变青少年体态异常问题多发的现状也能够起到积极作用。

　　资料来源：林苑. 体育总局体科所调研显示：八成青少年至少存在 1 项身体姿态问题 [EB/OL].[2023-12-15]. https://new.qq.com/rain/a/20220827A08FZM00.

　　核心素养：健康中国　礼仪修养

　　学有所感：俗语云："站有站相，坐有坐相。"这句话是中国父母、师长在子女或晚辈出现不当仪态时常挂在嘴边的谆谆教诲。得体的仪态不仅是个人素养、家庭教育的体现，而且是保持身体健康的秘诀之一。党的二十大报告指出："推进健康中国建设。人民健康是民族昌盛和国家强盛的重要标志。"良好仪态，身姿先行。青少年是家庭和国家的未来"脊梁"，健康挺拔的身姿能够让青少年更加自信、快乐成长！

●● 本章小结

★　体态就是人的身体姿态，又称仪态，包括体姿和表情两个方面的内容。人的情感体现在身体姿势上叫体姿，体现在颈部以上部位叫表情。

★　体态是身体对外界压力的反映，具有一定的相似性，又有许多差异性。身体的不同部位在表达情感时反映了体态的不同功能，有其基本规律。

★　站姿是人们日常生活中最基本的举止之一，是仪态美的起点和基础，符合礼仪规范的良好站姿能衬托出一个人优雅的气质和内涵。

★　坐姿是人们日常生活中最常用的一种举止。坐姿有美与不美、雅与俗之分。良好的坐姿传递着自信练达、友好挚诚、积极热情的信息，也是自己良好气质和内涵的表现。

★　行姿是站姿的延续动作，是引人注目的体态动作。良好的行姿应做到协调稳健、轻盈自然、有节奏感，最能表达一个人的内涵韵味。

★　手势是一种表现力较强的体态语言，恰当地运用手势，可以增强表情达意的效

果，并给别人以丰富的感染力。手势能够加深印象，但对其含义在各国的差异要特别注意。

★　表情特指人的面部情态，包括目光和笑容两类。眼睛是心灵的窗户，是人体传递信息最有效的器官。交往中要注意目光注视的时间、位置和礼仪规范；笑容是美好心态和愿望的心灵外露，可以表达对他人的理解、关心和爱，所以应当真诚、适度、适宜。

★　熟知中外体态体姿礼仪的习俗。

●●● 主要概念和观念

☐ 主要概念

　　体态　体姿　手势　表情

☐ 主要观念

　　站姿、坐姿、行姿的基本要求　手势的运用　目光和笑容

●●● 基本训练

☐ 知识题

3.1　判断题

（1）体态因人而异，无规律可言。　　　　　　　　　　　（　　）

（2）目光是传递信息的无声语言。　　　　　　　　　　　（　　）

（3）微笑既可以是发自内心的，又可以是故作姿态的。　（　　）

（4）在美国，伸手、掌心向下摆动，是招呼人过来的意思。（　　）

（5）在印度南部，人们摇头表示肯定，点头表示否定。　（　　）

随堂测验 3-1

判断题

3.2　选择题

（1）递物件时，不应（　　　）。

A.双手递接　　　　　　　　　B.将尖锐物品的尖头部分朝向自己

C.将文件、名片等正面对着自己　D.接物时点头示意或说一声"谢谢"

（2）坐姿强调应坐（　　　）。

A.如松　　　　　　　　　　　B.如钟

C.如风　　　　　　　　　　　D.随意

（3）下列行姿不正确的是（　　　）。

A.双臂摆幅30~40厘米　　　　B.行走时双脚的轨迹成一条直线

C.步幅为一脚长　　　　　　　D.行走时身体重心靠后

（4）非常重视头部，认为头部是智慧所在、神圣不可侵犯的是（　　　）。

A.泰国人　　　　　　　　　　B.中国人

C.美国人　　　　　　　　　　D.英国人

随堂测验 3-2

选择题

3.3　简答题

（1）什么是体姿？它有哪些基本规律？

（2）表情有什么特点？构成表情的主要因素是什么？

（3）简述微笑的礼仪规范。

随堂测验 3-3

简答题

（4）结合所学知识，检查自己有哪些手势不合规范。

□ 技能题

（1）不论何种场合，都必须按基本站姿站立吗？

（2）结合行姿的基本要求，谈谈现实生活中有哪些行姿是不正确的。

●●● 观念应用

□ 案例题

细微中显素质

李先生陪同学到一家知名企业应聘。李先生一贯注重个人修养，从他整洁的衣服、干净的指甲、整齐的头发上看，就给人一种精明、干练的感觉。来到企业人事部，临进门前，李先生自觉地擦了擦鞋底，待进入室内后随手将门轻轻关上。见有长者到人事部来，他礼貌地起身让座。人事部经理询问他时，尽管有别人干扰谈话，他仍能集中注意力倾听并准确地予以回答。谈话时，他神情专注、目不旁视、从容交谈。这一切，都被来人事部察看情况的企业总经理看在眼里。尽管李先生这次只是陪同学来应试，总经理还是诚邀李先生加盟这家企业。现在，李先生已成为这家企业的销售部经理。

问题：为什么李先生会被企业总经理诚邀加盟？

□ 实训题

在老师的指导下，分组进行站姿、坐姿、表情、手势等方面的基本训练。同学之间相互点评。

第4章
中外见面交往礼仪

学习目标

知识目标：学习见面交往时应具备的礼貌礼仪，学会使用各种称谓，正确地进行介绍和行礼，懂得名片的合理使用，知晓拜访和接待之道。

技能目标：掌握介绍、称谓、握手、致意、交换名片等见面交往中的基本礼仪要求和技巧，懂得不同场合拜访和接待的步骤、方法和宜忌；能够有针对性地正确使用见面交往中的礼仪知识，具有因地制宜的应对能力，懂得中外不同国家和地区各自的见面交往礼仪习俗。

素养目标：培养人际交往能力，具有尊敬长辈、友善待人的良好素养。

第4章

思维导图

引 例

见人减岁

我跟刘健到一家公司推销产品，在门口就被看门的老大爷给拦住了。

刘健不急不躁，笑着跟那老大爷聊天："您老高寿？今年有六十了吧？"嗨，我心里想：什么眼神儿啊，这人怎么看也快七十了。

果然，那老大爷呵呵一笑："早过六十了，今年都六十九了。""哟，看不出来，瞧您这身板，这精神头儿，一点儿也不显老，我到了您这岁数，肯定难有您这么好的身体……"这几句话一说，老大爷满脸都乐开了花。又闲扯了一会儿，便挥手让我们进去，还偷偷告诉我们，公司里的事，张秘书就能做主，只要她点头了，经理一准儿会同意。他边说边暧昧地向我们挤了挤眼睛，我们"心知肚明"，连连点头称谢。等电梯的时候，我用崇拜的眼光看着刘健。刘健一得意，便吐了真言："我们跑销售的，必须让人家喜欢我们。这里面有一个'秘诀'，就是见人减岁，最好是减去十岁。"

见面是交往的开始，是人们情感的初次交流；交往是指在社会生活中人与人之间基于某些客观需要而发生的思想、情感、语言和行为等方面的相互影响和作用。见面交往礼仪在人类社会生活中具有相当重要的作用。"勿以善小而不为""千里之行，始于足下"，我们要克服那种日常见面交往是平平常常的小事，没有什么好学的偏颇认识，学好见面交往礼仪，从而对自己融入社会的角色进行科学的设计，以便在社会生活和工作中获得成功。

4.1　见面礼仪

合乎礼仪的见面，是给对方留下良好第一印象的关键，可以为人们的进一步交往打下良好的基础，对决定交往的深度和广度有着重要的作用。其中，介绍、称谓、名片、见面礼是见面交往的几个相互联系的环节，共同构成见面交往礼仪的有机整体。

4.1.1　介绍

介绍是见面交往活动中相互了解的基本方式，是人们交往的第一座桥梁。通过介绍，可以缩短人与人之间的距离，为更好地交谈、了解、沟通迈出了第一步。

日常交往中的介绍主要有他人介绍、自我介绍、集体介绍三种方式。

1）他人介绍

他人介绍，就是由第三者把一方介绍给另一方，介绍人、被介绍人和接受介绍的人就形成了三角关系。为他人作介绍时，不仅要熟悉双方的情况，而且要懂得介绍的礼仪规范。

（1）介绍的顺序。在介绍两人相互认识时，总的要求是：位尊者优先了解对方的情况，即先把被介绍人介绍给你所尊敬的人。具体来说，通常有以下几种情况：①先把男士介绍给女士，再把女士介绍给男士；②先把客人介绍给主人，再把主人介绍给客人；③先把晚辈介绍给长辈，再把长辈介绍给晚辈；④先把地位低者介绍给地位高者，再把地位高者介绍给地位低者；⑤先把未婚者介绍给已婚者，再把已婚者介绍给未婚者。它仅仅适用于介绍人对被介绍人的情况非常了解的前提下，若把握不准，不要贸然行事。

以上这几种介绍顺序，其共同点是"尊者居后"，即先把身份、地位较低的一方介绍给身份、地位较高的一方，让尊者优先了解对方的情况，以表示对尊者的敬重。而在口头表达上，则是先称呼尊者，然后再介绍，如："王老师，这位是小李。"这些介绍的顺序已成为国际惯例，如果颠倒会令人不快。

（2）介绍的姿态。当为别人做介绍时，千万不要用手指指点对方，而要用整个手掌、掌心向上，五指并拢，胳膊向外伸、斜向被介绍人。向谁介绍，眼睛就注视谁（如图4-1所示）。

图4-1　介绍的姿态

（3）介绍的语言、内容。介绍的语言要规范，符合身份。较为正规的介绍，应使用敬语，如："王总，请允许我向您介绍一下，这位是小张。"较随便一些的介绍，可以这样说："王先生，我来介绍一下，这位是张女士。"介绍姓名时要口齿清楚，发音准确，把易混淆的字讲清楚。

一般情况下，介绍的内容宜简不宜繁，只要介绍被介绍人的姓名、单位、职务就可以了。如果介绍人能找出被介绍双方的某些共同点，会使双方的交谈更加融洽。介绍人还可以说明自己与被介绍人的关系，以便新结识的人增进了解与信任。

（4）其他注意事项。其包括：①要了解双方是否有结识的愿望。比如，一些地位高的人不愿结识一些地位低的人，一些女士不愿结识一些男士。②介绍时三人都应起立。除非在不便起立的情况下，如宴会的餐桌边，被介绍人是残疾人、年迈的老人，此外，妇女、长者、尊者等也可以不必起立，只要微笑点头，有所表示即可。③介绍人要实事求是，掌握分寸，不要夸大其词，让被介绍人难堪。④被介绍人在介绍人向他人介绍自己时，要礼貌地做出反应，可以说"你好""认识你很高兴""久仰久仰"等。⑤为他人做介绍时，要避免给任何一方厚此薄彼的感觉。不可以对一方介绍得面面俱到，而对另一方介绍得简略至极。

2）自我介绍

在社交场合，遇到对方不认识自己，自己又有意与其认识，而当场没有其他人可从中介绍，这时就需要进行自我介绍。

（1）时机适宜。自我介绍要考虑场合，抓住时机。一般来说，有以下几种情况：①因业务关系需要互相认识，在接洽时可以自我介绍；②当遇到一位你知晓的或久仰的人士时，他不认识你，你可以自我介绍；③出差、旅游、办事与别人不期而遇，为了增加了解和信赖，可以自我介绍；④登门拜访，事先打电话约见，在电话里应自我介绍；⑤参加聚会，主人不可能做细致的介绍，与会者可以与同席或身边的人互相自我介绍。但要注意，如果对方正忙于工作，或正与他人交谈，或是大家的注意力正集中在某人或某件事上，这时做自我介绍有可能打断对方，效果肯定不会太好。另外，在对方心情不佳、疲惫不堪时，也不要打扰。

（2）内容得体。社交场合的自我介绍的内容大体上由三个要素构成，即本人姓名、工作单位、职业（或职务），一般情况下需要将三者都介绍出来。当然，自我介绍内容的繁简，还应视实际交际需要来决定，如出差、旅游、办事，作为临时性的接触，这种自我介绍就很有弹性，有时只介绍自己从哪里来或职业和姓就可以了，只有遇到非常投机的人时才告诉自己的姓名，参加朋友聚会、宴会、沙龙或小组开会时的自我介绍，本人姓名要报全名，不能说"我姓张，叫我小张好了"，这样就明显带有不愿进一步深谈、拒绝交往的意思；而如果双方有互相认识的愿望，又如在接受面试、参加某项公关比赛或初次到达新的工作单位等情况下，还可以进一步介绍自己的学历、专长、兴趣、经历等。

（3）把握分寸。自我介绍时不要过分地炫耀自己，对自己的身份、门第、财富、学识不要过度渲染，但也不要自我贬低，否则会让人觉得你不踏实或虚伪。总之，自我介绍要表现出诚恳、友好、坦率、可以信赖，就必须实事求是，恰如其分地介绍自己。

（4）讲究技巧。正式场合的自我介绍，要把握好技巧，突出自己的特点、特色。

第一，从介绍自己名字的含义入手。某工厂正欢迎一名叫苏杰的同事，他在自我介绍中说：我姓"苏"，苏东坡的苏，杰出的"杰"，自古以来，"苏"姓人才辈出，我父母也希望我能成为杰出的人。不过我刚毕业，希望在同事们的帮助下，通过自己的努力，成为有用的人。

第二，从介绍生肖入手。有一位小姐去参加"公关小姐"比赛，她这样自我介绍：我生肖排第一，属鼠；我在××单位工作，今天是我工作以来过的第一个"五一节"；我也是第一次参加这么大的比赛，但愿这么多的"第一"会给我带来好运。

第三，从职业特征入手。有一位公关先生，他是这样自我介绍的：我叫张伟，在上海某宾馆公关部工作，也许有的人心目中的公关人员都是漂亮女士，一个男士怎么做公关工作呢？其实这是一种误解，公关是塑造形象和协调工作的一门科学，只要具有公关知识和素养，男士也同样可以从事公关工作，今后希望各位在工作中多多关照。

◆ 礼仪小知识4-1   克里木的自我介绍

著名歌唱家克里木在一次演唱会上和歌迷见面时的自我介绍很有新意，给人留下了难忘的印象。他说自己12岁开始便倒骑着心爱的小毛驴走南闯北，为了接受青年朋友的善意批评，忍痛放弃了那条落后于时代的老毛驴，从国外买了辆进口车开到演出场地。说到这儿，他停了片刻，又说："你们猜是什么车？那是印度的——大篷车！"克里木就是从观众对他印象最深的曲子说起的，不落俗套，语言风趣幽默。克里木的自我介绍很有技巧，给人留下了良好的、难以忘却的第一印象，而这正是见面交往要达到的目的。

第四，从对事业的态度入手。有这样一个自我介绍：鄙人曹建华，目前担任××化妆品公司总经理，我的职业决定了我要做生意，而我也喜欢做生意。生意有成功，也有失败，我当然希望能成功，但也从不害怕失败和困难，每一次失败对我都是一次总结，每一个困难对我的毅力都是一个考验，我就是在失败和困难中前进的，衷心地希望大家在今后的生意中多多协作。

（5）充满自信。要克服害羞心理，避免见面后羞羞答答、遮遮掩掩、不敢抬头或东张西望、心不在焉。自我介绍时要先向对方点头致意，得到回应后再向对方报出自己的姓名、身份、单位及其他相关情况，语调要热情友好，充满自信，眼睛应注视着对方，自然、大方。

（6）其他注意事项。其包括：①当你想了解对方时，可引发对方做自我介绍，但要避免直言相问，如："你叫什么名字？""姓什么？""今年多大啦？""在哪儿工作？"这很像是在审犯人。问话要尽量客气、礼貌，如："不知怎么称呼您？""请问您贵姓？""您是……"等。②不要问对方敏感的话题。③他人做自我介绍时要仔细听，记住对方的姓名、职业等，如没有听清楚，不妨在个别问题上再问一遍。④当一方做自我介绍后，另一方也要相应做自我介绍，要避免一方主动自我介绍，另一方不自我介绍的难堪局面。

3）集体介绍

（1）大型报告会或演讲会等，通常由主持人向与会者介绍报告人或演讲人的情况。

（2）由许多单位参加的会议，主持人要向与会者介绍主席台上就座的人员，以及主要的来宾、参加会议的单位。

（3）当新加入集体的成员初次与集体其他成员见面时，负责人要先将他介绍给集体，再向他介绍集体的主要领导人。

（4）在宴会或晚会上，一般由主人介绍主要来宾，然后再一一介绍其他来宾；也可以按座位顺序来介绍。

（5）邀请多人聚会，邀请人可以把大家招呼在一起，说几句热情洋溢的话，然后让大家互相认识一下，再按身份或年龄或顺序介绍。如用按顺序的方式介绍，不要主观地跳过某一人，最后再来介绍他。被介绍人一般要起身或欠身向大家致意。

案例窗 4-1

天成公司董事长、经理和经理助理一行三人应邀到金石公司参加一个活动，在金石公司大门口等待的是公司董事长、经理和礼宾工作人员。双方见面时，应分别由谁来介绍？介绍的顺序是怎样的？

分析提示：

（1）先做自我介绍：①介绍的顺序，位低者先介绍（主人向客人先介绍，男士向女士先介绍，晚辈向长辈先介绍）；②先递名片再介绍；③长话短说，语言精练；④第一次介绍单位和部门时要使用全称。

（2）再为他人做介绍：①谁当介绍人，征得双方同意（家里来客人，女主人做介绍）；②注意前后顺序，先介绍主人，客人有先知情权，先介绍男士后介绍女士，先介绍晚辈后介绍长辈，先介绍位低者再介绍位高者。

4.1.2 称谓

称谓是指人们在日常交往应酬之中，所采用的彼此之间的称呼语。在人际交往中，使用正确的、适当的称呼，不仅反映自身的教养和对对方的尊重，同时还体现着双方关系发展所达到的程度及社会的风尚。因而对称谓的使用不能疏忽大意，随便乱用。

1）工作中的称谓

工作中的称谓是指人们在工作交往中，相互之间所采用的称呼语。在工作中，人们交往时的称谓是有特殊性的，它不仅要求合乎礼仪规范，而且还要求庄重、正式、规范。工作中的称谓主要有职务性称谓、职称性称谓、学衔性称谓和行业性称谓。

（1）职务性称谓。在工作中，用交往对象的职务相称，以示身份有别，敬意有加，这是一种最常见的称谓方法。例如，"经理""主任""周处长""马部长""刘业伟市长""王长来书记"等。

（2）职称性称谓。对于具有职称尤其是具有高中级职称者，可以在工作中直接以其职称相称，如"张教授""吴工程师""王编审""徐研究员"等。有时这种称谓也加以约定俗成的简化，例如可将"吴工程师"简称为"吴工"。在职称前加上姓名，则适用于十分正式的场合。例如，"马成武教授""杜锦华主任医师"等。

（3）学衔性称谓。在工作中，以学衔作为称谓，可增加被称呼者的权威性，有助于增强现场的学术氛围。例如，"博士""张博士""张之安博士"，也有将学衔具体化，说明其所属学科，并在其后加上姓名的。例如，"文学博士张之安""法学硕士周宁"等，这种称谓较为正式。

（4）行业性称谓。在工作交往中，有时可以按行业或称谓对象所从事的职业进行称呼，即以被称呼者的职业直接称呼。例如，"医生""大夫""王老师""陈警官"等。对于商界、服务行业的人员，一般约定俗成地按性别的不同分别称呼，如"服务员""张女士""李志刚先生"。

2）生活中的称谓

生活中的称谓是指在日常生活中与亲朋好友、家庭成员或有亲属关系的人们之间的称谓。此类称呼应当亲切、自然、准确、合理，切不可肆意为之，大而化之。

（1）对亲属的称呼。在日常生活中，对亲属的称谓早已约定俗成，人所共知。如姑、舅之子应称"表兄""表弟"，叔伯之子应称为"堂兄""堂弟"，大家对此一般都不会弄错。有时为了表示亲切，也不一定非按标准称呼不可。例如，儿媳对公公、婆婆，女婿对岳父、岳母，皆可以称"爸爸""妈妈"，这样称呼显得十分亲切。

对外，可根据不同情况采取谦称或敬称。对本人的亲属，应采用谦称，如"家父""舍弟"。自己的子女，可在其称呼前加"小"字，如"小儿""小婿"；对他人的亲属，应使用敬称，如"尊母""贤侄""令爱"等。

（2）对朋友、熟人的称谓。对朋友、熟人的称呼，既要亲切、友好，又要不失敬意。对任何朋友、熟人，都可以用人称代词"你""您"相称。对文艺界、教育界人士，以及有成就、有身份者，均可以称之为"老师""先生"，也可在其前加上姓氏，如"何老师""李先生"。

对德高望重的年长者、资深者，可称之为"公"或"老"。其具体做法是：将姓氏冠在"公"之前，如"周公"；将姓氏冠在"老"之前，如"方老"。

平辈的朋友、熟人，彼此之间均可直接以姓名相称，但晚辈对长辈不可如此。

对于邻居，有的可以用"大爷""大婶""叔叔""阿姨"等类似血缘关系的称呼，这种称呼，会令人感到信任、亲切。

■━━●　礼仪小知识4-2　　　　　　　怎么称呼别人很重要

一个年轻的旅行者骑着摩托进入戈壁，好不容易遇到一个赶着牛车的老人，又渴又饿的他随口问道："嘿，这里离饭店还有多远？"

老人笑呵呵地对他说："5里。"年轻人连谢谢都没说，就疾驰而去。等到年轻人骑出5里，却发现那儿不但看不到饭店，连村落都没有。

他仔细回想老人的话，突然想到：老汉说的5里的谐音，不就是在说自己"无礼"吗？不由得惭愧起来。

有时候，如果我们实在不知道该如何称呼对方，或者不愿意把称呼问题搞得太复杂，也可以不加称呼，但是要注意礼貌。比如在对话之前，说一声"你好"，问问题时说一声"请问"，在得到对方回应后，不论有无价值，都说一声"谢谢你"。

3）外交中的称谓

外交中的称谓是指在外事活动中，对国际人士的称呼。在对外交往中，称谓因国情、民族、宗教、文化背景的不同而千差万别。因此，称谓对方时，要遵照国际上通行的做法，同时也要留心国别的差异，加以区别对待。

（1）对任何成年人，均可以将男子称为先生，将女子称为小姐、夫人或女士。对于女子，已婚者应称为"夫人"，戴了结婚戒指的也可称为夫人。对未婚者或不了解其婚否者，均可称之为"小姐""女士"。

上述称呼，均可冠以姓名、职务、职称、学衔或军衔。例如："大卫先生""艾丽丝小姐""少校先生"等。

（2）在商务交往中，一般应以"先生""小姐""女士"来称呼交往对象。在国际商务交往中，一般不按行政职务来称呼交往对象，这一点与我国是不同的。例如，在我国"夫人"这一称呼很少用于商务活动中。

（3）在政务交往中，常见的称呼除"先生""小姐""女士"外，还有两种称呼：一是称其职务；二是对职务或地位较高者称"阁下"。称呼职务或"阁下"时，还可以加上"先生"这一称呼。其组成顺序为：先职务，次"先生"，最后"阁下"；或者职务在先，"先生"在后。例如，"总理先生阁下""大使阁下""部长先生"等。几个称谓并用，这常常是对德高望重者、社会名流或政界要人的称呼。在美国、德国、墨西哥等国，没有称"阁下"的习惯。

（4）对军界人士，可以以其军衔相称。称军衔不称职务，是国外对军界人士称呼最通用的做法。具体有四种方法：一是只称军衔，如"将军""上校""下士"；二是军衔之后加上"先生"，如"上尉先生""少校先生"；三是先姓名后军衔，如"朱可夫元帅""巴顿将军"；四是先姓名，次军衔，后"先生"，如"布莱尔上校先生"。

（5）对宗教界人士，一般可称呼其神职。称呼神职时，具体做法有三类：一是仅称神职，如"牧师"；二是称姓名加神职，如"亚当神父"；三是神职加"先生"，如"传教士先生"。

（6）对君主制国家的王公贵族，称呼上应尊重对方习惯。对国王、皇后，通常称"陛下"。对王子、公主、亲王等，应称之为"殿下"。对有封号、爵位者，则应以其封号、爵位相称，如"爵士""勋爵""公爵""大公"等。

有时，还可在国王、皇后、王子、公主、亲王等头衔之前加上姓名相称。例如，"西哈努克国王""莫尼克公主""拉那烈王子"等。对有爵位者，可称"阁下"，也可称"先生"。

（7）教授、法官、律师、医生、博士，因其社会地位较高，颇受尊重，故可直接以此作为称呼；也可以在前加上姓名，如"布朗教授"，或在其后加上"先生"，如"教授先生"等。

答案提示

课堂互动4-1

"同志"是最通用的称呼吗？

4.1.3 名片

名片的使用早成为人际交往、建立联系的重要手段，在中国已有两千多年的历史。秦汉时，官方为了交往的便利和信任，使用一种称为"谒"的名帖，是用竹片或木片做成的。到汉末把"谒"称为"刺"，也是用"竹"或"木"做成的。汉朝以后，改用纸做。到六朝时称为"名"，唐朝称为"榜子""门状"，明朝称为"名帖"，清朝称为"名刺"或"名片"。

1）名片的样式

名片是一个人人格、身份、地位的象征，被称为人的第二脸面。所以，对名片的规格、样式、用纸、制作等都十分讲究。

标准的名片主要包括三个方面的内容：一是工作单位，应印在名片的正上方，很多名片在工作单位左上角的位置印有企业的标志，工作单位下面还可以印兼职的单位；二是姓名、身份，印在名片的正中间；三是联系方式，包括单位所在的地址、邮编、电话号码等，印在名片的下方。

名片的规格一般是长 9 厘米、宽 5.5 厘米左右。名片的用纸十分讲究，可分为三个档次：中低档名片主要用布纹纸、白板纸、合成纸制作，简洁、朴实；高档名片主要用刚古纸、皮纹纸制作，显得古朴典雅，纸质挺括；豪华高档名片，有用黄金、光导纤维或不锈钢做成的，显得华贵、气派。名片的色彩以白色、乳白色、黄色、浅蓝色为宜，讲究淡雅、艺术、庄重，切忌艳丽、花哨。名片的款式有折叠式、非折叠式，还有音乐名片、香味名片等。

2）名片的功能

（1）便于自我介绍。在会客交友时取出一张名片，自己的基本情况跃然纸上，使人一目了然，便于沟通了解。

（2）便于保持联系。名片便于储存对方的基本信息，便于在需要联系时查找。

（3）名片可以显示个性。在名片的设计、制作、使用时突出个性特征，既便于给对方留下深刻印象，又便于沟通、寻觅知己。

（4）名片可用来经营、宣传和业务往来，还可以替代便函，用作介绍信、请柬、通报求见、留言等。

3）使用名片的礼仪规范

名片的使用，分为递名片和接名片两类：

（1）递名片。

其一，做好递名片前的准备工作。先将名片放在容易取出的地方，以便需要时迅速拿取。男士可将名片夹放在西装左胸口袋或公文包里，女士可将名片放在手提包内。还要注意名片的管理，避免混乱，将别人的名片当作自己的名片递出。

其二，名片的递送应遵循一定的顺序。一般是地位低者、晚辈或男士先向地位高者、长辈或女士递名片，然后再由后者予以回赠。如果上级、长辈或女士先递上名片，下级、晚辈或男士也不必谦让，礼貌地用双手接过，道声"谢谢"，再予回赠。当对方不止一人时，应先将名片递给职务较高或年龄较大者。如果分不清职务高低或年龄大小时，可从自己左边开始按顺序递送。

其三，掌握递交名片的时机。名片可以在见面时相互介绍之后递，也可以在交往中感到有必要进一步联系时递，如果是比较熟悉的朋友，可在告辞时递。在未确定对方的来历之前，不要轻易递给对方名片，也不可像散发传单似的递送名片。

其四，注意递送名片的姿态。递名片时，应恭敬地用手拿住名片的两边，并将名片的正面对着对方，同时面带微笑、注视对方，说些友好礼貌的话语，如"认识一下，这是我的名片""这是我的名片，请多关照""这是我的名片，以后多多联系"等。应避免将名片一只手塞给对方或随意扔在对方的桌面上。

（2）接名片。接名片时要通过动作、表情、语言等来显示对对方的尊重：①当对方递送名片时，要立即放下手中的事情、起立，双手接过名片，并仔细地阅读一遍，尽快记住对方是何人，以示尊重。必要时可将名片上的姓名、任职，特别是较高的或较重要的职务轻声读出声来，以示重视。如果遇到知名人士，还可表示赞叹。②如果名片上有不认识的或读不准的字，要虚心请教，不可随便叫出。③看完名片后，要郑重地将其放好，并表示谢意。切忌随意往口袋一塞或漫不经心地放置一边。如果是暂放在桌子上，切忌在名片上放置其他物品，更不能滴上汤水、菜汁。离开时，不能把名片遗忘在桌子上。④在交往场合往往要一下接受好几张名片，千万不要搞混，张冠李戴，这样会使别人不快。⑤出于尊重对方的意愿，尽量不要向他人索要名片。如果很想得到对方的名片，你可以大方地、礼貌地向对方说："如果方便的话，您可否给我一张名片。"

礼仪小知识4-3　　　　　　　　　　**递送名片的正确时机**

若想适时地递送名片，使对方接受并收到最好的效果，必须注意下列事项：

除非对方要求，否则不要在年长的主管面前主动出示名片。

对于陌生人或巧遇的人，不要在谈话中过早递送名片。因为这种热情一方面会打扰别人，另一方面有推销自己之嫌。

不要在一群陌生人中到处递送自己的名片，这会让人误以为你想推销什么产品，反而不受重视。在商业社交活动中尤其要有选择地提供名片，才不会使人以为你在替公司搞宣传、拉业务。

处在一群彼此不认识的人当中，最好让别人先递送名片。名片的递送可在刚见面或告别时，但如果自己即将发表意见，则在说话之前发名片给周围的人，可帮助他们认识你。

出席重大的社交活动，一定要记着带名片。

无论参加私人餐宴还是参加商业餐宴，名片皆不可在用餐时发送，因为此时只宜从事社交而非商业性的活动。

与其发送一张破损或脏污的名片，不如不送。应将名片收好，整齐地放在名片夹、盒或口袋中，以免名片毁损。破旧名片应尽早丢弃。

资料来源：佚名. 发送名片大有学问（商务交际）［N］. 市场报，2004-03-09（27）.

4.1.4　见面礼

各种形式的交往，见面时都要施见面礼，以表示敬重和友好的心意。由于各国的文化、习俗不同，所以交际时的见面礼节也不同。国际上经常采用的见面礼节有握手、鞠躬、拥抱、接吻、致意等形式。

1）握手

握手是交往时最常见的见面礼节。它来源于中世纪欧洲的骑士，表明手中没有武器，以示亲切友好之意。之后，握手通行于欧美，辛亥革命后传入我国。如今，握手已是世界通行的礼节，初次见面、久别重逢、告别或表示祝贺、鼓励、感谢、理解、慰问等都可行握手礼。

（1）握手的标准姿势（如图4-2所示）。握手时，双方保持一步左右的距离，各自伸出右手，手掌略向自己身体的前下方伸直，四指并拢，大拇指叉开，指向对方，手掌与地面是垂直的，两人手掌平行相握，持续1~3秒钟。同时注意，握手时上身稍向前倾、头略低、面带微笑，注视对方，并伴有问候性语言。

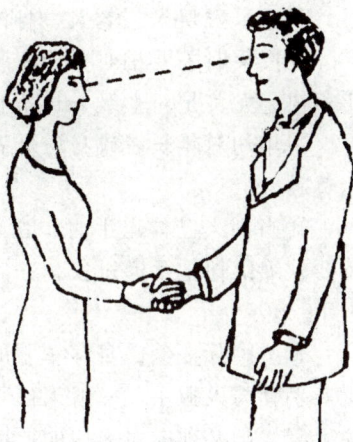

图4-2 握手的标准姿势

（2）握手的礼仪规范。在社交活动中，无论是见面还是告别，适时的握手都是很必要的，这是一种礼貌表示。但握手时要注意一些礼仪规范，否则会导致别人的误解、猜疑和不快，不利于顺利交往。

①注意伸手的先后顺序。见面时握手是向对方表示友好、礼貌，但在人际交往中，却不可贸然伸手。伸手的先后顺序，要视身份、地位而定。各种场合的握手应该按照上级在先、长辈在先、主人在先、女士在先的顺序进行。作为下级、晚辈、客人、男士，应该先问候，见对方伸出手后，再伸手与其相握，尤其在上级、长辈面前不可贸然伸手。而作为女士，当男士已伸出手时，不该置之不理，而应落落大方地与对方握手。女士假若不打算与向自己问候的男士握手，可欠身或点头致意，不要视而不见或转身离去。若一个人要同时与许多人握手，最有礼貌的顺序应该是：先上级后下级、先长辈后晚辈、先主人后客人、先女士后男士。

②与他人握手时，手应该是洁净的。如果手上有油渍或较脏不能握手，应先做个说明，表示歉意。握完手后不应搓手、擦手。

③握手时一定要用右手，用左手与别人相握，是失礼的行为。在特殊情况下用左手与人相握应当说明原因并表示歉意。

④握手时要面带微笑，眼睛注视对方。千万不要东张西望，心不在焉，这会使对方产生不受尊重的感觉，也不应该目光下垂，显得拘谨、不大方。

⑤握手的力度要适中。如果是一般关系，握手时只需稍稍握一下即可；如果关系密切，双方握手时可略用力，并上下轻摇几下。男士对女士一般只轻握一下手指部分。

⑥要把握好握手的时间。若关系亲近密切者，尤其是久别重逢时，可以边握手边问候，两人双手长时间地紧紧握在一起。一般情况下，握手时间以2~3秒为宜，切忌时间过长，特别是男士与女士握手，停留时间的长短更应注意。与数人初次相见，握手时间应大体相等，不要给人以厚此薄彼的感觉。

⑦双手握住对方的手，表示更加亲切和尊重对方。一般用于看望德高望重的老

人、久别重逢的朋友等，但男士对初次相识的女士不宜采用。

⑧除了残疾人、老人、身体欠佳者外，不能坐着与人握手。

⑨握手时不要拍对方的肩膀，除非是老朋友、熟人，否则大部分人会对拍肩膀产生不快，尤其是对上级、长辈和异性，更不允许使用这种方式。

⑩年幼对年长者或身份低者对身份高者，握手时应稍微向前欠身，稍微鞠躬，以示尊敬。

⑪当别人已伸出手时，切忌慢条斯理或迟迟不伸出手，令人尴尬。尤其是女士，不要软绵绵地把手递过去，一副冷冰冰的样子。一般来说，他人已伸手了，不可拒绝握手。

⑫按国际惯例，身穿军服的军人可以戴着手套与人握手，地位高的人和女士可以戴着手套与人握手。一般人握手时要脱去手套，否则将是十分失礼的，如因故来不及脱手套，则必须向对方说明原因并表示歉意。

⑬军人行握手礼时，应先行军礼再握手；佛教徒应先行合掌礼再握手。

⑭几个人在一起时，可顺时针或逆时针握手，但不能交叉握手，即当两个人正在握手时，第三者不要把胳膊从上面架过去急着和另外的人握手。

（3）握手的方式及含义。握手的具体样式是千差万别的，了解一些握手的典型方式，既有助于我们通过握手了解对方的性格、情感、待人接物的态度等，又有助于我们在交往中根据不同的场合、对象去自觉地应用各种具体的握手方式。

①平等式握手。平等式握手也就是标准的握手方式，是意义较单纯的、礼节性的、表示友好的握手方式。

②控制式握手。控制式握手也称支配式握手，用掌心向下或向左下方的姿势握住对方的手，显得傲慢，也暗示想取得主动或支配地位。这种人一般说话干净利落，办事果断，极度自信，凡事一经自己决定，就很难改变观点，作风不大民主。

③谦恭式握手。谦恭式握手也叫顺从型握手，与支配式握手相对，用掌心向上或向左上方与对方握手。用这种握手方式的人往往性格软弱，处于被动、劣势地位。这种人可能处世上较民主、谦恭、易改变自己的看法，愿意受对方的支配。

④双握式握手。双握式握手即在用右手紧握对方右手的同时，再用左手加握对方的手背、前臂或肩部。使用这种握手方式的人是在表达一种热情真挚、诚实可靠，显示自己对对方的信赖和友谊。从手背开始，对对方加握的部位越高，其热情友好程度显得越高。

⑤死鱼式握手。握手时过于软弱无力，给人一种毫无生命力的感觉。这种人如不是生性懦弱，就是对人冷漠无情，待人接物消极傲慢。假如你握到这样一只手，那你一般就不要指望此人会热情地帮助你了。

⑥抓指尖式握手。握手时，轻轻触一下对方的指尖，往往给人一种冷冰冰的感觉。女士与男士握手时，常采用这种方式，以表示自己矜持与稳重，也隐含着保持一定距离的意思。

⑦拉臂式握手。拉臂式握手即将对方的手拉到自己的身边相握，且往往相握的时间较长。这常常是社会地位较低者，特别是那些有较强自卑感的人与社会地位较高者握手时采用的形式。这种人往往过分谦恭，在别人面前唯唯诺诺、轻视自我，缺乏主

见与敢作敢为的精神。

⑧抠手心式握手。两手相握之后，不是很快松开，而是两人手掌相互缓缓滑离，让手指在对方手心适当停留。这往往是表达对对方的一种依恋和爱意。因此，这种握手方式主要用于情人、恋人之间。

2）致意

致意是人们在社交场合，为表达敬意和问候的一种方式，是经常使用的一种见面礼节。比如，在公共场所遇到相识的朋友但距离较远时，一般可以举起右手并点头致意；与相识者在同一场合多次相遇，不必每次问候握手，只要点头微笑致意即可；对一面之交的朋友或不相识者，在社交场合见面时，均可点头微笑致意表示友好；遇见身份高的领导人，要恭敬地点头致意，不可主动上前握手等。

（1）致意的方式与时机。向对方致意，应根据不同的情况选择不同的致意方式：①微笑致意。在社交场合与人见面时，莞尔一笑是最好的表达方式，其适用范围非常广。②举手致意。一般不必出声，只将右臂伸直，掌心朝向对方，轻轻摆一下手即可，不要反复摇动。举手致意，适于向距离较远的熟人打招呼。③点头致意。头微微向下一动，幅度不必太大，适于不宜交谈的场合，如会议、会谈进行中，与相识者在同一地点多次见面或仅有一面之交者在社交场合相逢，都可以点头致意。④欠身致意。全身或身体的上部微微向前一躬。这种致意方式，是表达对他的恭敬，适用于长辈、领导或面试、演讲等人较多的场合。⑤脱帽致意。微微欠身，用距对方稍远的一只手脱下帽子，将其置于大约与肩平行的位置，同时与对方交换目光。若自己一只手拿着东西，则应以另一只空着的手去脱帽。朋友、熟人见面时若戴着有檐儿的帽子，则以脱帽致意最为适宜。若戴的是无檐儿帽，就不必脱帽，只需欠身或点头微笑即可。若是熟人、朋友迎面而过，可以只轻掀一下帽子致意即可，同时，可问一声好。

（2）致意的礼仪规范。相应规范包括：①致意的顺序。在各种场合，男士应先向女士致意，年轻者应先向年长者致意，下级先向上级致意。女士不论在何种场合，不论年龄大小，不论是否戴帽，只需点头致意或微笑致意。②致意的方法，往往同时使用两种以上，如点头与微笑并用，欠身与脱帽并用等。③致意要注意文雅，不要在致意的同时，还向对方大声叫喊，以免妨碍他人。④致意的动作不可以马虎或满不在乎。必须认认真真，以充分显示对对方的尊重。⑤遇到对方向自己致意时，应以同样的方式向对方致意，毫无反应是失礼的。⑥遇到身份较高者，不应立即起身去向对方致意，而应在对方的应酬告一段落之后，再上前问候致意。

3）鞠躬礼

鞠躬礼，也就是弯身行礼，是表示对他人敬重的一种郑重礼节。它起源于中国，最初指的是弯曲身体，代表一个人的谦恭姿态，后来逐渐演变成一种弯身的礼节，现已成为国际交往中经常采用的礼节。在我国，鞠躬礼适用于庄严肃穆或喜庆欢乐的仪式，也适用于一般的社交场合，常用于下级向上级、学生向老师、晚辈向长辈表达由衷的敬意，也常用于服务人员向宾客致意，有时还用于向他人表达深深的感激之情。在日本，鞠躬礼是最常用的礼节，一般的见面都施鞠躬礼。

（1）鞠躬的基本姿势。立正站好，保持身体的端正，同时双手在体前下垂，注视前方，面带微笑。鞠躬时，以臀部为轴心，上身向前倾斜，目光随着身体的倾斜而自

知识拓展 4-1

不同国家握手礼的差异

然下垂于脚尖 1.5 米处，鞠躬完毕，恢复站姿，目光再移向对方。

（2）鞠躬的礼仪规范。①鞠躬的同时要问候"您好""早上好""欢迎光临"等，声音要热情、亲切、甜美，且与动作协调。②鞠躬时目光应该向下看，表示一种谦恭的态度，不可以一面鞠躬，一面翻起眼睛看着对方。③鞠躬时，嘴里不能吃东西或叼着香烟。④鞠躬完毕，双眼应有礼貌地注视着对方，如果视线移向别处，即使行了鞠躬礼，也不会让人感到是诚心诚意的。⑤鞠躬的倾斜度有 90 度、45 度、15 度。90 度鞠躬一般用于三鞠躬，属最高礼节；45 度鞠躬通常是下级向上级、学生向老师、晚辈向长辈，以及服务人员对来宾表示致意所用；15 度鞠躬，运用于一般的应酬，如问候、介绍、握手、递物、让座、让路等都应伴随 15 度的鞠躬。⑥一般应站着行鞠躬礼，如果坐着见到客人、领导、长辈，应起立鞠躬致意。如在办公室里见到一般的客人，而且手上的工作离不开，也可坐着行 15 度鞠躬礼。⑦通常受礼者应以与行礼者大致相同幅度的鞠躬还礼。但是，上级、长者或尊者在还礼时，可以欠身点头或在欠身点头的同时伸出右手答之，不必以鞠躬还礼。⑧若是迎面碰上对方鞠躬时，则在鞠躬过后，应向右边跨出一步，给对方让路。⑨鞠躬时必须脱下帽子，戴帽鞠躬是不礼貌的，也会使帽子掉下来，造成尴尬。⑩日本的鞠躬礼是以双手搭在双腿上，鞠躬时，双手向下垂的程度越大，所表示的敬意就越深。

4）接吻礼和拥抱礼

接吻礼是西方的一种礼节，是上级对下级，长辈对晚辈，朋友之间或夫妻之间表示亲昵、爱抚的一种见面礼。多采用拥抱、亲脸颊或额头、贴面颊、吻手或接吻等形式。在社交场合，见面时为表示亲近，一般女士之间可以亲脸，男士之间可以抱肩拥抱，男女之间可以贴脸颊，长辈可以亲晚辈的脸或头额，男士对尊贵的女宾往往吻一下手背以示尊重；遇到高兴或悲伤的事时，都要行接吻礼，以表示热情或慰问；夫妻之间在某种情况或场合接吻也带有一定的礼节性。但是，行接吻礼时应注意，吻在不同部位，其含义是不同的：吻手表示敬意，它流行于欧美各国上层人士之间。和妇女见面时，如果妇女把手伸出做下垂式，则须将其手指轻轻提起并吻其手背；吻掌表示热望；吻额表示友谊；吻唇表示爱恋；吻颊表示喜欢；吻眼表示幻想。

拥抱礼也是国际交往时经常采用的礼节。拥抱时，两人相对而立，右臂偏上，左臂偏下，右手扶着对方的左肩，左手扶在对方的右后腰，按各自的方位，两人头部及上身都向左相互拥抱，然后，头部及上身向右拥抱，再次向左拥抱，礼毕。在欢迎宾客或表示祝贺、感谢的隆重场合，在官方或民间的各种仪式中，也常采用拥抱的礼节。

礼仪小知识 4-4　　　　　　　　　　　　　　　　**奇特的见面礼**

南美洲圭亚那东部的依那人十分好客，但他们的礼节会使你胆战心惊。如果你去那里做客，主人会在门前离你几十步远的地方，向你连射四箭，箭头从你头顶上一二十厘米处飞过。当地称这种礼节为"箭首"。迎客是这样，送客也是这样。

4.2　拜访与接待

拜访与接待是重要的社交活动，它可以联络感情、交流工作和增进友谊。同时，拜访与接待又是一种礼节性很强的社会交流活动，稍有疏忽，有违礼仪，就会影响相互间的关系和友谊，也有损自身的形象，必须引起我们的高度重视。

4.2.1　拜访

要想使拜访达到预期的效果，一定要遵守礼仪规范与要求。

1）家庭拜访

因生活或工作需要到别人家中拜访时，应注意以下几个方面的礼节：

（1）先约后访。到住宅拜访，由于住宅是私人的生活领域，多有不便，所以要事先约好时间，以便主人及其家人有所准备。约见的时间不宜太早或太晚，最好在下午或晚饭后，尽量避开吃饭、午休、晚睡的时间和早晨忙乱的时间。时间约定后要准时或略提前几分钟到达，如有特殊情况不能赴约或不能按时赴约，应提前通知主人，并表示歉意，重新约见。

（2）礼品的准备。初次到别人家拜访，最好适当带些礼品。如主人家有老人或小孩儿，所带礼品应尽量适合他们的需要。熟人一般不必带礼物，但遇有重要节日或特殊约见，不妨带些大家所欢迎的礼品。

（3）注意仪容、仪表。到住宅拜访，穿戴应整洁大方，适当做些修饰。一是要注重自身的形象，二是要显示对主人的尊重。

（4）先声后入。到别人家拜访时，要先敲门或按门铃，待有回音或主人前来开门时，方可入内。注意敲门动作要轻，要有节奏、停顿，一般用中指，第一遍先敲两三下。门铃要按一下以后稍候片刻，再按第二遍，如果里面有人应和就不要再敲再按了。如果主人家大门半开或全开，也要先以平和的语气询问，得到允许后方可进去。如果不认识出来开门的人，则应询问："这是×××的家吗？""他在家吗？"待对方给予肯定并允许进入后，才能进门。

（5）注意言行举止。进门之后，如果看见主人穿着拖鞋，这时你应在门口换上主人备好的拖鞋。随身物品，放在主人指示的地方，不要乱放，然后再向主人行见面礼。对主人家的其他成员，应按"长幼有序"的原则，亲切称呼问好。如果携带礼物来，要将礼物恭敬地交给主人收下。

在主人未让座之前，不能自己随意坐下，如关系密切，则可以稍随便些。落座要轻、稳，讲究坐姿。当主人上茶时，应欠身双手相接，并致谢。

如果有其他客人在场，应先向他们打招呼，然后坐在一旁静听，偶尔可插一两句话，但不可主动询问他们与主人的关系及来访的原因等。等其他客人走后，再与主人交谈。与主人交谈时，要注意礼貌，认真倾听主人的谈论，不可随意插话、抢话，更不要自以为是。

在拜访过程中，应坚持"客随主便"，听从主人安排，充分谅解主人。主人没有邀请参观他们的其他房间或设施时，不应主动提出参观，更不能未经主人许可到处乱走，乱翻乱动，这是对主人的不尊重。如果是第一次拜访或主人的居室刚经过装修，应适当地表示夸赞。未经主人同意，不能拿走主人的任何东西。如果主人家招待的是饮料、水果、点心，可稍加品尝，但不能全吃光。

（6）掌握时间，适时告辞。拜访时间不宜过长，第一次拜访应以20分钟左右为好。当宾主双方都已谈完该谈的事情，应及时起身告辞。如果发现主人有急事需办或有其他事情，或又有新的客人来访或遇到以下几种情况，也应及时告辞：一是双方话不投机，或当你谈话时，主人反应冷淡，甚至不愿搭理时；二是主人虽显"认真"，但反复看他自己的手表或墙上的挂钟时；三是主人将双肘抬起，双手支于椅子的扶手时。遇到这些情况，即使当你提出告辞时，主人要说上几句"再坐坐"之类的话，那往往也只是纯粹的礼貌性客套话。俗话说"客走主安"，客人不及时告辞，主人是不能安宁的，作为客人更不能无休止地待到人家吃饭、睡觉的时候，妨碍他人休息。

拜访中不可让主人看出急于想走的样子，不可打呵欠、伸懒腰，不要在主人刚刚说完一段话或一件事时，立即提出告辞，这样会使主人觉得你对他的谈话或说的事不耐烦。告辞时，别忘了与其他家人，特别是长辈打招呼，并诚意邀请他们到自己家里做客。同时，应向主人的友好、热情接待给予适当的肯定，并说一些"打扰了""添麻烦了""谢谢了"之类的客套话。如主人处还有其他客人，即使不熟悉，也要遵守"前客让后客"的原则，礼貌地告辞。主人送你出门时，应劝主人留步，并主动伸手握别。如果主人站在门口目送，你不可"一去不回头"，这是失礼的行为。

课堂互动4-2

答案提示

课堂互动4-2

到老朋友家拜访不够随便，是见外吗？

2）办公室拜访

因工作需要到对方单位、办公室进行拜访，应注意以下几方面的礼节：

（1）要提前预约。拜访前应提前预约，并把拜访的主要目的告诉对方。预约时应注意用友好、商量的口气，一旦对方无法安排，应主动表示再与对方约定下次拜访的机会，即使知道对方只是托词拒绝，也应理解对方。一旦时间约定以后，要准时造访，确实因特殊原因不能如约前往时，要及时向对方说明并表示歉意，另行约定时间。

（2）注意仪容、仪表。到办公室拜访，穿戴要整洁大方，男士最好穿西装、系领带，女士也应穿戴、打扮庄重，这既是对对方的尊重，同时也表明自己对拜访的重视程度。

（3）适时、礼貌入内。来到工作场所应在门口看看所找的人是否在，如果在，招呼后再进去。如果不在，可以礼貌地找人打听，不能直接闯入别人工作的场所。当工作场所正在开会或者已经有其他客人来访时，应示意并主动退在门外等候，而不应进去站在一旁或在门口走来走去，妨碍他人。进入办公室前，不管门是否关着，都应先敲门，经允许后方可进入。如果办公室的门是关的，进去后应轻轻把门关上。

（4）注意拜访中的礼节。如果初次拜访，进门后应问候"你好""各位好"或点头致意，然后自我介绍或向接待人递名片，请求与约好的人见面。见面时，双方如果是第一次见面，必须向对方问候，再做自我介绍，说明来意。等对方让座后，来访者应谢座，然后大方、稳重地坐在主人指定的位置上，不要坐在办公人员的座位上，影响人家正常办公。如果对方站立说话时，你也应站起来说话，以示尊重，站立时不能斜靠在别人的办公桌边。他人端茶递水时，要欠身表示谢意。与别人招呼、谈话时，嗓门不要太大，声音尽量放小。

（5）掌握时间，礼貌告辞。到办公室拜访应该主要谈工作，不能无端地进入别人的工作场所打扰，更不能一味地闲聊。拜访的时间不宜过长，一般在 15 分钟至 30 分钟之间即可。谈完公事不可久坐，应立即礼貌告辞。告辞时，要对拜访成功的结果表示满意，对对方的热情接待表示感谢，对进一步接触表示信心和诚意。

3）宾馆拜访

如果有外地客人到本地，住在宾馆里，得知消息后，应前去礼节性拜访。

（1）约定时间。拜访前应先约定时间。时间的约定，一般由对方确定，同时必须问清宾馆的地点、楼层、房间号等。

（2）讲究仪容、仪表。宾馆是正规的公共场所，如果穿着不得体，有可能被拒之门外，即使不被阻挡，也会招来异样的目光，给自己和客人带来尴尬，这也是对客人的不尊重。

（3）礼貌入内。进客房前，要先核对房间号，然后再轻轻敲门。如果是初次见面，客人开门后，应先礼貌地进行自我介绍，双方证实身份后，待主人请进，方可入内。如果是星级宾馆，一般的房间都带有会客厅，不应进入卧房交谈。

（4）遵守宾馆的各项规定。到宾馆拜访客人，应自觉遵守宾馆的各项规定。不在禁止吸烟处吸烟，不乱吐痰、乱丢烟蒂，不在客人房间留宿，不大声讲话、叫嚷，不损坏客房内的公共设施。这些既可以体现自己的礼仪、修养，又可给客人留下良好的印象。

（5）及时告辞。到宾馆拜访大都属于礼节性拜访，作为东道主，应对客人的到来表示热情的欢迎，同时关心、询问客人生活、工作上有何不便，需要提供什么帮助。注意拜访时间不宜过长，一般不超过 30 分钟，稍事寒暄后，要及时告辞。

4.2.2　接待

不仅拜访要讲究礼节、礼貌，接待客人同样也要讲究礼仪、技巧，只有热情、周到、礼貌待客，才能赢得朋友，获得尊重。胡锦涛主席访问法国时，年逾七旬的希拉克总统偕夫人冒着小雪专门去奥利机场迎接胡主席夫妇，体现了中法的友好关系和法国方面对远道而来的中国客人的尊重；而 2018 年 11 月 28 日法国总统马克龙去阿根廷参加 G20 峰会，结果由于阿根廷方面的失误，阿根廷副总统米凯蒂未能准时接机，导致马克龙总统走出机舱时非常无措，不知道该和谁握手，结果干脆和旁边航空公司的地勤工作人员握手。阿根廷政府就显得很失礼了。

根据地点的不同，接待可分为家庭接待、办公室接待等。

1）家庭接待

家庭与其他正式场合上的人际交往相比，更直接、轻松、随意，但家庭待客也要注意应有的礼节规范。

（1）准备迎客。

为了让客人有一个良好的"第一印象"，平时就应将家里收拾干净、整洁，以免"不速之客"突然光临时手忙脚乱，非常尴尬。

当有客人预约来访时，更应根据来访者的身份、性别、年龄、爱好等做一些适当的物质和精神准备。

从物质方面来说：①应提前"洒扫门庭，以迎嘉宾"。整理好房间或会客室，准备好座位，茶杯烟具要洗刷干净，并根据来客的特点准备一些糖果烟茶，以及一些娱乐用品等。②要搞好个人的仪容仪表。一般来说，在家里接待客人比在办公室、宾馆等正规场合接待客人要随意些、朴实些，男女主人虽不用刻意梳妆打扮，但也要仪容整洁、自然大方。蓬头垢面，或穿着睡衣短裤等会客是不礼貌的。③按约定准备好自己能为客人提供的所需有关资料。④如果邀请客人吃饭，事先要了解客人的民族习俗、爱好以及嗜好、忌讳，以便备好饭菜原料。⑤如果事先获悉客人要留宿，要准备好住处。最好让客人单住，并把客人住的房间及床铺等用品收拾干净、齐备。届时要注意：睡前为客人准备好洗澡水，并让客人熟悉卫生间的使用和灯的开关位置等。

从精神方面来说，首先，要调整好自己的心境，做好情绪准备，以满腔热情来接待客人。哪怕是家里刚刚发生不愉快的事，也不该怠慢客人。其次，要将有客人来访一事告诉家人，使家人也有足够的心理准备。再次，要根据来访者的目的，考虑如何交谈、接待，做到心中有数。最后，对来访者应一视同仁。

初次来的贵客、长者、师长等，应事先将他们来的时间了解清楚，以便届时出门远迎。如果是远道来客，特别是初次来访的客人，需乘汽车、火车、轮船或飞机方能抵达，必须事先准确掌握来客乘坐的交通工具抵达的时间，在抵达之前到车站、机场或码头等候迎接。

（2）接待客人。

第一，迎接问候。如果是长者、贵客来访，应让全家人都到门口微笑迎接。见到客人，应热情招呼，寒暄问候，以示欢迎。如果与来访者是第一次见面，见面后双方都应作自我介绍。证明身份后，将客人引入家中，并一一介绍给家人，同时也要将家人介绍给客人。

接应客人时应说一些"欢迎，欢迎""一路辛苦啦""请进""大老远的，真难为您了"等欢迎语和问候语，使客人有受到礼遇、获得尊重的感觉。如果客人有随身携带物品，应帮助其接下，并放到适当的地方。

第二，感谢礼物。如果客人带有礼物来，主人应双手相接，并说一些"不好意思，让您破费了""您的这件礼物正是我（或家里其他人）所喜欢的"之类的礼貌话，甚至还可以适当地赞赏、夸奖客人的欣赏水平和审美能力，使客人感到高兴。千万不能说"我们这种东西已经很多了，用不着了"之类的话，这是绝对失礼的。对别人送的礼物，千万不要问对方多少钱买的，假如对方主动告诉你，你绝对不能说

"哦，这么便宜"之类的话，而应以"让您破费了"等话语作答。

第三，热情招待。当许多客人同时来访时，不论关系亲疏，不论男女老幼，都应一视同仁，热情招待。

客人进屋后，如果是冬天，应帮助客人接过衣帽存放好；如果是夏天，应递毛巾给客人洗脸、擦面。

请客人入座后，应给客人敬茶、递烟、上水果或其他茶点。招待客人茶点时，最好把茶点装在托盘里，再送到客人面前或旁边的茶几上。上茶时，应当着客人的面沏茶，每次倒茶要倒八分满，茶具要干净，不能有残缺或茶垢。敬茶时，应面带微笑双手奉上，并说"请喝茶"。如果客人不止一人，第一杯茶应给客人中德高望重的长者或身份最高者。敬烟也是中国人待客的一种传统习俗。递烟时，应将烟盒的上部朝着客人，用手轻轻弹出几支让客人自己取，不能用手指直接抓烟的过滤嘴。敬烟、点烟也要讲究礼仪次序，应以身份高者、年长者在先，如果客人不吸烟也不能勉强。代客人削果皮，应以手指不碰到果肉为好。如果客人带有小孩儿，可找些玩具、书画、儿童食品招待小客人，不能忽略了小客人。

陪客人交谈。如果客人带有孩子，可让自己的孩子或家人陪客人的孩子玩耍，或找些画册让孩子看，以免小孩儿哭闹，影响你和客人的交谈；如果来访者是长者，更要注意谈话态度要诚恳、谦逊，多让老人谈，多谈些老年人关心的话题；对熟悉的老朋友，谈话可以随意一些，但也不宜当着客人的面公开家庭内部矛盾，更不应在客人面前发生口角，让客人感到尴尬；如果客人有事要谈，又不太好意思启齿，或想单独两人谈时，家中其他人应自觉回避，与客人交谈时要态度亲切，面带微笑，心平气和，不能边谈边干别的事，或频频看表，或连打哈欠，以免客人误会你在下逐客令。

久别的亲朋来访，应挽留吃顿便饭。一般客人来访，到了用餐时间也应邀请他们一起用餐。菜肴准备应视情况而定，一般应比平时略丰盛些。进餐时可根据情况与客人交谈，营造热烈、欢乐、轻松的气氛。

如果客人无意中弄脏或弄坏了家里的东西，主人不要表露出厌烦的神情，应安慰感到内疚的客人说"没关系""不要紧"，以免让客人难堪。

如果来客不是自己的客人，而是家人的客人，也应主动招呼、接待，这既是对客人表示全家的欢迎，也显示了家庭的团结、和睦。如果客人来访时，家人恰好不在，应主动向客人说明情况，并询问有什么事需要转告或代办；如果来了"不速之客"，使你毫无准备，也应将房间赶紧收拾一下，请客人进来、让座，不可拒之门外，或面带悻悻之色，使客人陷入"进不来、出不去"的尴尬境地；如果有人在你确实感到不便时来访，这时你最好礼貌地向客人说明情况，并致以歉意，另约时间。

案例窗 4-2　　　　　　　　　　　　**主人的尴尬**

主人有一天请客，早早备好了酒菜。三位客人来了两位，还有一位客人左等右等也不来。主人一着急，说了一句："该来的还不来。"他说这句话的原意是："怎么搞的，是时候了，怎么还不来呢？"可是这句话，因其模糊性，引起当中一位客人的疑心："莫不是我不该来?"于是起身告辞："对不起,我还有点事,失陪了。"主人送走这位客人后回来叹息道："唉! 这是怎么弄的,不该走的倒走了。"他的原意是："哎,我是诚心诚意请他来吃饭,他不该没吃就走啊!"哪知,剩下的这位客人听了心里很不是滋味："就我们两个客人,他不该走,莫不是我该走?"于是他愤怒地说："我该走了!"便拂袖而去。

分析提示: 这个例子说明,只有真诚待人之心,而无周到礼仪之道,仍然不能接待好来客,造成彼此的难堪和尴尬。

（3）礼送客人。

客人告辞时,应婉言相留。如果客人执意要走,应等客人起身后,主人再起身相送,家里在场的人,都应与客人亲切道别。若客人带来了礼品,主人应表示谢意,并在送客时适当还礼。

当客人告别离开时,主人应走在客人的后面相送。如果是常客、熟人或一般来访者,可随意一些,送到门口或楼梯口,应等客人身影完全消失后才返回,绝对不能在客人刚出门就"砰"地把门关上,这是极为失礼的;如果客人是年老的长辈或幼儿或贵客,应扶送一程;必要时为客人招呼出租车,在车要开动时,应微笑着向客人挥手致意,待车子走远后再返回;为远道而来的客人送行,应更加主动、热心、细心、周到。送行时应陪送至车站或码头、机场,并为客人备好水果、点心、饮料之类的物品。如果是送客至车站、码头,则最好是等车、船开动并消失后再返回;送客至机场,应待客人通过安检处走远后再返回。过早地撇下客人离开是不礼貌的,也不要表现得心神不宁或频频看表,以免客人误解成你催他快快离开。

2）办公室接待

办公室接待一般是因为双方工作、业务往来的需要,因此,应注意其应有的礼仪规范,以免损坏单位的形象,带来负面的影响。

（1）准备。

其一,办公场所要文明、整洁。办公场所既是工作的地方,也是社交的场所,应当文明、整洁。不能乱吐痰或乱丢烟蒂、纸屑。四壁两面要干净,走道要经常打扫,玻璃、门窗、办公桌、沙发、茶具要擦洗干净明亮。桌面只放些必要的办公用品,且要摆放整齐。不要将杂志、报纸、餐具、小包等物放在桌面上,废纸应扔入纸篓里。文件应及时分类按月归档,装订整理好,放入文件柜。桌椅、电话机、茶具、文件柜等物的摆设应以方便、高效、安全为原则。此外,办公场所的布置还应给人以高雅、宁静的感觉。会客场所应注意采光合理,色彩选择恰当,空气清新。

其二,办公人员要注意自身的形象。首先,要注意仪表端庄,仪容整洁,加深客人对单位的第一印象。有些单位中没有统一着装,但都对上班时的着装提出明确的要求。女士最好化淡妆上班,男士上班时也应进行适当的面容修饰。其次,要注意语言礼貌,举止优雅。这不仅显示出一个人良好的文化素养、较强的业务能力和工作责任心,也体现了企业的管理水平。具体体现在:一是真诚微笑。待人接物,向人道歉、致谢都应有真诚的微笑。二是语言谦和。不能在办公场所大声呼喊,讲话声音要轻,无论是对上级、对同事还是对来访者,都应多使用敬语。三是举止优雅。办公人员的行为举止应庄重、自然、大方、有风度,给人留下正直、积极、自信的好印象。

其三，准备材料。要按约定准备好自己能提供的、客人需要的书籍、报表、账目等其他咨询材料，或谈判、会谈所需要的材料。考虑好交谈的问题，要做到"心中有数"。即使是接待事先无预约的来访者，也应迅速对此问题做出反应，以免被动，影响与客人交谈。

（2）接待客人。任何客人来访时都应热情欢迎。如果是上级、贵宾、外单位团队来访，应当组织适当规模的欢迎仪式。

第一，迎接、问候。如果是事先有预约的远方客人，应主动到车站、码头或机场迎接，并准备好写有"欢迎×××先生（女士）"字样的牌子，这样既方便接到客人，又显得礼貌。接到客人后，应致以问候、欢迎，初次见面的应作自我介绍，问候语要恰当得体，对中国人可说"一路辛苦了！""路上顺利吗？"等，对外国人可以说"见到您真高兴！""欢迎您到某市来！"等。问候寒暄之后，应主动帮客人提取行李，但最好不要主动去拿客人的公文包或手提包，因为里面往往放置贵重物品或随身携带的必需品。回程途中，应主动向客人介绍当地风俗、民情、气候、物产、物价等方面的情况，并可询问客人在此逗留期间有无私人事情需要代办。将客人送往住处后，不宜久留，以便让客人尽快洗漱休息。如正值吃饭时间，应安排客人共同进餐。临走时应告诉客人与你联系的方式及下次见面的时间和安排。

第二，介绍。如果客人与前来迎接的人不认识，应向客人一一进行介绍。被介绍的人应满面微笑地向客人伸手相握，并说"您好""欢迎您""见到您真高兴"等。客人进屋入座后，其他迎接者若要离开，应礼貌地对客人说"你们谈吧，我有点事，失陪了""您先休息，我等会儿再来看望您"之类的客气话，然后再离开。

向领导引见客人时，应礼貌地向双方作介绍。介绍时应简洁、明了，如"王总，这位是××部门的刘科长""刘科长，这位是我们公司的王总经理"。双方握手问候后，主人应让座。

第三，奉茶。主客双方坐下后，接待员应按礼仪次序的要求为客人上茶水。安排妥善后，如自己没必要参加会谈，可避开，等候领导吩咐，或经领导同意后离开，回到自己的工作岗位。离开时应向客人礼貌致意，退出门外，轻轻把门关上。

第四，交谈。在办公室与客人交谈，一般应是工作上的事。谈话要尽量简短，几句寒暄后要马上进入正题，不能漫无边际地聊天。交谈时要控制音量，专心致志。对交谈的内容、来访者的意图等可做适当的记录，以便向有关部门、领导汇报和落实。对客人提出的要求要认真考虑，不能立即答复的，应诚恳地向客人说明，或向有关部门、领导汇报后再答复。如果对方的意见和要求不能满足，应委婉拒绝。总之，无论结果如何，都不能失礼和失态，要注意维护企业、单位的利益和尊严。

当领导与客人交谈时，其他人不要打扰。如果有事要请示，敲门进去后，应礼貌地说"对不起，打扰一下"。请示完以后应马上退出，并向客人表示歉意，把门轻轻关上。

案例窗4-3　　　　　　　　　　**为什么成功的人是他**

　　李老师带领一组学生前往某集团公司应聘，公司老总是他的大学同学，不仅亲自接待，而且非常客气。工作人员为每位同学倒上茶水，席间有位女生表明自己只喝红茶。学生们在有空调的大会议室坐着，大多坦然接受服务，没有半分客气。当老总办完事情回来后，不断地向应聘学生表示歉意，竟然没有人应声。当工作人员送来笔记本，老总亲自双手递送时，学生大都随意接过，没有起身也没有致谢。从头到尾只有一个同学在起身双手接过工作人员递过来的茶和老总递来的笔记本时客气地说了声："谢谢，辛苦了！"最后，也只有这位同学收到了这家公司的录用通知。

有同学很疑惑，甚至很不服气地说："他的成绩并没有我好，凭什么让他去而不让我去？"李老师叹了口气说："我给你们创造了机会，是你们自己失去的，以后礼仪方面的教育要常讲常记，并真正做到啊！"

分析提示：为什么这些同学失去了机会？原因在于他们不懂得尊重别人，应该说是在礼貌、素质方面出了问题。其中，那位女同学就算自己只喜欢喝红茶，也不应该向工作人员说，这是很没有礼貌的。另外，到公司去应聘，不管是老总还是职员，人家递东西给你或者表示歉意时，你基本的礼貌应该有，不能把一切都当作理所当然。我们不应该仅以成绩的好坏来看待一个人，如果连最基本的礼貌都不懂，还有什么资格去质疑别人呢？

4.3 中外见面交往习俗

中外历史、文化不同，人们的交往习俗也有相当大的差别，熟悉这些习俗，有利于我们处理好中外交往中的关系。

4.3.1 中国见面交往习俗

中国人见面时习惯用"您上哪儿去呀""吃饭了没有"等与人打招呼。社交场合见面时习惯行握手礼。

鞠躬礼是中国的传统礼节，向人弯腰行礼，表示恭敬。抱拳礼也是中国的传统见面礼节，两拳相抱表示敬意、祝贺等。拱手礼是具有中华民族特色的礼节，从古代作揖礼演化而来。双手抱拳，举至下巴处前后摇动，用于亲朋好友聚会、聚餐或庆贺场面，这种场合由于人数众多，握手不大方便，就以拱手代替。跪拜礼也是中国传统的见面礼，分为长跪、拜手、稽首等，此外还有最隆重的"三跪九叩头"之礼，今天一般已不使用。

■====●礼仪小知识4-5　　　　　　　　中国人日常交往中的礼貌语言

初次见面说"久仰"；久未联系说"久违"；等候客人说"恭候"；
客人到来说"光临"；看望别人说"拜访"；欢迎购物说"光顾"；
起身去时说"告辞"；中途走时说"失陪"；请人勿送说"留步"；
陪伴朋友说"奉陪"；请人批评说"指教"；求人解答说"请问"；
请人指教说"赐教"；请人指正说"雅正"；赠送作品说"斧正"；
对方来信说"惠书"；求人帮忙说"劳驾"；托人办事说"拜托"；
麻烦别人说"打扰"；求人方便说"借光"；物归原主说"奉还"；
请人谅解说"包涵"。

4.3.2　国外见面交往习俗

在西方，亲人、朋友间见面常有拥抱、亲吻、贴面颊等礼仪。夫妻间拥抱、亲吻，父母、子女间亲脸、亲额头，兄弟姐妹及平辈之间亲面颊。一般社交场合，关系密切的妇女之间亲脸，男子之间是抱肩拥抱，男女之间亲脸颊，男士对尊贵的女士亲一下手背以示尊敬。拥抱、亲吻在西方国家使用相当普遍，无论是官方还是民间，喜庆还是丧葬的场合都可使用。

1）欧美地区

西方人见面时打招呼通常用"早上好""下午好""您好"等礼节用语。西方人是不肯随便交换名片的。除了初次会面的人，为了通知住所或其他必要的事项外，实在没有拿出名片来的必要，有的夫妻还共用一张名片。如果长期离开一个地方，西方人还可以寄名片告知亲友。

西方人对于自己的时间是非常珍惜的，被不速之客打乱原有安排是他们最不希望遇到的。因此，在欧美国家到朋友家拜访时，一定要提前一两天写信或打电话预约，否则是极端失礼的，会让主人十分不快。

欧美人在招待客人时十分实在。有客人来访，如果你想喝东西，就给你饮料，若你不要，他们绝不再谦让。另外，请人吃饭，主人也会因饭菜全吃完而高兴。在美国人家中做客，未经主人同意，不可摆弄室内的任何东西，尤其是钢琴。在吃饭时间拜访是不礼貌的。

英国人爱独处，不经邀请或约定去拜访英国人的家庭被视为对他人私生活的干扰。英国人习惯握手礼，他们虽有拥抱礼和接吻礼，但一般不常用，特别是不在公共场所用。女士一般施屈膝礼。男士若戴着礼帽遇见朋友，则微微掀起以示礼貌。

法国人热情，萍水相逢就能亲热交谈。但邻里间很少来往，更少请人到家做客。法国人时间观念强，工作计划性也强，与他们约会、拜访必须事先约定时间。法国人见面时习惯行握手礼，一定社会阶层的人施吻手礼，少女常施屈膝礼，男女之间、女子之间及男士之间还有亲吻面颊的习惯。社交场合，法国人不愿他人过问个人私事，反感向妇女赠送香水和初次见面就送礼。

德国人以遵守公共秩序为荣，注重工作效率。到主人家做客，习惯带一件小礼品，如一束鲜花或一瓶葡萄酒，鲜花要交送女主人，但不能随便赠送玫瑰花。社交场合，德国人习惯行握手礼，亲朋好友相见施拥抱礼。

俄罗斯人见面时习惯行握手礼和拥抱礼，也有施吻礼的习惯，如朋友之间吻面颊，长辈对晚辈吻额，男子对已婚女子吻手等。

丹麦人讲究礼仪，很多方面保留着宫廷色彩。未婚女子与客人相见时，要轻提长裙的一边，行屈膝礼。一般人习惯行握手礼，禁四人交叉握手。男士对女士除握手外，还施吻手礼。

加拿大人既有英国人的含蓄，又有法国人的开朗，还有美国人的无拘无束，不喜欢外来人拿美国与他们国家相比。他们热情好客、讲究礼仪。在社交场合习惯行握手礼，亲朋好友或情人间行拥抱礼或亲吻礼。加拿大妇女有化妆的习惯，不喜欢服务员送擦脸香巾。

美国人性格开朗，善于攀谈，喜欢社交活动。与人交往时讲究礼仪，但没有过多的客套。朋友见面，有时只说声"hello"即算打了招呼。社交场合习惯行握手礼，熟人则施亲吻礼。经常使用"sorry""thank you""ok"等礼貌用语。美国人与人交谈时常保持半米左右的距离，不愿被人问及年龄、所购物品的价钱与恭维其"胖"（瘦富胖穷）。不能给美国女士赠送香水、衣物与化妆品。美国人普遍遵循"女士优先"的社交原则。

2）亚太地区

亚太地区主要受东方文化影响，但也因过去西方殖民侵略的原因，渗透了许多西方文化的精神，因此，各国的不同历史和现实，形成了彼此不同的交往习俗。

日本人十分注重礼节。见面时一般都互致问候，脱帽鞠躬，表示诚恳、可亲。初次见面，互相鞠躬，交换名片，一般不握手，没有名片就自我介绍姓名、工作单位和职务。如果是老朋友或比较熟的人就主动握手或深鞠躬，甚至拥抱。妇女则以深深一鞠躬表示敬意。见面时，常用"请多关照""拜托您了""托您的福"等礼貌语。与人交谈时总是面带微笑。日本人最常使用的行礼方式是"屈体礼"，分为"站礼"和"坐礼"。行"站礼"时，双手自然下垂，手指自然并拢，随着腰部的弯曲，身体自然向前倾。"坐礼"则包括"指尖礼""屈手礼""双手礼"，一般在日式房间的榻榻米上施"坐礼"。在与日本人会面时，应作自我介绍，递交名片，并说明介绍人的姓名及拜访目的。进屋前要将鞋换下，并将鞋头朝外。拜访中应一切听从主人的安排。天热时未经主人许可，不可随便脱衣服。结束拜访告别主人后，一定不要忘记给主人打个电话报告已安全抵达，并在遇到主人时再次表示对主人待客的衷心感谢。日本人不轻易请人做客，待客时，敬茶不敬烟。

蒙古人性格豪放、粗犷、开朗、好客、诚恳，容不得半点儿诡诈。到蒙古人家中做客，主人会十分真诚地把客人请进蒙古包，用右手与客人交换鼻烟壶，以示诚挚欢迎。如客人无鼻烟壶，也应用右手接过，嗅后盖好还给主人。蒙古人一般不行脱帽礼，只用右手示意。如需脱帽致礼，注意不能将帽子放在大门相对的位置上。在社交场合中，蒙古人也施握手礼，但最正统的礼节方式是敬献蓝色哈达与鲜奶。

泰国男女"授受不亲"，一般是绝不允许男女间握手的。泰国人见面礼仪常用合十礼，小辈应主动向长辈致合十礼，双手要举到前额；长辈也要合十还礼，手可不必高过前胸。因为双手举得越高，表示尊敬的程度越深。平辈间相遇，双手合十于胸前，稍稍低头，互致问候。从坐着的人身旁经过，要略微躬身，以示礼貌。泰国人只有在特定的场合才下跪，无论平民、显贵，包括总理在内，在拜见国王及其近亲时都要下跪，而包括国王在内的所有泰国人，在叩拜高僧时必须下跪。儿子出家为僧，父母要跪拜在地。泰国行握手礼主要限制在政府官员与知识分子阶层。进入泰国寺庙时要脱鞋。

在菲律宾，男士相逢，常以拍肩示礼。年轻人见长辈，要吻长辈的手背。年轻姑娘见长辈，则吻长辈双颊。若晚辈路遇长辈，要把头巾摘下放在肩上，并深鞠躬问候。伊斯兰教徒施双手握手礼，户外相见若没戴帽子，则需用左手捂头。迎接宾客时，往往敬献茉莉花串成的花环，以示友情真挚。社交场合一般行握手礼。有的民族在见面握完手后，要向后转身，向对方示意身后没有藏凶器。

马来西亚人见面的传统礼节是用右手扪胸示礼。妇女见到男子，施礼前要先用手巾盖住手掌，再同男子的手相触，然后把手伸到胸前做抱状，同时身体稍向前弯下鞠躬。年轻人见到老年人时，一般要紧握对方的双手，然后将双手放胸前做抱状，身体朝前弯下，形如鞠躬。社交场合一般行握手礼。到马来西亚人家里做客，要脱鞋才能进屋。当主人留吃饭时，客人不可随意拒绝，否则就是失礼。在首都吉隆坡禁止在公共场合接吻。

阿富汗人的见面礼通常有三种形式：与陌生人见面时，行握手礼；与熟悉的人见面时，习惯以右手按胸，同时点头说"真主保佑"，再拥抱两次；与特别亲密的朋友见面时，要亲吻或碰额两次。阿富汗人喜欢邀请别人到家里做客。阿富汗的普什图人用最好的食物款待客人三日，然后才问及客人的要求和去向。

巴西人直爽豪放，对客人最尊敬的礼节是请客人同主人一起洗澡。与人交谈时习惯拍拍打打，以示亲热。习惯当着送礼者的面打开礼品包装。在巴西，手帕不能作为礼品赠送。社交场合的见面礼是微笑与握手。相见时，还往往施握拳礼（握紧拳头，拇指向上伸出）。与亲朋好友或情人见面，多施拥抱礼和亲吻礼。

3）阿拉伯及非洲地区

在非洲，一般不要直接用右手与人相握。非洲人初次相见时，一般先以左手握住自己的右手，然后再用右手与人相握。直接用右手与人相握是失礼的。有的地方的人只是将双手伸到将握未握之时便很快抽回，并要躬身吹几口气。有的地方在握手之前，先要用大拇指在手上轻轻弹几下；也有的地方是先伸手拍自己的肚子，然后鼓掌，再与对方握手。阿拉伯国家的交往习俗别具一格，需要特别注意。

埃及人与宾客见面或送别时，一般施握手礼、拥抱礼或亲吻礼。妇女相见吻颊，先右后左；男士相见吻颊，先左后右。

摩洛哥人与宾客见面和告别时，习惯施握手礼和拥抱礼。女子与宾客见面则施屈膝礼。摩洛哥人与宾客约会时习惯迟到，认为这是一种社交风度。摩洛哥人把薄荷绿茶作为待客的佳品。

马里人十分好客。社交场合一般行握手礼，人们很讲究彼此间有礼貌地打招呼。熟人见面，以手扪胸，互致问候。如果双方同时站着或坐着，问候将会没完没了。如果是迎面路遇，则双方要不停步地问候，而且双方彼此的问答声会越来越大，嗓门越说越高，直至双方都听不到对方的声音时才算问候结束。生人见面，也会很有礼貌地打招呼。沙漠地区的人与客人见面，除问候外，双方还必须咬手臂，留痕为念，分手时要跪别。

尼日利亚人见面时，习惯先用大拇指轻弹对方手掌后再施握手礼。有的见面时彼此用右手相互拍打。平民见酋长，则须先脱鞋，然后下跪致礼问候。

埃塞俄比亚人与熟人相见，要摘下帽子相互鞠躬问好。同辈人相见，施握手礼并互致问候；久别重逢或亲友相见，一般施亲吻礼，在脸部轻触数次，互致问候；上层人士见面，互吻肩部；孩子见长辈行吻脚礼；平民见官员或下级见上级，行鞠躬礼。埃塞俄比亚人喜欢以咖啡待客。

坦桑尼亚人与客人见面，习惯先伸手拍自己的肚子，然后鼓掌，再与对方握手。妇女则在握手后围着女宾转圈并叫喊。

科威特人遵时守约，讲信用。与客人见面，习惯问好后施握手礼。为表示尊敬，有时还要吻鼻子与额头。与亲朋好友相见，科威特人一般施拥抱与亲吻礼，但只限男性之间。科威特人待客时喜欢客人在餐桌上多吃些东西，忌初次见面送礼。

伊拉克人习惯赴约时迟到，认为这是一种礼节风度。与人见面时，习惯扪胸俯首，说着祝福的话。伊拉克人告别时行贴面礼。

━━━●● 礼仪小知识4-6　　　　迎来送往，领导人访问有哪些迎宾礼仪？

礼宾安排在很多国家有严格固定的程序要求，一般来说是依照惯例甚至法律而行的。大多数国家派正部级代表去机场迎接外国领导人，元首或者政府首脑随后再举行正式的欢迎仪式。

虽然各国都会按照自己过往的习俗来确定欢迎方式，但自从联合国成立以来，国家主权平等成为共识，外交礼仪上对于"平等"与"对等"的讲究更为重视，也因此形成了一套通用的礼仪。例如，为进行国事访问的国家元首所举行的欢迎仪式往往包括鸣放礼炮21响、军乐团奏两国国歌、检阅陆海空三军仪仗队、检阅分列式。为进行正式访问的政府首脑举行的欢迎仪式同元首进行国事访问的欢迎仪式大体相同，主要区别是礼炮鸣放为19响。

至于礼炮鸣放为何要21响，据外交部礼宾司介绍，21响是国际传统，来历也颇为有趣。早在400多年以前，英国战舰上只能放21门大炮，行驶在公海上，如果遇到友好国家的船只，为了表示敬意和解除武装，会将所有大炮全部鸣放。如果到一个国家加水加油，也要全部鸣放。此后逐渐演变为国家元首访问时的鸣炮传统。因为单数象征吉祥，所以迎接外国政府首脑到访时就改为鸣放19响。

除此之外，最有趣的大概是各国欢迎仪式中不同的民族习惯了。俄罗斯喜欢用面包和盐招待客人，新西兰毛利族人要和来访的领导人碰鼻，摩洛哥会端上一盘蜜枣请客人享用。在英国，一般欢迎仪式的焦点是从英国皇家骑兵卫队阅兵场到白金汉宫的王室马车巡行队伍，外国领导人会与女王夫妇一起乘坐由黄金装饰的王室马车。

资料来源：赵明昊.迎来送往，领导人访问有哪些迎宾礼仪？[EB/OL].[2023-12-15].http://world.people.com.cn/n/2015/0421/c1002-26875794.html.

启智润心4-1　　　　　　　知礼明德，讲好中国故事

每年除夕夜，《新闻联播》主播都会向大家拱手拜年。这个小小的动作，蕴含着中华民族礼敬在心、简而不繁的礼俗传统。拱手礼，是古代的相见礼，也称揖礼。捧是拱手礼的基本手型。行礼时，双手在胸前叠合，手形如拱，立而不俯。拱手礼不是随随便便就能做的，还有不少讲究，吉凶有别、男女有别、长幼有别。如果是吉事，男子拱手礼则为右手在内，左手在外；如果是凶事，行"拱手礼"，则右手在外，左手在内。女子行拱手礼，则和男子完全相反。要注意，拱手礼，只适用于平辈之间，如朋友、同事等，不可向父母长辈行拱手礼。今年拜年，我们都用起来吧！

资料来源：佚名.新年拜年有讲究，拱手礼这些细节你知道吗？[EB/OL].[2023-12-15].https://baijiahao.baidu.com/s?id=1755625314045692355&wfr=spider&for=pc.

核心素养：文化传承　文化自信

学有所感：拱手礼是我国传统的见面礼节。拱手礼以自谦的方式，体现了中国礼仪礼敬在心、宽人律己的特点。与此同时，拱手礼通过动作细节的区别，巧妙表达出了对他人的敬意和共情。拱手礼不仅符合现代卫生要求，而且散发着典雅的气息。党的二十大报告指出："坚守中华文化立场，提炼展示中华文明的精神标识和文化精髓，加快构建中国话语和中国叙事体系，讲好中国故事、传播好中国声音，展现可信、可爱、可敬的中国形象。"跟着新闻主播学习拱手礼，让我们每个人都成为中华文明的传播者。

●●● 本章小结

★ 合乎礼仪的见面，可以为人们进一步交往打下良好的基础，包括称谓、名片、见面礼，这些是见面交往的几个相互联系的环节。

★ 介绍是见面交往活动中相互了解的基本方式，包括他人介绍、自我介绍、集体介绍三种不同的方式。

★ 称谓在交往中不可乱用，它体现着自身的教养及对对方的尊重，还体现着双方关系的现有水平和社会的精神风貌。

★ 名片是个人的身份、地位、人格以及联系方式的综合体，格式应当标准规范，使用应当适时合理。

★ 见面时双方互礼，以相互表达敬重和友好，因各国各地的文化而异，其方式分为握手、鞠躬、拥抱、接吻、致意等形式。

★ 拜访与接待是重要的交往活动，可以联络感情、交流工作和增进友谊，要重视拜访与接待的社会功能和礼仪规范，做好拜访与接待工作。

★ 熟知中外见面交往的习俗。

●●● 主要概念和观念

□ 主要概念

　　交往　介绍　称谓　致意

□ 主要观念

　　名片的使用　见面的各种礼仪　拜访与接待

●●● 基本训练

□ 知识题

4.1　判断题

（1）在熟人交往中，怎样称呼并不重要，客气一点就行了。　　　　（　　）

（2）上下级握手，下级要先伸手，以示尊重。　　　　（　　）

（3）迎接客人时，不应主动去拿客人的公文包或手提包。　　　　（　　）

（4）日本人初次见面时一般行握手礼。　　　　（　　）

4.2　选择题

（1）介绍时应该（　　）。

A.先把男士介绍给女士　　　　　　　　B.先把成人介绍给儿童

C.先把主人介绍给客人　　　　　　　　D.先把地位高的介绍给地位低的

随堂测验 4-1

判断题

随堂测验 4-2

选择题

（2）见面时行鞠躬礼的国家是（　　）。

A.中国、日本、泰国　　　　　　　　　B.朝鲜、越南、菲律宾

C.朝鲜、新加坡、俄罗斯　　　　　　　D.中国、日本、朝鲜

（3）到主人家拜访时，有违礼节的是（　　）。

A.在主人未让座之前，不能自己随意坐下

B.主动参观主人的居室、设施，以示关心

C.未经主人同意，不能拿走主人的任何东西

D.拜访时间不宜过长，应及时起身告辞

（4）在国际交往中，凡女性都可以称为（　　）。

A.小姐　　　　　　B.夫人　　　　　　C.女士　　　　　　D.太太

4.3　简答题

随堂测验4-3

简答题

（1）社交场合的介绍有几种方式？

（2）简述名片的样式和功能。

（3）鞠躬的基本礼仪要求有哪些？

☐ 技能题

（1）举例说明在人际交往中如何根据不同情况选择握手方式。

（2）家庭拜访应注意哪些礼节？

●●● 观念应用

☐ 案例题

被辞退的杨女士

　　杨女士被派到一位来北京工作的专家家里做服务工作。因为她热情负责，精明能干，专家夫妇对她印象很不错，她也把自己当成了专家家庭里的一员。

　　一个星期天，专家偕夫人外出归来。小杨如同对待老朋友那样，随口便问："你们去哪里玩啦？"专家迟疑了良久，才吞吞吐吐地相告："我们去建国门外大街了。"小杨当时以为对方累了，接着又问："你们逛了什么商店？"对方被迫答道："友谊商店。""你们怎么不去国贸大厦和赛特购物中心看看，秀水街的东西也挺不错的。"小杨好心好意地向对方建议说。

　　然而，她的话还未说完，专家夫妇却已转身离去了。两天后，杨女士被辞退了。

　　问题：请分析杨女士被辞退的原因。

☐ 实训题

　　模拟家庭或办公室的情景，进行拜访与接待的模拟练习。

第 5 章
中外通信联系礼仪

学习目标

知识目标：学习书信礼仪、电信礼仪的基本知识，重视互联网通信联系中的礼仪要求。

技能目标：熟知书信、柬帖的礼仪要求，具有良好的接拨电话礼仪和网络礼仪，了解中外通信联系的习俗；能够写出符合礼仪要求的书信，正确运用电话（含手机）礼仪和网络礼仪。

素养目标：培养严谨的工作态度，树立"细节决定成败"的意识。

思维导图

引 例　　　　　　　　　　互联网虚拟世界，礼仪依然"实"在

一位教授说，一名学生发了一封电子邮件给他，信件开头就是"Hi"，然后直呼他的名字。教授说，从信件用语看，这名学生的英文水平并不低，怎么就不懂基本的通信礼仪呢？为了证实自己的猜测，教授回信要求这名学生打印或手写一封信给他。对比两封信，教授感慨不已：这名懂得通信礼仪的学生，为什么在虚拟世界里就不遵守礼仪了呢？他再次回信提醒这名学生，传统的通信礼仪依然适用于现代的网络世界。

世界已进入了信息时代，人们之间的联系交流正因科学技术提供的先进通信工具和手段，变得更加方便、准确和快捷。但传统的书信联系依然具有其独特的作用和魅力。学习本章内容，要注意在享受通信联系的便捷与快乐时，别忘了相应的礼仪。

5.1　书信礼仪

5.1.1　常见的书信礼仪

常见的书信可分为涉外书信、公务书信、商务书信三种，以下分别予以介绍。

1）涉外书信

涉外书信是中国人与外国人交往时使用的书信。伴随着我国加入世界贸易组织（WTO），我国人民与海外友人的交往越来越频繁，涉外书信成为交往的一种重要手段。正确地运用这一手段，将给人们的生活、工作带来极大的方便，如果草率从事，就会增添不必要的麻烦。

（1）涉外书信的书写。给海外友人写信，要用钢笔或毛笔，而不宜用圆珠笔或铅笔。墨水的颜色有不同的意义，许多国家以红色墨水写信表示断交，以绿色墨水写信表示恋爱，这两种墨水不能乱用。用彩色铅笔写信则显得不郑重。

若与外宾通信，称谓和落款要按国际惯例行事。对外宾的称谓要准确，只有关系极为密切者，才可直呼其名。落款依照常规，要用"先生"、"小姐"或"女士"等，不要随便用"战友""同志"一类的词。以个人名义与外宾通信，则应写自己的姓名、地址，不要轻易地代表单位讲话。

书信最好亲笔书写。如果是打印出来的私人信件，应在末尾亲笔再写上几行字，并附有亲笔签名。庆贺信、吊唁函一类的信件，以亲笔书写为宜。书写涉外信函要注意四个要点：

第一，简洁而注重效率。大可不必有文绉绉的开场白，通常都是单刀直入，切入正题。不过，唐突地提出正题，对方也许会莫名其妙，所以书信的开头，应该就写信的理由简洁地加以说明，然后再引入正题。能用一张信纸就把所要讲的内容全部表达出来，就不要写两张、三张纸。信的内容，务求简洁而有效。在商业界，时间是很宝贵的，赘言不必提。

第二，"收信人本位"（You-Attitude）。在充分考虑对方的立场及利益的前提下，

要让对方了解并接受我们的建议。人都有优先考虑自己利害关系的本能，因此，写信时也有以自己的立场来说话的趋势，这种书信是不容易被对方接受的，所以信就发挥不了作用。我们应站在对方的立场，说明此事如何有利于对方，这样才容易被对方接受，写信才能达到预期目的。以对方的利益为先，并不是说"全部免费赠送"或"您的条件我全部接受"，而是如何将对方的利益与自己的利益加以协调，让对方能接受我们的提议。

第三，记住 AIDA 原则。为了让对方接受我方的说辞，先要引起其"注意"（Attention）和"兴趣"（Interest）。下一步就要让对方"想要"（Desire）我方所提议的商品（或服务）。然后再促使他采取"行动"（Action），让对方购买我方商品或与我方签订契约。在写涉外书信之前，一定要记住 AIDA 原则，才不会徒劳无功。

第四，遵守5C。5C即 Clearness（清楚）、Correctness（正确）、Conciseness（简洁）、Courtesy（礼貌）、Character（个性）。"清楚"是指信函的内容能让对方一目了然。我们常有"含糊其辞"的习惯，这种做法不应反映在英文书信中，否则会引起对方的误会，甚至反感。"正确"是指信函内容不会引起误会，例如"数日内"应该明确写"×天之内"。"简洁"是指信的内容要简单明了，不讲废话。"礼貌"是指措辞要客气，不卑不亢，恰到好处。"个性"是指信的写法，不要八股化，应该体现自己的想法，这样才能给对方留下较深的印象。

（2）涉外书信封文的书写。信写好后，要按规范折叠好，然后书写信封地址。涉外书信的封文书写与国内封文书写有些不同。首先，收信人的姓名、地址应写在信封的中间，并且应先写收信人的姓名，再写上门牌号码和街道名，然后写邮政编码、城市（地区）名，最后写寄达的国家名。寄达的国家名应用大写字母，收信人的姓名、地址用英文或当地通晓的文字书写。其次，寄信人的姓名、地址应写在信封的左上角或写在信封的背面的上半部，寄信人姓名、地址书写的顺序与收信人姓名、地址的书写顺序相同。最后，我国寄信人的姓名、地址，除了我国的国名必须用英文或当地通晓的文字书写外，其他可用中文书写。

封文颜色有明确规定。寄信人和收信人的姓名、地址，都必须用蓝色或黑色墨水书写，不可用红墨水书写。同样，信封上的单位名称若是用红颜色印刷的，也不能用来寄发国际及港、澳、台邮件。邮票应粘贴在信封的右上角，不要乱贴。如果是粘贴多枚邮票，可将全部邮票粘贴在信封背面。

2）公务书信

公务书信也就是公函，是开展各项公务所使用的书信。随着社会交往、经济生活的发展，各类公务书信已经成为现代书信的重要组成部分。

（1）公务书信礼仪知识。公务书信因业务的不同而有许多种，其共同之处就是"公"，它与私人信件在很多方面显示出不同之处。

公务书信的内容完全取决于公务的性质，它要求清楚明白、简明扼要。提笔写信之前，最好能认真仔细地考虑一下，理清思路后再礼貌而又开门见山地写出来。谈完要谈的事情，即刻收笔，结尾也不宜拖沓。这种书信最好先拟草稿，反复修改再誊写或打印。

公务书信的称谓应郑重，不宜用过分亲昵的称呼。对于较熟识的人，可以称"×××先生"或"×××女士"，对于一般熟识的人则可以称其职务。西方此类书信在称谓的前边习惯加"亲爱的"，我国习惯上加"尊敬的"一类词语。如果想建立持续的业务联系，甚至发展到私人关系，也可以改变称呼而试探对方的意向。比如，我国可以直接改称"×××兄"，或省去姓氏写"×××先生"，如果对方的回信也如此称呼，说明他认可了这种关系。

公务书信在许多情形下需要写给不知姓名的人，此时的称呼可以有以下情形：只称其为"先生"或"女士""小姐"，且在前面加上"尊敬的"一类词语；以职务相称，如"编辑女士""主持人小姐"等。最好不要用泛指的称谓，否则收不到预期的效果，比如只写"有关人士"就会让人觉得与己无关而搁置一边。

结尾落款要求与开头相对应，开头是哪种关系的称呼，落款也应该是相应的呼应。许多单位的公务函件往往是打印的，应注意落款处还要有亲笔的签名。

一般单位都有自己的信笺和信封。对于高规格的公务活动来说，信笺、信封都应该有单位的名称、徽志以及地址、电话，样式上应稳重而具有吸引力，纸张的质地、印刷上都尽可能精美，借以表现单位的实力和形象。

（2）常见的公务书信。常见的公务书信包括邀请函、推荐信、聘任书、商洽函、庆贺信、致敬信、慰问信、吊唁函等八种（见表5-1）。

表5-1 常见的公务书信种类

邀请函	用于邀请参与某项公务的书信。邀请函内容一般都比较简单，但措辞要讲究，既要诚恳，又不能让对方觉得像是在"要挟"。收到邀请函的人无论是否应约，都要及时回复。邀请函比请柬更为郑重和恳切
推荐信	单位或个人介绍某人担任某项职务或工作的书信。推荐信的发出者可以是和被推荐人有交情或业务关系的人，也可是有某种关系的组织或单位；收信人一般是某个组织或单位，也有私人。推荐信要尽可能介绍被推荐者的详细情况，要实事求是，言辞上要适当，留有余地，不可强人所难
聘任书	当今的外企、合资企业以及其他一些机构都比较注重使用聘任书。聘任书要充分体现诚意，其内容最重要的是写明拟聘其担任的职务、责任及报酬等，为了对受聘者表示器重和敬仰，应由单位的负责人签发
商洽函	单位或个人因公务关系而旨在就某一问题进行书面的商讨。无论是在个人间还是组织间，首次商洽问题，都要阐明事情的缘起、目的等，提出具体的意见和建议，乃至具体的计划。商洽函应该恳切，采取征询的口吻，讲求互利互惠，不要强加于人
庆贺信	作为公务书信的庆贺信，大多是组织、单位或代表组织、单位的个人发出的。某个公司、团体成立或重要会议的召开、工程的竣工以及其他所有值得庆贺的事件的发生，都可用此种书信表示庆贺。庆贺信要实事求是，评价要恰如其分，言辞要热情洋溢
致敬信	这种书信的对象一般是个人，偶尔也有团体。通常在个人的生辰寿诞或有其他重大事件时发出。致敬信的内容主要是称颂收信人的业绩、贡献，表达自己的敬意。如果对方曾经帮助过自己，信中也可提及。这种书信一般应充满欢快、热情的基调
慰问信	不仅限于友人之间，组织之间也经常发出此种书信。一封真切感人的慰问信，会给对方带来莫大的欣慰，增强对方克服困难、战胜灾难的勇气和力量。慰问信要写得真挚诚恳，同时还要及时写好及时发出，否则就没有意义了
吊唁函	奠祭死者（吊）、慰问家属（唁）的书信。这种信要针对不同的对象而遣词命意，文字要庄重、朴实，感情要真挚。吊唁函一般是发给死者家属或治丧委员会的。如果需要更快地达致对方，也可以用电报，这就是唁电

课堂互动 5-1

答案提示

课堂互动 5-1

聘任书和聘书有何实质性区别？

3）商务书信

商务书信是开展商务或基于生意关系而书写的函件。使用商务书信相互联系，其良好效果，有时是通过电话联系无法达到的。因为书信是真凭实据，它既可传阅又可影印。有一位企业高管在收到贸易伙伴写来的感谢信时，惊喜不已，并请主管们传阅，同时告诫道："我们也要用感谢函让他人加深对我们的印象！"

（1）商务书信的格式和书写礼仪。公司头衔只是作为公用，非为私用，所以私人通信不宜采用公司信笺。当然，出于某些理由，业务主管也可以在与公务有关的私人书信中使用带有公司名头的信笺，但应与上级讨论后采用。不要把公司的信笺用于以下方面：①慈善募款；②给媒体的或有争议单位的书信；③为个人赚钱的书信；④与公司无关的各种诉讼；⑤纯私人书信。

要确定收信人姓名有没有写错。收信人姓名要写全名，并且冠上称呼或职称等，如果不确定那个人的地址，应先打电话询问。书信要干净、清洁，笔误、涂改会使收信人认为你对此态度不够认真。书信开头的称谓若无礼，就可能使信中想办的事情无着落。

不管使用的信笺是公司的还是私人的，只要信是手写的，收信者都会重视。例如哀悼函、鼓励函等，这类手写书信会让人铭记。不过，如果字不好看，不易阅读，最好还是打字。商业书信只能用黑色或蓝色墨水书写，绝不能用彩色笔书写。如果没有印有公司名头的空白信纸，可用其他信纸书写。如果要随信附上报告、杂志等，最好在信封上注明，把它夹在随函文件的左上角，再放入信封里。如果寄出的信函有时间限制，又不希望拖延寄达，这时不妨到邮局办理特快专递。如果时间紧迫，应利用传真。

（2）商务书信中的称呼。当你给主管写信，觉得直呼其名不妥当，可以在书信开头称呼他的姓名，这样就不会过于正式。此时，适当的称呼如"亲爱的×××"。对方回信时，也称呼你的名字"亲爱的×××"，这暗示你可称呼他的名字。如果回信时没称呼你的名字，你以后写信给他时必须称呼其全名。当下级写信给高级主管，称呼时不要用"亲爱的×××"，那样太不正式、太不庄重了。适当的称呼应是"亲爱的×××小姐"。即使她使用"亲爱的×××"给你回信，你也应等她请你称呼她的名字时才那样称呼她。

（3）商务书信的结尾。商业书信结尾，写上"谨上"即可。有些人习惯使用英文片语，如"Sincerely"等，这类用语在商业书信中不适用。如果写给总经理或某位主事者，使用"敬上"很合适。

（4）商务书信签名。在商业书信中，由于多数人的签名很难辨认，所以很多人便用打字机打出姓名，相沿成习后，往往会忘记在打印出的书信上签名。这种未签名的商务书信没有任何意义，所以切记商务书信要签名。签名时不必加上对自己的称呼，但是如果你的名字与你的性别出入较大，就应在名字后加上"先生""女士"等称呼。

（5）个人签名的礼节。如果你是基层主管，不要随便寄送未经公司高级主管授权的书信，尤其是须主管者批示的书信，以免造成不必要的麻烦。如果书信涉及的主题敏感，应该准备一份备忘录和书信给主管；如果书信是标准报告，没有涉及个人问题，影印一份给主管就可以了。

如果你要把有关报告、书信、备忘录、传真等文件寄给另一家公司主管，一定要经本公司主管签名才能寄出。基层主管不仅要转送文件，还要在备忘录上签字。主管写信给其他公司同级别人士时，应在信上签名。

礼仪小知识 5-1   商业书信中的"公私书信"

商业书信能够加深诚信的程度，如果公司主管人员细心，就会利用书信与贸易伙伴建立友谊，因为它是重要的沟通媒介，更是其他通信手段不可替代的维系友谊的方法。一封传达友谊的信件可能附带地获得商机。调查显示，写一封信并寄出虽然需花很多时间，但影响深远。

写商务书信时，在信中加上少许私人话题或触及了私人话题，就是"公私书信"。这种商业书信的书写，着重在私人方面，讲究结构、形式和礼貌，还涉及如何用心、用笔、传达信息的方法。这类书信的种类很多，包括讨好他人、履行任务及影响写信者在商业圈形象的书信。这种商业书信应用范围广。如当某人拟向广告公司说明其创意时，不妨写一封赞许对方的书信。

有时，写信给某人，表达感受或想说的话，比当面讲容易许多。在当今社会里，善于使用书信的人处理起商务及个人关系会更顺手。写得好的书信，就像冬日的阳光，会给寄信人带来愉快，对收信人更是如此。商务主管应擅长书写私人的商业书信。优秀书信的影响力是深远的。

资料来源：张蓝. MPA礼仪手册［M］. 北京：中国商业出版社，2002.

5.1.2 特种书信礼仪

在日常生活中，除了常用普通书信外，还有一些特种书信，如柬帖、贺卡、便条、聘书等。这些特种书信除具备普通书信信文的要素外，还因具体形式不同，有一些特殊要素。掌握这些特殊要素，是书信礼仪的必备知识。以下分别介绍几种特殊书信礼仪。

1）柬帖的礼仪

柬帖，是简短书写的信札、书柬、请柬等的统称。从内容上看，主要有应酬帖、喜庆帖、礼帖、谢帖及丧帖。生活中的喜庆活动，用喜庆帖，像贺年卡、生日卡等。日常迎送、升迁，用柬帖。送礼物、礼金用纸片郑重书写礼物及文辞，视为礼帖。接受礼品者要说明谢意，可用谢帖。告知亲友的报丧帖叫丧帖。卡片，正面印卡片名，背面为用于书写的空白，就是卡片式柬帖。而将卡片折起，分为内外两部分，外面印柬帖名称装饰，里面是用于书写的空白。

（1）柬帖的格式。柬帖由标题、正文、结尾及落款和时间组成：①标题应写在柬帖的封面。有起首和抬头的柬帖，起首低格，抬头顶格。②正文根据柬帖的种类而有具体的要求。③结尾处空两格写，另起一行顶格写。④落款写在右下方，另起一行在右下方注明日期。

（2）柬帖写作注意事项。选购柬帖，款式要与交际对象及内容一致。如拜年帖可选竖式且装潢突出民族文化的为好。柬帖的写作应与其外表形式协调，即竖帖竖行书写，横帖横行书写。柬帖的语言要雅致、自然。柬帖中名称应用全称或通用简称。打印好的有规格的柬帖，行文中可不用标点；书信形式的柬帖，可用标点。

（3）常见柬帖的书写礼仪。请柬的用途多种多样，不同的用途有不同的请柬。不同的请柬有不同的形式和外观，更应该有不同的内容。下面我们对常见的请柬做一些说明。

一般请柬都要写清楚因何所请，邀请出席时间、地点等。图5-1所示即为开张请柬。

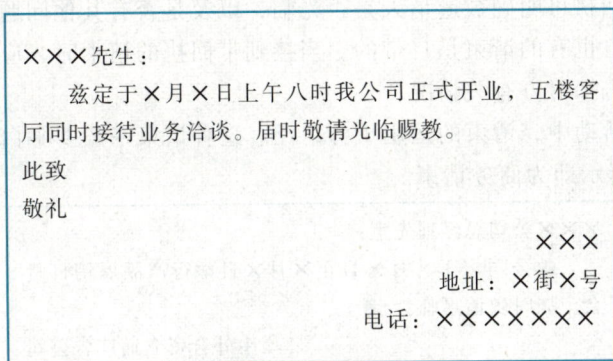

```
×××先生：
        兹定于×月×日上午八时我公司正式开业，五楼客
厅同时接待业务洽谈。届时敬请光临赐教。
此致
敬礼
                                    ×××
                            地址：×街×号
                            电话：×××××××
```

图5-1　开张请柬

这种请柬把被请人姓名顶格写。其下正文写邀请内容，第三部分是落款，并附地址和电话。再如，图5-2所示即为祝寿请柬。

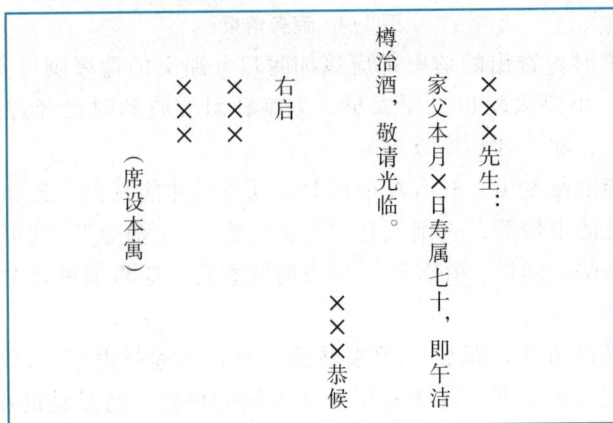

```
×××先生：
家父本月×日寿属七十，即午洁
樽治酒，敬请光临。
              ×××恭候
      右启
×××
×××
（席设本寓）
```

图5-2　祝寿请柬

竖式的请柬，一般都用比较文雅的语言。长久以来，我国形成了一整套此类传统礼仪用语，比如请人前来叫"敬请（恭候）光临（莅临、早光、惠顾、惠临）"等；如果是请人为自己办某些事情，则用"雅教""指导"等。根据请客的不同目的，也可以有不同的用法，如果请人来参加因某事而设的宴会，就用"特备薄酒""洁樽治酒""淡酌"等；如果仅是一般茶点，则可用"粗布茶点""治茗"等。

有的请柬除其本身外，还要有其他附件。比如除了写清地址外，对那些寻找困难的地址另附一张路线图也是必要的。请人参加婚庆舞会而附舞会入场券，请参观画展等附参观券，有时还可以附节目单或其他资料。图5-3所示即为婚庆请柬。

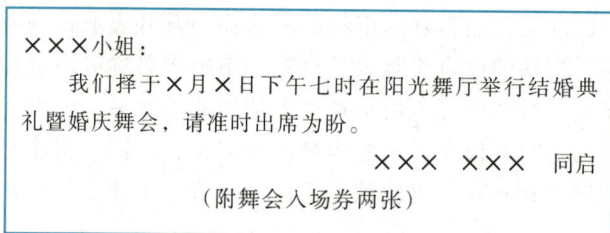

×××小姐：

　　我们择于×月×日下午七时在阳光舞厅举行结婚典礼暨婚庆舞会，请准时出席为盼。

　　　　　　　　　　　　　　　　×××　×××　同启

（附舞会入场券两张）

图5-3　婚庆请柬

一般来说，接到请柬的人并不一定都能来。为了准确把握来客的情况，有的请柬同时带有回执。回执可明确被邀请人是否光临，以及是否有其他问题。回执有另外印制附于请柬上的，也有的请柬是自带的。当接到带回执的请柬时，应将回执填好后寄出，或者打电话告知对方有关情况。

在现代商务活动中，请柬的运用十分广泛。这种请柬一般要平白、明确，不要文绉绉的。图5-4所示即为商务请柬。

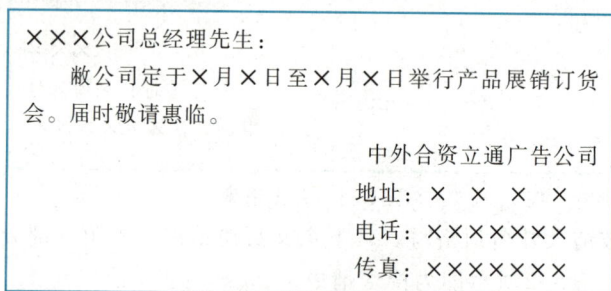

×××公司总经理先生：

　　敝公司定于×月×日至×月×日举行产品展销订货会。届时敬请惠临。

　　　　　　　　　　　　　　　中外合资立通广告公司

地址：×　×　×　×

电话：×××××××

传真：×××××××

图5-4　商务请柬

我们使用请柬时，寄出的请柬都应该加封口（递交的请柬则可不封口），并且要把握好寄出时间，不要太晚也不要太早。太晚，对方收到时已经过了活动日期；太早，容易让人淡忘，起不到预期效果。

有些请柬不能随便发出，只有在征得对方同意后才能发出。比如请人讲学、作报告或为自己做其他的事情等，否则就是"先斩后奏""下命令"，就可能违背别人的意愿，是不礼貌的做法。同样，在征得了对方的同意后，应将请柬及时送上，否则也是不礼貌的做法。

（4）发送柬帖的方法。最常见的柬帖载体有：①通过电话。②信件，用信纸打字。③便条，用便条纸手写。④正式烫金或印刷的柬帖。将邀请的细节写在空白处，这类卡片请柬，可在文具店买到，若商用请柬应避免"俏皮"，设计繁杂的卡片，不宜在商场上使用。不同的柬帖载体，寄发方式也不一样。

柬帖寄发方式有：①本地可用平邮服务。②用快递，因为隔天送到，令人印象深。③利用传真。④利用电子邮件，非常迅速。此外，同样活动的请柬，要适合不同的对象，如何寄送也是关键。请柬应说明你邀请的各种客人，以便客人据此决定参加与否。

案例窗 5-1 　　　　　　　　　　一次午餐会的请柬发放

　　一位跨国贸易公司的总经理要为同事举办午餐会，邀请与公司贸易有关的人士参加。这次午餐会很重要，他要给客户留下好印象，并借此让他的同事认为他招待客人的方式是最适合跨国公司的。那么，他应该怎样通知他的客人呢？

　　分析提示：这位总经理可以采用的通知方式有：①先打电话给同事，得到对方的应允，然后邮寄"备忘卡"给他，这样同事可以确知午餐会地点，并把它写在办事日历上。主人另保留一些备忘卡，派秘书送给电话邀约参加午餐会的人。②用公司的信纸写封正式邀请函，然后用传真发出。③寄给客人的请柬应扼要说明情况，可以几星期前寄出，以便留有时间收回答复函。

2）贺卡礼仪

　　贺卡已经发展成为一个专门的通信门类，使用方便而且外观精美，被广泛运用于现代社交礼仪中，尤其是在新年、圣诞节来临前，选购及寄发贺卡成为人们生活中交流感情的一项重要内容。

　　（1）贺卡的形式和名称。贺卡多是双面折叠式的，印制精美，多为32开的，也有较小的贺卡，但较大幅面的贺卡越来越常见。贺卡越做越大，其实是受了"礼大情深"观念的影响，贺卡大了，不仅更精美、华贵、气派，也显得送卡人情真意切。

　　贺卡有横式和竖式之分，但常见的贺卡多是竖式的，且文字大都横排，除非是图案设计的需要才竖排。封面是贺卡的门面，设计精美，且文字多用烫金修饰。但贺卡不像请柬，一般不印"贺卡""圣诞卡""情人卡"等名称，而是写上"新年快乐""圣诞快乐""情人节快乐"等字样来表示种类，以之喻示贺卡的名称。相对于封面的华丽来说，贺卡的里面则比较素雅，一般很少有大红大紫。里面一般也有文字，通常是因不同种类而选择的祝贺文字、感言心语，并留有一定的空白，供寄卡人写上自己的亲笔祝词。封底常有两种形式，一种是与封面相连，另一种是素色。

　　不同情形下所使用的贺卡，色调上有明显的区别，制作上也略有不同。比如配有电子音乐的生日贺卡，适合于孩子或青年人的贺卡，还有做成镂空立体的贺卡，一些贺卡还带有淡淡的清香。

　　（2）贺卡使用礼仪。绝大部分贺卡都和时间有着密切关系，当我们寄送贺卡时，记住准确的日期很有必要，新年、圣诞如此，生日、周年纪念日等更要十分注意。我们可以在台历、年历手册中把重要的日期和人名都填写好，并经常翻看，及时把贺卡寄出。

　　生日贺卡是祝福生日用的贺卡。每当亲朋好友过生日，寄上一张生日贺卡，往往可以维系亲情，增进友谊。音乐贺卡中，以生日贺卡居多，打开这种生日音乐卡时会播放出优美的生日祝福音乐，有的还有与整个图案相应的彩灯，可谓是形色辉映，声情并茂。

　　周年纪念贺卡也能表现出多方面的礼仪。这里说的周年，有订婚、结婚的周年，毕业、获得学位的周年以及其他值得纪念的日子的周年。其中最突出的是结婚纪念日，这对于夫妻及其家庭都是个重要的日子，结婚纪念日的贺卡也比较特别。

新年贺卡和圣诞卡是最常见的贺卡。新年贺卡几乎是全世界都使用的贺卡，每逢新年来到，送一张贺卡附上我们对收件人新的一年的祝福，会使人感到特别温馨，新年贺卡中的文字不尽相同，这些文字往往是为适应不同的人而设置的。另外，除新年之外，我们民族的传统节日——春节，也是寄贺卡表达情意的一个好时机。对于那些新年忘记或来不及寄贺卡的人，春节时补上一张，既不失礼，也显得自然。圣诞卡原本也是新年贺卡的一种，在西方很流行，这些年在我国也逐渐流行起来。它虽然与新年贺卡形式基本相同，但是祝福内容不同。

西方情人节的情人卡，这些年也逐渐在我国都市流行了起来，比起其他的卡来说，这种卡无论封面还是封底，都显得温情脉脉。由于这种卡的对象特殊，所以样式追求华丽、贵重。

（3）贺卡选定礼仪。使用贺卡时，除了记住寄卡日期，适时寄出外，还要精心挑选贺卡并亲自题词。贺卡虽小，却满含情意，要依据不同的对象选择不同的贺卡。比如给朋友的贺年卡，要温馨一些，给长辈或老师的要古朴一些。从贺卡的外观到印在上面的文字，都要精心挑选，否则会适得其反。另外，无论印制得多么精美、华贵的贺卡也不能完全表达情意，这时，我们应该在贺卡适当的地方写上几句祝福语或心语，哪怕只是几个字，都会立刻提升其情感的含量。

3）明信片的写法

明信片是书信的一种形式，是在特殊情况下使用的书信，是简便的书信。一般正面相当于信封，反面相当于信笺。它多用于节日祝贺、约会联系等。因篇幅有限，语言要简练。明信片的优点不仅在于投递简便，而且多有画面并配以文字，可表达丰富的情感。明信片在日常公私事务中用得很普遍。

5.2 电信礼仪

电信是近现代科学技术高度发达的产物。它不仅具备了书信的某些优点，而且发展更迅速，更具有科学技术含量。由于科学技术进步的很多成果总是率先在电信事业上得到应用，这就不断促使人们的通信联系超越时空的限制，把人类从书信时代推进到电信时代。电信的最大特点是不仅能够像书信一样传递文字和静止图像，而且能够传递声音和运动的图像，以及由文字、声音、动态彩色图像构成的多媒体信息。

5.2.1 电话、手机礼仪

1）电话基本礼仪

电话是近代科学技术发展的结晶。作为一种超越空间的交流工具，电话在现代人类社会中发挥着日益重要的作用。

打电话包含着丰富的礼仪技巧，从电话中能够体现出通话者的素质和综合水平。打电话双方虽然由于空间阻隔不可谋面，但相互传递的信息是正面还是负面的，情感是真诚还是虚伪的，态度是热忱还是冷漠的，都可以通过电波相互感受得到，有时甚至比亲眼所见的还要真切一些。

（1）语调的魅力。用清晰而愉快的语调接电话能显示出说话人的职业风度和可亲的性格。虽然对方无法看到你的面容，但你的喜悦或烦躁仍会通过语调流露出来。打电话时语调应平稳、柔和、安详，这时如能面带微笑地与对方交谈，可使你的声音听起来更为友好热情。许多人在打电话时只注意该说的内容，却不知道沟通的总效果等于：7% 的语言 + 38% 的语调 + 55% 的面部表情。千万不能边打电话边嚼口香糖或吃东西。

（2）得体的问答。接听电话时最好在铃响三遍左右去接，不要让对方等待太久；拨打电话时则应耐心地多等片刻，给对方一定时间来接电话。在礼貌问候对方之后应主动报出公司或部门名称以及自己的姓名，切忌拿起电话劈头就问："喂，我找谁？"同样，电话主叫人需要留话也应以简洁的语言，清晰地报出姓名、单位、回电号码和留言。

（3）电话中留言。在商业投诉中，不能及时回电话最为常见。为了不丧失每一次成交的机会，有的公司甚至做出对电话留言须在一小时之内答复的规定。一般应在24 小时之内对电话留言给予答复，如果回电话时恰遇对方不在，也要留言，表明你已经回过电话了。如果自己确实无法亲自回电，应托付他人代办。

（4）需留意时差。在打国际长途电话前要特别注意时差，搞清地区时差以及各国工作时间的差异。不要在休息日打电话谈生意，以免影响他人休息。即使客户已将家中的电话号码告诉你，也尽量不要往家中打电话。通常，不要在对方的节假日或休息、用餐的时间打电话。

（5）失误别失礼。如果不慎拨错了电话号码，或者电话出现串线，应该道歉并挂断。电话接通后也不可一个劲儿地询问对方，这种带有怀疑的追问，会使对方产生不被信任之感，并因此产生反感。如果对方告知所找的通话者不在，不要立即挂断电话，而应向传唤人致谢后再挂断。

（6）使用看对象。在美国，你可以通过电话向一个素不相识的人推销商品，而在欧洲、拉美和亚洲国家，电话促销或在电话中长时间地谈生意就让人难以接受。发展良好商务关系的最佳途径是与客户面对面地商谈，而电话主要用来安排会见。当然，一旦双方见过面，再用电话沟通就方便多了。

（7）尽量少转话。转电话是电话应对中最微妙的处理环节。有人打电话来，经过几次转接，就会改变他对你的好感。如果你不能当场处理，不能告诉来电话的客户这不是你的工作，而应该说："对不起！这事我不清楚，我马上转给×××部长，请您和他沟通。"如果对方不愿多等，你可说："好吧！我转告×××部长，请他给您回电话。"

（8）礼貌地结束。结束电话交谈时，通常由打电话的一方提出，然后彼此客气地道别，并先挂机，以确定话已确实讲完。如果与长辈通电话，无论谁拨都应由长辈先挂机。男士与女士通电话，通常先由女士挂机。无论什么原因电话中断，主动打电话的一方应负责重拨。

▨▧▨▧ **礼仪小知识 5-2**　　　　　　**秘书接听电话注意事项**

1）接听电话前

（1）准备笔和纸。如果没有准备好笔和纸，那么当对方需要留言时，就不得不要求对方稍等一下，让对方等待，这是很不礼貌的。

（2）停止一切不必要的动作。不要让对方感觉到你在处理一些与电话无关的事情，对方会感到你在分心，这也是不礼貌的表现。

（3）使用正确的姿势。如果你姿势不正确，电话不小心从你手中滑下来，或掉在地上，发出刺耳的声音，也会令对方感到不满。

（4）带着微笑迅速接起电话。让对方也能在电话中感受到你的热情。

2）接听电话

（1）铃响三声之内接起电话。

（2）主动问候，报部门，介绍自己。

（3）如果想知道对方是谁，不要唐突地问对方是谁，可以说："请问您是哪位？"

（4）须搁置电话时或让宾客等待时，应给予说明并致歉。每过20秒留意一下对方，向对方了解是否愿意等下去。

（5）转接电话要迅速。必须学会自行解决电话问题，自己解决不了再转接到正确的分机上，并要让对方知道电话是转给谁的。

（6）对方需要帮助，要尽力而为。

（7）感谢对方来电，并礼貌地结束通话。

（8）要经常称呼对方的名字，以示尊重。

2）国际电话礼仪

涉外业务中使用电话联系，经济实惠、便利快捷，较少受时间、空间的限制，是人们最常使用的沟通方式。在国际交往中，当你的声音通过话筒传向世界各地时，是否也能做到彬彬有礼？这里除了前面已介绍过的接听电话的基本礼仪之外，仅就国际电话礼仪进行简要介绍。

国际电话是经过电信部门的通信网络，把声音、图像从一国（城市）传送到另一国（城市）的通信方式。国际长途电话与国内长途电话一样，是语言沟通最迅速的工具。它具有使用方便、通达地点广泛、解决问题及时等优点，故为涉外商务人士所经常使用。

国际电话业务目前大体上共有四类，即叫号电话、叫人电话、传呼电话和特别业务。叫号电话是发话人同接通的某号电话用户直接讲话的电话。叫人电话是发话人与指定的受话人、受话单位讲话的电话。传呼电话是没有安装电话的受话人，由电话局派人通知前往指定地点通话的电话。特别业务包括受话人付费电话与信用卡电话。

不管是打叫号电话、叫人电话还是传呼电话，对外国的接线员小姐和传呼人都要讲究礼貌。通话的声音不要过高，对方向自己问好时要表示感谢，有时要主动向对方问好和道谢。因故需要稍候时，不要对着电话发脾气。如和对方是一般的业务关系，则应长话短说，不要耽误对方的时间。不论与受话人是亲是疏，打国际电话时一定要使用文明用语，不要说粗话或使用脏字，不要泄露国家机密或传播小道消息，也不要议论别国的内部事务。

目前，我国的国际长途自动直拨电话业务发展迅速。打国际电话，坐在家中，只需按国际字冠、国家代码、地区代码（区号）和用户电话号码的顺序一次连续拨完，片刻即可通话，虽隔万水千山，犹如见面交谈。

接电话时应先确认拨打正确，如听到"PIM company，please"等"Yes，it is"后，再说"Hello，This is Cheng Hao of the Shanghai Import and Export Corporation. Could I speak to Mr. John Smith，please?"对话中应特别注意汉语与英语在电话用语上的区别，比如"我是林红"，电话里不能说"I am Lin Hong"，而应说成"This is Lin Hong"。同样，"请问您是谁？"不应是"Who are you，please?"而应为"Who is speaking，please?"或"May I know who is calling，please?"用语上应注意措辞、讲究效果。与外商通话时，应尽量讲标准外语。对着话筒说话的音量不可过大，凡重要的数据、日期、人名、地点要慢慢讲，最好还要重复一遍，使对方不致误听致错，如英语中的14和40，15和50等，连外国人自己都可能讲不准、听不清。结束通话前，要先行道别："It's been nice talking to you."别刚讲完就挂断，外商会以为是线路故障，往往会"Hello…Hello，is anybody there?"地呼唤，并可能因此对你产生反感。

接听国际长途电话时，先向对方问好，然后自报家门："Hello，Sales Department. Ling Hong. Who would you like to speak to，please?"接听电话过程中，要不时地应答，以表明你在倾听，手边最好随时准备笔和纸，以便记下通话内容备查或汇报。如果你还有急事，但来电话的人通话时间过长，你可以在事情基本了解后，礼貌地说："It is nice talking to you，but I have to attend a meeting at 3：00."还应表示"Thank you for calling."或"I appreciate your calling."

课堂互动5-2

接到麻烦电话你会处理吗？

3）移动电话（手机）礼仪

手机是一种智能化、小型化的移动通信设备，也叫"移动电话"。手机的功能十分强大，除了具有固定电话的功能外，还有呼叫转移、手机支付、手机游戏、短信服务、微信服务、掌上办公、手机拍照、录像录音、下载阅读、视频播放等多项功能。可以说，拥有手机，就拥有了电话、电报（相当于手机的短信服务、QQ留言）、传真机（相当于表格和图片传输）、游戏机、照相机、收音机、录音机、电视机等终端设备。手机的基本服务功能主要包括：

（1）访问互联网功能。该项功能可否使用取决于网络是否正常运行以及是否开通了该项服务。用户需向服务供应商咨询有关使用Wi-Fi、WAP（无线应用协议）技术的移动互联网服务的详细情况。

（2）拨打和接听电话功能。拨打电话之前，必须先开机、解锁。有几种不同的方式供您拨打电话：使用数字键、使用自动重拨功能、重拨上一次通话的电话号码、使用单键拨号功能拨打电话本中的号码、拨打短消息中附带的电话号码、使用智能按钮和语音控制等多种拨打方式。接听电话必须符合三个条件：第一，必须开机；第二，必须在服务区内而且无屏蔽；第三，不要将呼叫转移功能设置为"转移"，也不要将禁止通话功能设置为"禁止呼入"。

（3）短消息功能。一般移动电话至少可以供用户选择使用两种短消息，即个人短消息和小区广播短消息。个人短消息是指各移动电话用户之间（含群发）专门为传递

课堂互动 5-2

答案提示

信息而使用的文字消息。小区广播消息是指发送给多个移动电话用户的公共消息，并且只有当你的话机处于待机状态时才可以接收这种短消息。常见的一些广播频道可以播出当地天气状况、交通报告或股市行情的消息。

礼仪小知识5-3 　　　　　　你知道微信朋友圈的规则吗

（1）不招惹是非。带有明显政治激进色彩的内容和图片不发为好，可使你远离是非。

（2）不低俗。过分低级庸俗的内容和图片不宜转发，因为你转发的内容是你品位的客观反映，会给别人留下不好的印象。转发前想一下：这些内容你的父母或子女适合看不？如果不合适就别转了，因为你转了他们或许能看到。

（3）不咒人。不可强制别人转发你的消息，比如：转了走大运、发大财，不转将会……这是微信交流中的大忌。

（4）不泄露他人隐私。不能随意发表未经他人同意、带有个人隐私性质的内容和图片。

（5）赞过再转。看到别人精彩文字和图片意欲转发时，应先"赞"后转，这是礼貌和有涵养的表现。

（6）礼尚往来。不要只看不发不转，要尊重朋友的劳动成果，否则有可能被朋友遗忘。别人向你"打招呼"时，也尽可能及时予以回应，这叫礼尚往来。

（7）不发烦心事。在朋友圈内不发个人生活琐事和烦心的事，这既影响朋友们的情绪，浪费朋友们的时间，也会暴露个人隐私，会被一些不怀好意的人利用。

（8）不泄密。国家和工作单位的机密不要乱发，哪怕一对一发也不妥，信息网络时代都有被记录和泄密的可能，千万别以为网络时代所谓的隐私就你自己知道！

（9）学会收藏。对经典的文字可以收藏。要经常看，经常读，领悟其内涵。自己就不断会有新发展、新感受、新提高、新收获。

（10）别让微信绑架你的生活。再好的东西也是双刃剑，把握好尺度才能让微信更好地服务于我们的工作和生活。

　　手机的携带，既要考虑方便使用，又应注意形象，一般说来，可以放在公文包或专用的手机包里，也可放在上衣内侧的口袋里。

　　使用手机通话时，应注意以下几点：首先，要长话短说。其次，要坚持不妨碍他人原则，努力做到"三不用"。一是不在一些严肃、安静的特定环境中（如洽谈室、会议室、法庭、课堂、阅览室、剧场、音乐厅等）使用手机，遇到这种场合，应主动关机，以免突然铃响而影响他人或破坏周围的气氛。二是不在飞机上使用，以免干扰航行通信，影响飞行安全。三是不在人员较多的公共场所使用，如确需通话，可主动找一个僻静场所或将身背过去使用，这样既可以使通话清晰，也不会干扰他人。

5.2.2　传真礼仪

　　传真，是利用现代电子技术传送图像、文字的通信工具。无论多么复杂的图像，其发送都像处理文字一样简单。传真已成为办公室内不可缺少的一种通信工具。用户通过传真机只需几十秒就能把承载各种文字、图片、表格等资料的稿件发送出去，对方用户立即可以收到如同复印件一样的一份副本稿件。

　　发送传真时，电话接通后听到传真信号声，即可发送。如果有人接电话应通知对方有传真待发，等听到对方发出传真信号时才可发送传真。办公室无人值班时，可将传真机调至"自动"状态即可自动接收传真内容。传真发送的稿件应当包括发送者的联系方式、发送日期和页数等信息。

5.2.3　数据通信礼仪

　　数据通信是指依照通信协议，利用数据传输技术在两个功能单元之间传递数据信息，它可实现计算机与计算机、计算机与终端以及终端与终端之间的数据信息传递。通常而言，数据通信是计算机技术与通信技术结合而产生的一种通信方式和通信业务。

知识拓展 5-1

微信礼仪

　　数据通信具有许多不同于电报、电话通信的特点。它所实现的主要是"人（通过终端）-机（计算机）"通信与"机-机"通信，但也包括"人（通过智能终端）-人"通信。在数据通信中所传递的信息均以二进制数据形式来呈现。数据通信的另一个重要特点是它总是与远程信息处理相联系的。这里的信息处理是指包括科学计算、过程控制等的广义的信息处理。

　　作为一种通信业务，数据通信为实现广义的远程信息处理提供服务。随着计算机与各种具有处理功能的智能设备在各领域的日益广泛使用，数据通信的应用范围也日益扩大。其典型应用有文件传输、电子信箱、语音信箱、可视图文、目录查询、智能用户电报及遥测遥控等。

课堂互动 5-3

答案提示

课堂互动 5-3

　　虚拟世界也讲礼仪吗？

　　在通过互联网与外宾沟通时，必须注意有礼有节。

　　（1）学会相互尊重。无论对方来自哪个国家、什么民族、接受过什么样的文化教育，在讨论问题、谈判磋商中，都应做到彼此相互尊重，冷静、理智而又平等地交换看法，不可因文化背景的差异而相互攻击、相互诋毁。

　　（2）交往要讲诚信。通过互联网洽谈生意的双方，虽互不相识，但和其他场合一样，也应以诚信为本，信守合同，及时履约。

　　（3）幽默要讲对象，要适度。网络交流中适当地和外宾说一两句笑话，可以活跃气氛，但要注意把握尺度，以免引起不快甚至误会。切记不要涉及他们的隐私问题，这是外国人最不能原谅的失礼行为。另外，运用网络语言的"表情符号""数字符号"也应注意到中外文化的区别。

　　（4）注意礼貌用语问题。如谈话结束时，别忘了写些致谢之类的话语。总之，只有像平常那样注意礼仪，同时注意网上礼仪的人才可能赢得中外友人的认可，把涉外联系工作做好。

课堂互动 5-4

答案提示

课堂互动 5-4

你知道上网礼仪有哪些吗？

5.3　中外通信联系习俗

中外通信联系习俗是传统通信联系礼仪与现代科学技术相结合而形成的联系习惯，包含着极其丰富的内容。比较起来，我国和外国的礼仪各有所长。我国在书信联系方面的习俗有外国无法比拟的长处，而国外尤其是发达国家的现代文明礼仪则是我们所需要学习的。

5.3.1　中国通信联系习俗

1）中国传统书信习俗

书信在我国先秦时代就已经出现了。最初的书信是刻或写在竹（木）简上的，其后写在绢上，纸发明以后则写在纸上。在漫长的书信发展过程中，我国的书信无论是在样式还是在表达方面都独具特色。

一般来说，作为沟通信息的一种重要工具，书信在内外格式、封折形式、称呼、问候致意、落款署名等方面都具有一套完整的礼仪形式。

旧时信笺的颜色除了通常用的单色之外，还有花笺，也有专门设计而加上其他徽志的，这些信笺不仅是对人礼貌的表现，也是身份、地位、修养的体现。现代的信笺就简单多了，但仍有一些人喜欢用花笺。

信封的使用也有许多习俗。信封上不能书写非大众化的称谓，即不能写有"×××的父亲收""×××的儿子收"等字样。因为书信从寄出至收到的期间，还要经过邮政部门许多工作人员之手，上述称呼对这些人来说都是不合适的。现代书信对标准信封的挑选也是很有必要的，最好不要随意使用不符合标准的信封。

信文折叠方式上的习俗也有些特别。比如信笺折叠时，平辈折齐，晚辈对长辈则一边折得短于另一边。现在有些人还别出心裁地折成信鸽、小鸟等形状。

通信自由受法律保护，所以任何人都不应该偷拆别人的信。普通个人信件不宜拿出去当众宣读，这样对寄信人很不礼貌。如果通信地址变更了，千万不要忘记及时告诉对方新的通信地址，以免亲友信件无法投递或被退回去，造成误会或损失。

2）中国通信联系习俗的用语

中国通信联系习俗用语是书信或其他联系形式的称谓、开头、正文中问候、结尾、祈颂等，所运用的是体现我国习俗的语言。这些语言本身并不是完整的句子或体现我国通信联系习俗的短语，而是我国通信联系发展史中逐渐形成的一些常用词。它们文雅、组合多变、搭配固定，极能体现我国特色。这些词组合起来的习俗用语有固定而不呆板、灵活而不失分寸的特点。熟练掌握这些词，不仅能够充分体现个人的礼仪修养，而且在特定场合下运用得当还能收到奇效。

（1）敬语使用习俗。敬语，也称敬辞，是称谓的组成部分，适用于称谓长辈及平辈中年岁长于自己或一般社交关系的人。对于晚辈及幼于自己的平辈（如妹妹）则不用敬语，但可在称呼前加"仁"或"贤"字（如"仁弟""贤侄"）。敬语之前的称呼一定要用书面语称呼对象，如"父母亲大人膝下"，不可用口语称谓"爸爸妈妈膝下"。可见，使用敬语的称谓格式是"称呼对象（书面语）+敬语"。例如，"父母亲+大人、尊前、膝下""岳父母+大人尊前""一般长辈+大人尊前""老师、学者+道席""一般对象+阁下、台翁、兄台、仁兄、台甫"。

（2）开头语使用习俗。开头语是自发书信和回复书信正文开头的习俗用语。它们由提起词、思念词、歉意词、欣慰词、钦佩词构成。但自发信与回复信的开头语构成有所不同。具体地说，在自发信的开头语中，思念语与致歉语一般不同时使用。自发信有首次自发信和续接自发信两种，所以它们的开头语构成也有所不同。首次自发信的开头语有"提起语+思念语"和"提起语+歉意语"两种格式；续接自发信则只有提起语，很少使用思念语，不用致歉语。表5-2是一些常见的开头语习俗用法。使用时可以根据上述格式和具体联系对象任意组合。

表5-2　　　　　　　　　　首次自发信常见开头习俗用词

提起词	思念词	歉意词
久不通函	至以为念	
久未闻消息	唯愿一切康适	
分手多日	别来无恙	
久不通信	渴望殊深	甚以为歉
久疏通问	近况如何、念念	多多见谅
久疏问候		希见谅

续接自发信开头语常见习俗用语的例子有："前上一函，谅已入鉴""前上一函，谅达雅鉴，念已时积""迄今未闻复音"等。

回复书信的开头词中，欣慰词与钦佩词及致歉词一般也不同时使用，但钦佩词和致歉词有时可同时使用。如"奉读大作，敬佩之至，久稽回答，幸原谅之"。所以，回复书信的开头语有两种格式。一种是"提起词+欣慰词"，另一种是"提起词+钦佩词+歉意词"。表5-3给出了回复信开头语的常见习俗用词，在使用时可以根据这两种格式任意组合续接自发信开头词。譬如，常用开头语还有"大作拜读"。在使用这个词复信时，对方应当很有学问，而且有一定著作公之于世。

表5-3　　　　　　　　　　回复书信开头语的常见习俗用词

提起词	欣慰词	钦佩词	歉意词
喜接来函	欣慰无量	拜服之至	迟复为歉
接获手书	快慰英名	向往尤深	久未作复，甚以为歉
谕书敬读	不胜欢慰	心折殊深	
顷接手示	甚欣甚慰	敬佩之至	久稽回答，幸原谅之
惠书敬悉	甚以为慰		
捧读惠书	至为欣慰		未暇修复，抱歉良深
顷奉手教			

（3）问候语使用习俗。问候语是根据一定的节气情况来慰问对方的习俗用语。这种用语由节令气候词和珍摄词两部分构成，具体来看，节令气候词和珍摄词有明显的对应关系。表5-4中是常见的节令气候词和珍摄词。从表中习俗用词的语义中，很明显地看出二者所具有的对应关系，这种关系包含着人随自然、陶冶情操的意义。

表5-4　　　　　　　　　　　　　常见问候习俗用词

节令气候词	珍摄词	节令气候词	珍摄词
春寒料峭	善自珍重	秋高气爽	希善自为乐
春雨霏霏	愿自保重	秋雨绵绵	万请自爱
时欲入夏	万请珍爱	秋风萧瑟	至祈摄卫
炎暑日蒸	好自为之	近日天寒	谅己早自卫摄
盛暑入后，继以炎秋	务望珍摄为盼	渐入严寒	伏维自爱
入秋顿凉	幸自摄卫	近来寒暑不常	恳请珍重自爱
秋色宜人	望养志和神	气候多变	希自珍卫

（4）问病词使用习俗。问病词是专用于问候对方病况的习俗用词。在问病词中，关切词一般跟在问病词之后，其后还可以跟上珍摄词。如"闻您抱病，不胜悬念，务请安心静养"。欣慰词只用于得知对方身体有起色或痊愈的消息之后，欣慰词之后也可跟珍摄词，常以"仍"字相连。如"前遇来函，知尊恙已痊愈，甚以为慰，仍望多休息"。表5-5是一些常见的问病习俗用词。

表5-5　　　　　　　　　　　　　常见问病习俗用词

问病词	关切词	珍摄词
大示细读	尊恙极念	望珍摄自重
闻君欠安	甚为悬念	望自珍重
闻病	心甚念之	望多休息
顷闻您病数日	不胜悬念	务请安心静养
闻您抱病	甚念甚念	
知尊恙复发	念念	

另外，常见的问病习俗用语还有"尊恙愈否"。当得知对方病况好转或痊愈消息后，可以用以下问病习俗用语："贵体新痊""前遇来函，知尊恙已痊愈""重病初愈""欣闻贵体康复""知尊恙已痊愈"，这些用语后均可加上欣慰语"甚以为慰""甚为慰藉"等。

（5）结尾语使用习俗。结尾语是书信的正文结束时的习俗用语。书信（或其他形式）的结尾有一般结尾、复信结尾和祈复结尾三种情况，因此，结尾语的构成也有三种，即"一般结尾语"、"一般结尾语+复信语"和"一般结尾语+祈复语"。

①一般结尾的常用习俗用语有"临书仓促，不尽欲言""书不尽言，余容后续""纸短情长，不尽依依""日来事忙，恕不多谈""草率书此，祈恕不恭""特此致候，不胜依依""言不尽思，再祈珍重""余不一一，匆此""匆此草就，不成文理"。②复信结尾常用习俗用词有"专此奉复""匆此先复，余容后禀""匆杂书复""见谅"。如果是回复书信，复信结尾习俗用语必须在一般结尾习俗用语之后使用，如"临书仓促，不尽欲言，专此奉复"或"书不尽言，余容后续，专此奉复"。③祈复结尾习俗用词有"立盼速复""请速示知""万望从速赐复为要""有暇希即复函为盼""如蒙速复，不胜感激""奉恳之事，迄速复为荷""余不尽言，唯乞速复为盼""上述之事，唯希从速示复""尊意如何，请即示知""敬候同谕"。必须注意，祈复习俗用词前可加上一般结尾用语构成祈复结尾习俗用语，如"日来事忙，恕不多谈，立盼速复""草率书此，祈恕不恭，请速示知"，也可单独作为祈复结尾礼仪用语。

（6）祈颂语使用习俗。敬语"叩"仅用于长辈，多见于致父母；"请"字亦只用于长辈；福祉词"金、福、勋"也只限于长辈。如"叩请金安""恭颂福安""敬请勋安"，均为致长辈的祈颂语。"新"字只用于新年，"恭贺新禧"是约定俗成的新春祝词，同样"禧"字一般亦仅用于春节、元旦。"大"字一般用于长辈，"俪"字用于对方夫妇，亦用于新婚。其他可根据对方职业或时令选用。吉词前还可以加上时令、节日、工作等，如"祝您春节愉快""祝您假日快乐""祝合家平安"等。

礼仪小知识5-4　　　　　　　电子联络伤害人类社交能力

我们都能体会到实时电子联络方式所提供的便利，但是关于其代价却谈论得很少。我和我的同事刚刚完成了一项研究，即将发表在《心理学》杂志上。研究显示，电子联络方式可能对我们社交能力产生不利影响。

我们根深蒂固的习惯会改变我们。神经科学家喜欢说，共同合作的神经元能互相连接在一起。越来越多的证据显示，经验能给我们的神经通路留下印记，这种现象被称为神经可塑性，也就是说，习惯会塑造大脑结构，反过来加强你对这种习惯的倾向。

能被经验所塑造的倾向不仅仅限于大脑。我们已经知道，长期伏案工作会让我们的肌肉萎缩，降低身体力量。我们或许不知道社交习惯也会在身体上留下印记。

我们团队进行了跟踪研究，考察在日常生活中培养更熟络人际关系对学习能力的影响。半数随机选择的参与者参加了6周的古代思维训练专题小组，该训练的主题叫作"友爱"，教导参与者对自己和别人更加热情亲切。

我们发现，参加该训练的人不仅觉得更加乐观、更愿意与他人交往，他们心血管系统中被称作迷走神经的重要部分也获得了改变。科学家过去认为，迷走神经张力基本是稳定的，就像你成年后的身高一样。我们的数据显示，人的迷走神经张力也是可塑的，能改变其社交习惯。

总体而言，迷走神经的张力越高越好。迷走神经的张力高意味着你的身体能更好地管理体内系统，例如心血管、血糖和免疫反应，使自己保持健康。

除了健康方面的影响，行为神经学家史蒂芬·波格斯的研究还表明迷走神经对面部表情、调整声音频率等都至关重要。通过提高迷走神经张力，可以增强人类与他人接触、交友与移情的能力。

简而言之，你与别人的关系越协调，就会越健康，反之亦然。这种相互影响也解释了为什么缺乏积极社交练习会让人身体虚弱。你心灵的交友能力也遵守"用进废退"的生物学法则。如果你不定期练习面对面交流的能力，你最终会发现自己缺乏这样做的一些基本生物学能力。

资料来源：叶建华. 电子联络伤害人类社交能力［J］. 才智（智慧版），2013（6）：38.

5.3.2 外国通信联系习俗

外国通信联系习俗内容十分广泛，无论在书信上还是电信上都有各国、各民族的特色。但是，最能体现外国通信联系习俗特征的载体不是传统的通信工具书信，而是电话。电话是现代通信联系方式中比较常用的，我们这里选取电话作为代表通信联系习俗的载体，以期窥一斑而见全豹。

1）外国电话习俗

在国外，人们打电话都很注意自己的形象，往往要求家人接电话也要有礼貌。他们认为，即便是家人替接电话，也体现着本人的礼貌水平。他们往往把电话习俗写成规范条款，要求自己、家人和办公室秘书都要遵守。把注意事项写好给小孩儿看，也能培养小孩儿及早养成接听电话的好习惯。在电话旁摆上笔和便条纸，这样便于他人接打电话时作记录。

外国人强调亲自给别人打电话或回电话。他们认为亲自拨电话是礼貌行为，而请人拨号或等接通后再转接则是不礼貌的行为。当你很忙时，可以请秘书代拨电话，并且要求秘书用最简短的语言通话。"我是某某公司张总的秘书，张总想和李副总说话，请问他在吗？"在李副总接听前，张总应接过电话等候，否则就有可能让对方等候。打电话给对方却让对方等候，那是很不礼貌的行为。

电话联系事宜前要了解通话对方的工作特点，最好不要在对方很忙时联系。即使拨错了号码，也不要草率地挂断，应诚恳地向对方道歉。

对方使用答录机接电话时，要留下完整的信息，以便对方回电话。

有礼貌地回应过滤电话的人。你可能没有直接和对方本人通话的机会，但不要沮丧，如果事情紧急可告诉接电话的秘书，大部分接电话的秘书会判断处理它，且会对你有很大的缓和作用。因此，别人在过滤你的电话时，要诚实地作答，不愿留话是错误的行为。

不论你是第几次打电话给某人，都要告诉对方你的名字。这是外国通话最常见的习俗，与我国电话礼仪有所不同。

2）外国电话习俗注意事项

外国电话习俗注意事项很多。现就其基本内容概括出以下几点供参考：

（1）别让电话铃响超过四声，等铃响到第五声时，打电话的人会以为你不愿接电话；如果你家面积很大，离电话很远，最好装个分机。

（2）因公暂时无法接电话，请记住务必回电，最好当天就回，最迟也要48小时内回电。如果无法亲自回电，就找人代回，秘书应向来电者说明你本人不能尽快回电的原因。例如，"王先生的会议延长了时间，他交代绝不能打扰，有我帮得上忙的地方吗？"

（3）注意对方电话能讲多久，通电话有两种极端的人，一种是无聊的人，或喜欢用电话乱侃的人；另一种人是工作狂，他们行程安排得满满的，随时都有事务要处理，喜欢长话短说。对这两种人都要注意通话时间。

（4）定期打电话给寂寞或需要倾吐心声的人，这是关怀的表现。不过如果对方非常忙，就不要打扰他，如果必须打电话给他，应长话短说。

（5）多为年长的人着想，老人行动较慢，让电话铃响久些无妨。他们耳背，请讲慢点，你可直接问他们是否听得清楚。

（6）如果电话铃响时你有客人在场，别把客人丢在一旁去接电话，可告诉来电者你没空，等一会儿回电给他。

（7）办公室里他人打电话时应善于回避，别人接电话时，宜问对方是否不希望别人在场，如果他说没关系，请找本杂志看，否则，可借故暂避。

（8）通话时注意周围的声音。电话中要避免电视或音响发出特别大的声音，吃东西的声音和嚼口香糖的声音也要避免传入通话中。

（9）如果电话突然断线，打电话的人应再拨一次。

（10）临时必须挂电话，要做得有技巧。可以说个善意的谎言，如"对不起，有电话挂进来，我先挂了"。如果这个电话很重要，务必于一天内回电再谈。

案例窗5-2   地铁手机外放被开"罚单"，为何引发共鸣

"手机外放"的困扰，由来已久。南京地铁上一女子玩手机时将声音外放，恰巧被巡逻的地铁工作人员看到，于是给该女子开了一张"罚单"。据悉，南京地铁上早有提示不能手机外放。对此，南京地保办回应称，女乘客收到的是"告知单"，而不是"罚单"。

这则新闻引来网友共鸣："希望全国推广""公交车上也不能外放"——规范的场景不能限于一市一地或者一种公共场所；"建议对打电话太大声也管管"——规范的行为显然也不限于"外放"一种，与手机相关的"不文明行为"还有不少。显然，在国内智能手机发展了大约10年后，人们对手机的文明使用尚未建立起一套规范。这种社会面共识的缺乏成为困扰、争议甚至争吵的来源。

在几乎人手一部手机的今天，对手机等电子产品的规范使用也相当迫切。这似乎是一个新问题。但让我们稍微回想一下自己长期接受的道德教育——"不要在公共场所大声喧哗"，这一道德准则似乎已经根深蒂固地刻进我们的脑子里，那为何没有形成"不要在公共场所外放手机"的共识呢？

资料来源：孙小婷. 地铁手机外放被开"罚单"，为何引发共鸣［EB/OL］.［2023-12-15］. https://mp.weixin.qq.com/s/Kkkl0WhmVneTzdSZopuHmQ.

分析提示：这起事件突显了公众对在公共场所文明使用手机的迫切期望。随着智能手机的普及，手机使用行为已成为衡量社会文明程度的新指标。在公共场所，手机声音外放、大声打电话等行为不仅影响他人，而且破坏了公共秩序。南京地铁的"告知单"虽然只是警示，却传递出明确的信号：文明使用手机，维护公共秩序。与此同时，这起事件也反映出社会对于新的通信礼仪规范的持续关注。

启智润心 5-1　　　　　　　　　　循礼达意，联动时代脉搏

改革开放初期，电话并未普及，电报按字收费，价格昂贵，书信仍是人们主要的通信手段。收到家信的欢喜，寄出信后的期待，见字如面，纸短情长都是那个时代人们的美好回忆。

20世纪90年代，人称"大哥大"的移动电话在中国兴起。售价几万元的"大哥大"不仅仅是通信工具，更是一种身份的象征。1995年5月17日，中国电信管理机构正式宣布，向国内社会开放计算机互联网接入服务，第一代网民开始正式"触网"，MSN、QQ等即时通信软件陆续出现，电子邮件开始在中国普及。

进入21世纪，手机彻底完成了从"贵族"到"平民"的转变，从一种奢侈品演变成为现代人的日常生活必需品，海量的应用程序和飞速发展的网络使得智能手机迅速普及并进入生活的方方面面，订外卖、看电影、网购、出行等都可以通过一部智能手机解决。

从"见字如面"的书信到随时随地交流的微信，人们的通信方式发生了超乎想象的变化。变的是沟通的方式、传播的媒介，不变的是人与人之间那份真挚的感情。

资料来源：曹宇. 通信变迁：从见字如面到万物互联［EB/OL］.［2023-12-15］. https://news.cnr.cn/native/gd/20181220/t20181220_524456866.shtml.

核心素养：数字强国 和谐社会 幸福生活

学有所感：改革开放40多年来，中国通信业的飞速发展使得人们的生活越来越便捷。伴随着通信方式和媒介的迭代更新，新的社交礼仪也顺势而生。遵循社交礼仪的内涵和基本原则，规范使用通信工具，可以更好地传情达意，营造和谐社会的良好氛围。

●●● 本章小结

★ 涉外书信要注意四个要点：简洁而注重效率、收信人本位、记住AIDA原则、遵守5C原则。

★ 公务书信也叫公函，随着社会交往、经济生活的发展，已成为现代书信的重要组成部分。

★ 商务书信是开展商务活动或基于生产关系需要而书写的函件，其良好的效果有时是电话无法企及的。

★ 特种书信包括柬帖、贺卡、明信片等，除了具备普通书信要求外，更能突出书信的礼仪要求。

★ 电话的基本礼仪包括：注意语调，问答得体，在电话中留言，注意时差，使用中区别对象，尽量少传话和礼貌地结束。

★ 国际电话中，无论是叫号电话、叫人电话，还是传呼电话，都要注意使用时的

礼仪。

★ 移动电话（手机）要注意携带和使用礼仪，不在严肃、安静的环境中使用，不在飞机上使用，不在人多嘈杂的地方使用，更不能因使用而影响他人。

★ 数据通信是指依照通信协议，利用数据传输技术在两个功能单元之间传递数据信息。它可实现计算机与计算机、计算机与终端以及终端与终端之间的数据信息传递。在网络虚拟世界也必须讲礼仪，做到相互尊重，交往要诚信，幽默要适度，始终讲礼貌。

★ 熟知中外通信联系的习俗。

●●● 主要概念和观念

☐ 主要概念

涉外书信 商务书信 国际电话 数据通信

☐ 主要观念

书信礼仪 电话礼仪 网络礼仪

●●● 基本训练

☐ 知识题

5.1 判断题

（1）"你好！"只是书信通信联系的开头语。　　　　　　　　　　　（　　）

（2）"聘书"和"聘任书"是一回事，只是提法不同而已。　　　　　（　　）

（3）新年贺卡会使人感到特别温馨。　　　　　　　　　　　　　　（　　）

（4）网络通信联系更要注意礼仪修养。　　　　　　　　　　　　　（　　）

5.2 选择题

（1）收信人本位是指（　　）。

A.写信人考虑自己利益　　　　　　　　B.写信人站在对方的立场

C.全部接受对方条件　　　　　　　　　D.利己利人，促使外宾接受自己的提议

（2）打电话时要自报姓名的礼仪，一般用在（　　）。

A.通话过程中　　　B.开始通话时　　　C.中止通话时　　　D.结束通话时

（3）数据通信是（　　）与通信技术相结合而产生的一种通信方式和通信业务。

A.计算机　　　　　B.人　　　　　　　C.固定电话　　　　D.移动电话

5.3 简答题

（1）常用书信与私人书信是不是一回事？

（2）我国通信联系习俗用语有哪几类？

（3）电话礼仪和手机礼仪有何异同？

（4）通过网络手段与外宾沟通联系时，要注意哪些礼节？

☐ 技能题

（1）模拟演练办公室电话礼仪。

（2）写封致外国友人的贺信，注意涉外书信的礼仪要求。

随堂测验 5-1

判断题

随堂测验 5-2

选择题

随堂测验 5-3

简答题

●●● 观念应用

□ 案例题

不该偷看他人电子邮件

该事件发生在某公司驻莫斯科办事处。当时，一位部门经理发现，他根本没有看过的电子邮件怎么显示为已看过，于是将此事报告了总经理。总经理设计了一个圈套：要求莫斯科的朋友发一封电子邮件给这位部门经理，告诉他将有新的强大竞争对手要抢占先机。电子邮件发出后两三天，整个处里没有任何反应。总经理等待着偷看者报告这个重要信息。果然，偷看者忍不住了，认为自己立功的时刻到来了，他兴奋地向总经理报告了这件事。就这样，偷看者被挖了出来，并因此而被解雇。

问题：从该事件中你获得了哪些启示？

□ 实训题

运用所学的通信联系礼仪知识，给在外校学习的同学发一封假期小聚的电子邮件。

第 6 章
中外交通旅行礼仪

学习目标

知识目标： 懂得交通旅行礼仪在社会生活中的重要性，学习步行、乘车、乘坐飞机方面的交通礼仪知识和旅行住店、用餐等方面的基本礼仪。

技能目标： 掌握交通礼仪、住店礼仪的必备知识，熟悉旅行中乘坐交通工具及在私人家住宿的基本礼仪，养成交通旅行中自觉运用礼仪的习惯；能够自如地在交通旅行过程中遵循礼仪要求，从容应对各环节出现的不同情况，防范由于失礼对行程和工作可能造成的不良影响。

素养目标： 能够尊重他人并和他人和谐相处，建立和谐的人际关系。

第 6 章

思维导图

引 例　　　　严惩霸座乱象，让"好好坐高铁"成为共识

"我就是不走，你能拿我咋样？""我就不让"……对于高铁霸座者的"经典语录"，很多人想必都不陌生。那么，应对高铁不文明行为，真的"没办法"吗？

全国人大代表朱丽平针对在车站或列车上的占座霸座、越席乘车、酗酒闹事、禁烟区抽烟等不文明行为，提出了三点建议：一是借鉴上海、北京等地通过地方立法，将电子设备外放声音等不文明行为写入《轨道交通乘客守则》禁止性规定，通过立法或者制定行政规章等形式，对铁路车站不文明的禁止性行为予以明确；二是制定发布《铁路旅客文明出行公约》，将重点不文明行为纳入社会诚信体系；三是由铁路部门负责，进一步加强车站服务管理和文明出行宣传引导。建议提出后，获得不少网友点赞支持。

从霸座者挂在嘴边的"拿我没办法"，不难看出，很多时候，霸座、因吵闹引发冲突等不文明行为之所以无休无止，与违法违规的成本较低不无关系。一些乘客法治意识较为淡薄，再加上有时候相关管理部门对纠纷过于注重和解的思维，只会让不文明者更加肆无忌惮，误以为自己的不当行为不会带来什么严重后果。

不管是建议将重点不文明行为纳入社会诚信体系，还是将电子设备外放等不文明行为写入禁止性规定，都能有针对性地抬升违法违规成本，让不文明者为自己的行为付出代价，倒逼其约束好自身行为。

当然，制度完善后，落实执行也很重要。对于不文明行为，管理部门应该在第一时间就及时介入，制止不法行为，合理合法地定分止争。对于不文明者，该严厉惩治时决不能含糊，更不能一味"和稀泥"。

"好好坐高铁"不该那么难。出门在外，注意行为边界，不打扰、不越界，是对他人最基本的尊重，也应该成为最基本的社会共识。

资料来源：任冠青. 严惩霸座乱象，让"好好坐高铁"成为共识［EB/OL］.［2024-04-10］. https://news.youth.cn/gn/202403/t20240304_15112071.htm.

随着经济的发展和生活水平的提高，人们因公、因私在国内或海外旅行的机会也增多了。在旅途中，我们必须做到遵守社会的各项规定，守好社会道德底线。本章主要就旅行中交通和住店等方面的礼仪和习俗作些介绍。

6.1　交通礼仪

人们出行，无论是乘坐汽车、火车、轮船、飞机，还是步行，均离不开交通工具和交通设施。不管以何种方式出行，都必须有秩序意识、自律意识、互助意识、礼让意识。**交通礼仪**是指人们在出行中步行或乘坐交通工具时形成的行为习俗和规范。

6.1.1　步行的礼仪

无论外出到什么地方，借助何种交通工具，都离不开步行。在公共场所行走，更能体现一个人文明礼貌修养的程度。因此，步行的礼仪是交通礼仪的核心内容。

（1）遵守交通法规。城市的交通法规对行人和各种车辆的行驶均有严格的规定，每个人都应自觉遵守。过马路时，一定要走人行横道，不可随便穿越，不可低头猛跑，更不可翻越栏杆，要注意避让来往车辆，确保安全。在有信号指示或交通警察指挥的地方，一定要听从指挥。

（2）文明行路。人们常言："站有站相，坐有坐相。"在行走时，走路的姿态也要端庄，不要弓腰、低头，不要东张西望，不要摇头晃脑，不要边走路边吃东西，也不要哼着小调或吹着口哨。两人走路时，不要勾肩搭背。多人走路时，不要依仗人多而无所顾忌，不要高声说笑或横占半个路面而影响他人行走，应在人行道上自觉形成单队或双队。男女同行时，通常男子应走在女子的左侧，需要调换位置时，男子应从女士的背后绕过。当一名男子和两位以上的女士结伴而行时，男子不应走在女士们的中间，而应走在女士们的外侧。

在街上遇到熟人时不可说个没完，通常应点点头走过，或进行些简单的问候，或提出改日再约。交谈时不要站在路的中央，以免影响他人和车辆。如果遇到的是异性，更不要长时间交谈，确需长谈应另约地点。

在拥挤或狭窄的路段上行走应自觉礼让，特别是对年长者、妇女、患病体弱者一定要主动让路。

行走时以中速为宜，非紧急情况下不要猛跑。如果不小心碰到了别人或踩了别人的脚，要主动向对方道声"对不起"，即使对方态度不好也不要与其发生口角。别人撞了自己或踩了自己的脚应大度宽容，应主动向道歉者说声"没关系"，不可口出怨言，斥责对方。遇到残疾人不仅要主动让路，必要时还应主动上前搀扶一把，绝不可与其抢道，更不能以强欺弱无视公德。

行路途中除自觉遵守交通规则外，还应积极参与维护社会秩序，敢于和违法行为做斗争。遇到别人发生纠纷时，不要围观起哄，而应分清是非，化解矛盾，排解纠纷。

（3）问路要有礼貌。首先，应选择合适的对象，最好不要去问正在急行的人或正在与人交谈的人以及正忙碌的人。如果民警正在指挥车辆，也应尽量不去打扰。可寻找那些不是很忙的人打听。其次，问路时要礼貌地称呼对方，可根据对方的年龄、性别和当地的习惯来称呼，绝对不能用"喂""哎"等一些不礼貌的语气称呼对方。最后，当别人给予回答后，要诚恳地表示感谢，若对方一时答不上你的提问，也应礼貌地说声"再见"。

课堂互动6-1

如何理解"行不中道，立不中门"这句话？

课堂互动6-1

答案提示

6.1.2 乘车的礼仪

以车代步讲究效率，是现代社会的一个显著特点。由于乘坐车辆的类型不同，注意事项也有差异。

1）乘坐公共汽车的礼仪

公共汽车是城乡的主要交通工具之一。虽然各城市中公共汽车的数量都比较可观，但由于我国人口多、密度大，车内拥挤的现象普遍存在。只有大家共同努力、相互礼让、文明乘车，才会创造一个良好的乘车环境。

（1）按顺序上车。车到站时，要先下后上，自觉排队，不要拥挤。一般情况下，应遵守"男女有别，长幼有序"的公共准则。遇到残疾人及行动不便者，应主动给予帮助。绝不可凭借自己身强力壮，车尚未停稳，便推开众人往上挤，这样不仅显得十分野蛮，而且极不道德。

（2）文明乘车。上车后应主动买票或投币、刷卡。上车后，应尽量往里走，不要堵在车门口。如果里面还有座位，应先让老、弱、病、残、孕及抱小孩儿或带小孩儿的女士坐，不要抢占座位。如果你已坐在了座位上，遇到上述人员乘车，也应主动将位子让出。如果别人给自己让座，一定要表示感谢。在车厢内，人人都应做净化环境的使者，不要吸烟，不要随地吐痰，不要乱扔废弃物，更不要将废弃物扔向车外，以免砸伤行人。坐在座位上不要高跷二郎腿，不要将头或手伸出车窗外，以免发生危险。

礼仪小知识 6-1　　　　　　　　　　　**让座也是一种风度**

虽然公交车里贴着"请主动给老弱病残让座"的宣传标语，但很多时候宣传语却成了风景画。在车上，你会发现不让座的人，有一些还是学生。在课堂上他们经常接受"懂礼貌、讲文明"教育，但一出学校门就忘得一干二净。不让座的人，始终会脸朝车外看风景，对站在身边的老弱病残乘客，总是没有正眼看过，或许一旦看了，他们的脸会有些红。其实，"讲文明"应该体现在具体的行动中，还要时刻注意，让每一个动作都体现出一种风度，否则"讲文明"始终都是一句空话。

坐公交车时，主动让座不仅体现了你自己的素质，还向他人展示了文明新风尚。让座是小事，但是以文明的姿态去对待这样的一件小事，那就是一种风度。

（3）提前做好下车准备。车到站以前，应提前做好下车准备。如果自己不靠近车门，应先礼貌地询问前面的乘客是否下车，如前面乘客不下车，要设法与其调换一下位置。

2）乘坐火车的礼仪

火车是重要的旅行交通工具之一。良好的乘车环境需要大家共同努力，因此在乘车过程中，要讲文明、懂礼貌，多一分宽容，多一分礼让，这样不仅能减少许多不必要的麻烦，还能保持良好的心情，减轻旅途疲劳。

（1）自觉遵守候车规则。候车室是供旅客休息的公共场所，候车时应注意以下几点：①爱护室内的公共设施。②不要大声喧哗。③携带的物品应放在座位下或座位前，不抢占或多占座位。不要躺在座位上使别人无法坐下休息。④保持候车室卫生。禁止吸烟，应主动把废弃物扔到果皮箱内，不随地乱扔东西，不随地吐痰。⑤检票时要自觉排队，不乱拥乱挤，要有秩序地上车。

（2）按要求放好行李。所带行李应放在行李架上，不要放在过道里或小桌上。长途旅行携带的行李通常较多，乘客间要相互照顾，合理使用行李架，放、取行李时应先脱掉鞋子再站在座位上，以免踩脏别人的座位。自己的行李要摆放整齐，尽量不压在别人的行李上，如果不得不放，也应征得别人的同意。

（3）自觉维护车厢环境。不要随地吐痰，不要在车厢内吸烟，不要毫无顾忌地打喷嚏。没有特别原因不要在车厢狭窄的过道上走来走去，坐在座位上不要把脚伸到过道上。不要把果皮、残剩食物及废弃物抛向窗外或在车厢内随地乱扔。不要在车厢内大声说话，不管谈的是工作上的事、家中的事，还是闲聊。

（4）邻座之间友好相处。长途旅行，与邻座的旅客有较长的时间共处，有兴趣时可以共同探讨一些彼此都乐于交谈的话题，但交谈前应先看清对象。与不喜欢交谈的人谈话是不明智的，和正在思考问题的人谈话也是失礼的。即使与旅伴谈得很投机，也不要没完没了，看到对方有倦意就应立刻停止谈话。注意谈话中不要问对方的姓名、住址及家庭情况，这些不是好的交谈话题。如果阅览别人的报刊或使用邻座的物品，应先征得对方同意，不可随便取用。别的乘客看报刊时，不要凑上去瞧。

（5）礼貌道别。到达目的地后，拿好自己的物品有礼貌地与邻座旅客道别，有序下车，不要抢道造成拥挤。

3）乘坐轿车的礼仪

由于轿车（包括小型面包车）车型的特殊，一些约定俗成的礼节较多，上车次序、座次也比较讲究，对此多一点了解可使自己的行为更显得彬彬有礼。

（1）了解上、下车的先后顺序。同女士、长者、上司或嘉宾乘双排座轿车时，应先主动打开车后排的右侧门，请女士、长者、上司或嘉宾就座，然后把车门关上，自己再从车后绕到左侧打开车门，在左座坐下。到达目的地后，若无专人负责开启车门，则自己应先从左侧门下车后绕至右侧门，把车门打开，请女士、长者、上司或嘉宾下车。由主人亲自驾车时，出于对乘客的尊重，主人可以最后一个上车，最先一个下车。这是常礼，并非一成不变，有时候亦可顺其自然，不必过于谦恭。

（2）注意车内言谈举止。在轿车行驶过程中，乘车人之间可适当交谈，但不宜过多与司机交谈，以免司机分神。话题一般不要谈及车祸、劫车、凶杀、死亡等令人晦气的事，也不要谈论隐私性内容及一些敏感且有争议的话题；可以讲一些沿途景观、风土人情或畅叙友情等能够令人高兴的事，使大家的旅行轻松愉快。举止要文明，不要在车内吸烟，因为车内空间相对封闭，容易使空气污浊。不要在车内脱鞋赤脚，女士不要在车内整衣化妆，男女之间不要在车内打打闹闹或表现得过分亲热。不要在车内吃东西，不要在车内吐痰或向车外吐痰，不要通过车窗向车外扔废弃物，这样有失风度和有损社会公德。

▬▬▬● 礼仪小知识6-2　　　　　　　　　　　　　　　**驾车礼仪**

如果亲自驾车，应当自觉遵守交通规则，文明驾驶，表现出良好的风度。要注意礼让、考虑别人，要了解各个路段的时速限制，注意路上的交通标志，集中精力、谨慎驾驶。路口的红绿灯信号是绝对要遵守的。如果遇到红灯，即使没有一个行人或车辆通过路面，也不能闯过去。当红灯变绿时，不要抢行，不要对着车前的行人猛按喇叭，否则不仅会使对方受惊吓，还易使对方在紧张慌乱避让中闯入另一车前而发生危险。喇叭应尽量在遇有情况时使用。如拐弯转道，应提前打开转向灯。下雨天开车，要尽量慢行，尽量避开水坑，以免使污水溅到行人身上。道路拥挤或车辆堵塞时，应自觉循序而行或耐心等候，绝不可从车队中脱离出来超越前面的车辆把道路堵死，使对面的车辆也无法通行。在快、慢车道分明的公路上行车，应根据自己的情况合理选择，既不要在快车道上开"蜗牛车"，也不要在慢车道上开"飞车"，还要注意不要来回频繁变换车道，影响后面车辆行驶。夜晚开车时要适时变换远近灯光，绝不可一直用远光直射对方。需要停车时，应到允许停放的地方停放。停车时不要占用两个停车位，不要挡住车道及出入口。车内的废弃物、瓜果皮、塑料袋、空瓶空罐等，均不要往车外乱扔，要先放在一起，等找到垃圾箱后再行处理，无论何时何地，乱扔垃圾都是极不文明的行为。

资料来源：杨眉. 现代商务礼仪［M］. 大连：东北财经大学出版社，2013.

4）乘地铁、电梯的礼仪

乘坐地铁的礼仪：临窗的座位为上座，临近通道的座位为下座。与车行驶方向相同的座位为上座，与车辆行驶方向相反的座位为下座。如果车上乘客座位分列于车厢两侧，而使乘客面对面而坐，应以面对车门一侧的座位为上座，以背对车门一侧的座位为下座。

乘坐电梯的礼仪分两种情况：第一种是在公共场合如商场、车站、地铁出口等场合的乘电梯礼仪；第二种是单位内部的乘电梯礼仪。对于第一种情况，国际上有一条约定俗成的礼仪，就是"右侧站立，左侧急行"。在乘坐扶梯时，没有急事的人自觉靠右侧站立，将左侧通道留给有急事的乘客通行。这样不仅保证了电梯运行秩序，还体现了一个城市市民的文明素质。第二种情况乘电梯的礼仪是：①上下电梯见到公司主管或来宾，可点头微笑致意。②电梯门开，可进入时，应迅速入内。③进入电梯后，有人接踵而至时，则应先按下开门的按钮。④倘若是最后一名入电梯者，为节省时间，可按下关门的按钮。⑤电梯门关后，除按下自己要抵达楼层的按钮外，同时也应热心询问同行者要抵达的楼层并代为按钮。⑥务必谨遵电梯搭载人数的限制。见有超载的可能时，不应强行入内，否则待铃响才退出，便会使自己尴尬不已。⑦抵达目的地后，如电梯中人太多，就应向别人致歉，并挤出人群快步走出电梯，而绝不可一言不发地突然推开人群，独步而行。⑧当与顾客或上司乘电梯时，应考虑到地位的尊卑，可请年长位尊者先出电梯。需要时，可扶持照顾其上下出入电梯。

课堂互动 6-2

答案提示

课堂互动 6-2

怎样陪来客乘电梯？

6.1.3 乘坐飞机的礼仪

飞机是目前世界上最快捷的交通工具，有速度快、时间短、乘坐舒适等特点，很适合人们的旅行。由于空中旅行和地面旅行有许多差异，因此有些事项应引起特别注意。

1）提前办理登机手续

登机手续比较严格且较为复杂，应提前办理。乘坐飞机，至少应在飞机预定起飞时间前一个小时至一个半小时到达机场，在这段时间里要核查机票、办理行李托运手续，还需要进行一些必要的登记和安检。时间充裕才会从容不迫，忙而不乱。

2）妥善处理携带的行李

携带行李应尽可能轻便。国际、国内航班对行李的重量均有严格的限制，行李超重不仅提取麻烦，而且须交纳费用，因此尽量少带为宜。随身携带的行李，登机后可将其放到置物架上，放置时应避免把置物架塞得过满，导致其他乘客行李无处可放。不可将行李放在座位上，更不能占用其他乘客的座位。

3）遵守规定，文明乘机

飞机飞行期间，乘客应严格遵守有关规定。当"系好安全带"的信号灯亮时，要迅速系好安全带。如果你恰好正在盥洗室，应尽快回到座位上系好安全带。你的座位在"禁止吸烟"区，就应自觉遵守，自我克制。在飞机上使用盥洗室或厕所应尽量少占用时间，使用完毕要保持其清洁，任何地方都不要留下令人不愉快、不整洁的痕迹。要尽量避免做让人反感的事，例如，不要突然放下座椅靠背，放靠背前应先回头看一下后面的人，让后面的人有所准备；不要用力将托板推回原位，以免这种震动使前面的人吓一跳；不要不断地碰撞别人的座位；有跷二郎腿摇摆或颤动习惯的人，最好主动要求坐在靠通道的座位上，这样可避免影响他人。

4）尊重乘务人员的劳动

飞机飞行中，乘务员会为乘客提供服务，如送饮料、食物或报纸等。在接受服务后应向乘务员道声"谢谢"或点头致谢意。无特殊事情，应尽量不要麻烦乘务员，因为乘务员担负着为所有乘客服务的职责。如果有事确需乘务员帮助，可向乘务员招手示意，不可大声呼叫。

6.2　住店礼仪

宾馆是为旅客提供住宿和餐饮服务的场所，常被人们称为旅客的"家外之家"。在这里，旅客所得到的住、食、娱乐、购物、健身、美容、会议、通信、打字复印等一系列服务，都是由服务员来提供的。旅客应珍视这种服务，尊重服务人员的劳动。身居宾馆，要自觉遵守宾馆的规章制度，做一个有礼貌的住客。

6.2.1　入住客房礼仪

客房是客人临时的家，是为客人提供休息的场所。在我国，入住客人一般须出示居民身份证等有效证件，然后办理住宿登记等手续。在一些发达国家，大都是先预订房间，到达后，只要说出自己的姓名，然后在登记册上签名即可。根据工作需要，亦可在房间办公、举行小型会议、洽谈业务或会友。不论将客房作为休息场所还是临时办公地点，掌握入住基本规定，对自己、对工作都是十分有益的。

1）入住客房的一般礼节

几乎每家宾馆在客房内都备有"客人住宿须知"，入住后应尽早阅读，了解具体的内容，并自觉遵守有关规定。

（1）爱护客房内设施。宾馆客房内备有供旅客生活使用的各种常用物品，如桌、椅、灯具、电视、空调以及洗漱和洁具、浴具等设施，使用时应予以爱护，别用力拧、砸、敲。如不慎损坏应主动赔偿，故意破坏房内物品或损坏了物品不声不响，甚至把房内不属于自己的东西随意拿走等做法都是违背社会公德的不文明行为。

（2）注意内外有别。室内着装，可相对随便。走出房间，则要衣着整齐，不可穿着背心、短裤、睡衣、拖鞋等在走廊或宾馆内外的公共场所游逛。不可窥视他人居住的房间。如同室还有其他客人，出入房间应随手关门，不要将房门大开让外人一览无余。休息的时候，可在门外悬挂特制的"请勿打扰"的牌子。到别的房间会客或找人，应提前预约，到达后应按门铃或敲门，不经允许不可擅自入内。

（3）保持室内卫生。在客房内衣物和鞋袜不要乱扔乱放。废弃物应投入垃圾桶内，也可放到茶几上让服务员来收拾，千万不要扔进马桶里，以免堵塞影响使用。吸烟者不要乱弹烟灰、乱抛烟头，以免烧坏地毯或家具，甚至引起火灾。出门擦鞋应用擦鞋器，用枕巾、床单擦鞋是不道德的行为。

课堂互动 6-3

答案提示

课堂互动 6-3

怎样才能不影响他人休息？

（4）尊重服务人员的劳动。宾馆内的服务一般都是比较周到的，服务员每天会按时打扫房间，整理床铺，洗刷脸盆、浴缸等。对服务人员的服务应以礼相待，不应表现出傲慢甚至鄙视。当服务人员来房间送水或打扫卫生时，要起身相让，不可无动于衷。服务人员离去时，应表示感谢。当遇到一些特殊情况，如有客人来访而服务人员恰好这时要来打扫房间，如果你觉得不方便，可以有礼貌地请服务人员过一会儿再来打扫。

2）女性客房办公注意事项

公务活动并非都得在会议室或大厅里举行，在房间里举行公务会议或约人洽谈亦无不可，但女性在房间进行公务活动时应注意如下事项：

（1）仪表端庄。在客房里应穿着整齐、梳妆得体。不能穿睡衣或过短、过透、过露、过紧的衣服，不应穿拖鞋，更不应赤脚，不应面无妆色、头发凌乱。如果与单身异性洽谈，最好把门打开或留个缝隙，万不可将门锁上，以免造成不必要的误会和麻烦。

（2）房间整洁。应在客人未到前将房间整理好。个人所用物品最好先收起来，餐盘等物品请服务员收走。如果天气不是太冷，可打开窗户通通风，保持房间内空气清新。

（3）预备茶水。作为主人，应为前来的客人适当备些不含酒精的饮料或茶水，也可适当备些水果或瓜子。

（4）活动内容明确具体。活动内容应事先草拟明确、具体的计划及预期达到的目的。所有话题应紧紧围绕活动内容进行，不可无事闲聊，因为这既浪费自己的时间，又浪费别人的时间。更不可随便改变活动内容，让别人觉得你办事草率或欠妥。

6.2.2 旅宾餐厅用餐礼仪

旅宾餐厅是住宿旅店、宾馆的客人就餐的场所。用餐举止得体、姿态优美，历来被认为是衡量一个人文明修养水平的标准之一。注意用餐礼仪，不仅能反映出一个人的修养程度，而且在公共场合也显示了对他人的尊重与否。

1）餐厅就餐礼仪

来到餐厅，可由服务人员引领到餐桌前就座，如无服务人员引领，亦可自己找个合适的位子坐下。不要在餐厅内乱转、来回调换餐桌或东张西望，也不要在餐厅的镜子前梳理头发、涂抹口红、整理衣服等。

入座后，如带有手提包，不应放在餐桌上，而应放在自己的腿上或椅子靠背的前面，这样既不影响进餐和服务员操作，又能保持良好的坐姿。等待用餐期间可与同席的人随便进行交谈，不可旁若无人，更不可显出迫不及待的样子，也不要摆弄餐具，比如敲碟子、碗等。

用餐时应注意举止文明，树立良好的进餐形象。正式宴会用餐都比较讲究，从餐具的使用、夹菜吃菜到饮酒品茶，都应注意自己的姿态形象。特别是吃西餐时，更要注意餐具的使用及菜肴的吃法。不会时可先看后动，千万不可操之过急，想当然为之，以免惹出笑话，令自己尴尬。

饮酒一定要适度，不可过量。过量饮酒不仅容易办错事情、耽误工作，而且常会失态，很不雅观。如果饮烈性酒，更应该节制。饮酒适度，既显得对自己负责，也避免给别人留下嗜酒的印象。

━━━● 礼仪小知识6-3   餐厅就餐时使用手机礼仪

不要在餐厅里大声打电话。随着手机的普及，多数人都随身携带手机，但在餐厅进餐时，除非有要事，一般最好是关闭手机。若必须接打电话，应走开一些，找个僻静处通话。不可在餐厅里当着众人高声喊叫，这是对别人的一种干扰。

2）女性单独旅行在外进餐礼节

女性单独旅行在外时难免要一个人就餐，就餐时应自然大方、泰然处之，但在就餐场所的选择上，应尽量不要到酒吧、夜总会等娱乐气氛较浓的地方去进餐。进入餐厅应抬头挺胸，脸上带着愉快的表情。公文包或文件夹应与你相伴，这是你身份的象征，它会告诉人们你是因为公务而单独就餐的。点菜后，可不妨拿出一两份文件来看，一方面可利用餐前时间抓紧工作，另一方面还可免除自己独坐的冷清。但此时你一定要记住，不要老是埋头苦读，应不时抬抬头，否则在别人看来，可能会认为你很自卑，不敢面对他人。如果有陌生的男士到你的桌旁很有礼貌地询问"可否与你同桌"时，若你觉得这样并无不便，可以同意。

3）就餐中对待不愉快事情的礼仪

就餐时常会有不顺利或令你不愉快的事情发生，这时正是考验你的素质和修养的时候。每当遇到这类不愉快的事情时，应谨记下列要点，沉着应对：

（1）不要怒气冲冲、大发雷霆。因为这样不仅解决不了任何问题，还会给解决问题带来更大的麻烦。因此，要沉着应对，设法解决问题。

（2）要心平气和，文明说话。说话不要夹带脏字或有辱他人自尊心的词语，因为发生此类事情往往并非他人存心所致，并且他也在努力弥补。

（3）不要无端责备他人。由于他人的过失，责备无端受过的人，这是非常缺乏修养的表现。事情可能发生在某个部门或某人身上，不能认为所有的人都犯了错误，对谁都可以大发脾气。

（4）迅速忘掉不愉快的事情。发生了不愉快的事情后，不论事情如何解决，都不要喋喋不休，一直抱怨。

（5）提出的建议要客观公正。如果有些事情确实让你不满意，你可以向宾馆方面提出你的意见或批评，或写一封信给总经理。

6.2.3 旅行备品及携带礼仪

旅行中，除了携带一些生活用品之外，还应携带一些对于一般人来说可有可无，但对于自己来讲却是必备的物品。这些物品只有随身携带，才能有备无患。这就是商务人员应当"时刻准备着"的物品，简称备品。这些备品，在旅行时不仅要随身携带，而且还要注意携带和使用时的礼仪。

1）业务资料

业务资料是商务人员自我展现的有效装备。在通常情况下，顾客是通过商务人员对商品的介绍来认识了解商品的。如果商务人员仅是纸上谈兵，而没有直观的实物或资料，则难以吸引顾客并激起他们的兴趣及好奇心。事先准备好详尽的资料，需要时摆在客户的面前，无须滔滔不绝地游说，客户心中自然会对你产生几分信任。一般情况下，需携带的业务资料主要有：①样品，即商品实物，给客户示范、试用，以吸引客户。②产品说明书，即商品的文字、图片等说明资料，让客户对商品有更详尽的了解。③同类商品厂牌目录。④商品价目表。除印有本公司出售商品的价格外，还应备有其他公司同类产品的价格，以便于客户比较。⑤统计资料和图表。专门制作有关产量、销量、质量、出口量、市场占有率、销售服务网点等内容的统计资料或图表，使客户对商品或企业有更进一步的了解。⑥客户名单一览表。有可能的话，应将购买并使用本企业商品的客户名单整理成册（张），可起到加强说服力的作用。⑦企业介绍及公众舆论对本企业及企业产品的评价材料。权威机构的评价、报纸上的宣传、客户提货时兴高采烈情景的照片等。⑧合同。随时准备同客户成交签约。

商务人员如能将上述业务资料准备齐全，对客户提出的问题就可以给予比较满意的答复，客户就能放心地订购你的商品。业务资料包括内容较多，属文字、图片类的可用专用的文件夹或放在公文箱内，一定要保证资料详尽、整洁；属实物类的，应注意既要包装美观，又要携带方便。不论是文字、图片业务资料，还是实物类资料，都应做到配合时机伸手可取。尽管这是个微不足道的小技巧，却能显示你是个能干的人，避免需要业务资料时，乱翻一气而找不出来的尴尬。现在有了手提电脑，许多业务资料的携带更加方便了。

2）办公备品

办公备品指的是商务人员在处理公务的时候，经常需要使用的一些备用品，主要有公文包、名片、钢笔、记事本、计算器等。无论在什么场合，一旦用到，商务人员都能"信手拈来"，由此所展现的细致、严谨、认真的工作作风，不单单是专业素质问题，它常常会让人产生一种可信赖的感觉，增强进一步合作的愿望。

（1）公文包。公文包，顾名思义，即用来盛放办公用品、文件资料，携带方便的外用包。它不仅具有较强的实用性，而且还是一种明显的职业标志，是商务人员活动中密不可分的良伴。

第一，公文包的选择。选择合适的公文包要注意5个方面：①公文包质地的选择。公文包以皮质为宜，牛皮包档次较高，羊皮包次之，猪皮包稍差；尼龙包、布包、塑料包等款式再好也不宜作公文包用。②公文包大小的选择。公文包的大小主要依据商务人员工作时所需携带物品的多少而定。携带物品少，可选择体积小的包；反之，可选择体积较大的包。但应注意，一般情况下，避免同时使用两只公文包。③公文包颜色的选择。公文包以黑色或棕色为主，也可参考自己所穿皮鞋的颜色，能同皮鞋的颜色一致，就显得比较协调。④公文包形状的选择。公文包应以长方形为主，应避免使用圆形包、椭圆形包、六角形包以及各种异形包。⑤公文包款式的选择。手提式、夹式、箱式公文包都是商务人员理想的款式用包，可根据需要选择；而那些挎式、肩背式、腰带式、拖拉式箱包，可分别在社交、旅游等场合使用。需要特别注意的是，出境时不得带仿冒名牌的公文包，因目的地海关对此查处得非常严格。

第二，正确携带公文包。根据公文包款式的不同，可采用夹、提等携带方式，不要随便肩扛、肩背，甚至提在手中乱甩。在街头行走时，注意不要用包撞人。出门做客时，公文包不可乱放，应放在自己身旁，可随时取用。

（2）其他办公用品。

①名片。需携带的名片应放置在专门的名片盒内，对方赠送的名片，根据自己工作的需要分类后，放入专门的名片夹或名片册进行保存。名片的用途及使用的礼仪，参见第4章的相关内容。

②钢笔。常言说：好记性不如烂笔头。现实生活中能过目不忘的人毕竟是极少数，何况商务人员工作中需要记忆的各类信息及数据又实在太多，如人名、地名、价格、规格、型号、电话号码等，如果不能及时将其记录下来，过后很可能因忘记而误事。随身携带钢笔，把一些有用的、有价值的信息随时、随地记录下来，就可以有效避免上述情况的发生。钢笔的款式要大方，颜色以素雅为宜，墨水的颜色应一致。

③记事本。使用记事本，对一些重要的信息，可以随时记在上面，以便于日后查找。记事本要随身携带，以方便记录与工作有关的事情。记事本以实用、雅观为原则。现在市面上有一种每年一册的工作手册，大都一天一页，有的还可以用它来精确地安排每一小时的工作，用它代替记事本，既经济又实用。记事本一般应放在随身携带的公文包内。

④计算器。市场竞争，实际上是利益之争，而利益又是在数字上体现出来的，在数字的计算上，口算、心算、笔算都难以准确无误，若随身携带一个计算器就相对方便多了，它既省时间，又能提供准确可靠的数据。计算器可放在随身携带的公文包内，体积小的，也可放在衣服的口袋里。

6.3 中外交通旅行习俗

无论是在国内还是在国外旅行，尽可能多地了解旅行目的地的习俗，对我们顺利旅行是很有帮助的。

礼仪小知识6-4   **言传身教，文明出行**

一位宁波妈妈究竟做了件什么样的暖心小事，把从业多年的东航空姐给感动了？今天傍晚，空姐陈女士在朋友圈记录下这个动人瞬间："今天头等舱上来一位独自带孩子的妈妈，她们还没上来时我就觉得宝宝很可爱，飞机起飞后这位妈妈还送给我一袋小小的礼物，我连忙感谢她。整个航程中宝宝非常乖，没有大声喧哗，只是偶尔叫过我几声阿姨，大部分时间都在安静地看书或是ipad……"

让空姐感动的，是这位妈妈送的小礼物。里面是耳塞和两颗糖果，礼物虽轻，但最动人的是背面打印的那段话——"你好！我是来自宁波的Wendy，我刚刚一岁半。这不是我第一次出门旅行了，可是独自带我的妈妈还是担心我的哭闹会打扰到您，毕竟飞机气压变化会让我感到很烦躁。在公共场合打扰到别人的可不是好孩子，我会尽力保持安静的。这里有耳塞和小糖果，希望能减轻你的困扰。Wendy祝你旅途愉快哟！"

记者联系上空姐陈女士，她说事情发生在今天宁波飞西安的MU2357航班，一位妈妈带着个小女孩坐飞机，因为担心孩子会吵闹而打扰到周围休息的客人，她给在头等舱的其他旅客每个人都发了一份礼物！

资料来源：沈之蓥.不得不赞！这位宁波妈妈做了件暖心事 空姐都被她感动了.[EB/OL].[2023-12-15].http://news.cnnb.com.cn/system/2017/09/25/008683236.shtml.

6.3.1 中外交通习俗

到外国去旅行，与外国人交往应酬，不免涉及交通礼仪。具体而言，交通礼仪可以分为步行的礼仪、乘车的礼仪、乘机的礼仪三个主要方面，下面将对它们分别予以介绍。

1）世界各国步行的礼仪

有关步行的礼仪，是旅行礼仪的核心内容。具体而言，它涉及一个人行走时的各个环节。就重点而论，应当特别关注下述几点：

（1）要注意步行时的仪态。步行仪态要做到庄重而优美，就应当按照体态体姿礼仪中"行"的要求去做，注意克服不雅的仪态。不雅的仪态主要有如下七种：一是上看下看，左顾右盼；二是东跑西颠，方向叵测；三是驼背弯腰，缩脖摆胯；四是连蹦带跳，手舞足蹈；五是摇摇晃晃，东倒西歪；六是跑来跑去，虚张声势；七是走路带响，震耳欲聋。此外，要尊重当地的风俗习惯。比如在西班牙，女士上街需要戴耳环，如果没有戴耳环，那就像正常人没穿衣服一样，会被人笑话的。在印度、尼泊尔、缅甸等国，牛是神明一样的"神牛"，在街上步行遇到"神牛"时，要回避、绕行。

（2）要注意步行的方位。任何人走路，都会碰上前、后、左、右的方位问题。在外行走时，需要注意的步行时的方位问题，主要包括交通规则和国际惯例两个方面。

第一，与交通规则有关的方位问题。在任何国家，每个人都有遵守交通规则的义务。要遵守交通规则，首先就必须对其有一定程度的了解。在世界各国，与步行方位有关的交通规则主要有两类：一类是具有普遍性的交通规则，它们在世界各国广为通行，并无二致。比如，横穿马路时，必须依照规定，要走过街天桥、地下通道，或是走人行横道。不允许随意穿行马路，或是跨越隔离栏。在通过人行横道时，要注意交通指示灯，并且严格地遵守"红灯停、绿灯行"的惯例。在街道上行走时，一定要走人行道。在机动车道上走来走去是违规的行为。另一类则是具有特殊性的交通规则。它们往往适用于某些国家，在另外一些国家则不一定适用。例如，就行进方向而言，目前世界上就存在着两种模式：一种称为"英式"，以英国为代表，行进时要求居左而行；另一种则称为"美式"，以美国为代表，行进时要求居右而行。另外，有的国家往往会划出一些道路作为专用通道，如仅供盲人专用的"盲道"。还有一些国家会对外国人划出一些禁区，禁区是不可擅闯乱行的。

第二，与礼仪惯例有关的方位问题。与他人同时行进时，居前还是居后，居左还是居右，是同礼仪直接相关的。

（3）要注意步行时的禁忌。在国外，步行时既要遵守礼仪，更要避免某些易于惹来麻烦、导致误会的禁忌。在一般情况下，在下述几个方面尤其应当防微杜渐，谨慎从事：①忌行走时与他人相距过近，尤其是要避免与对方发生身体碰撞。万一发生了这种情况，务必及时向对方道歉。②忌行走之时尾随于其他人身后，甚至对其窥视、围观或指指点点。在不少国家里，此举会被视为"侵犯人权"，或是"人身侮辱"。③忌行走时速度过快或者过慢，以至于对周围的人造成一定的不良影响。④忌在私人居所附近进行观望，或擅自进入私宅或私有的草坪、森林、花园。此举在一些国家被定为违法之举。⑤忌一边行走，一边连吃带喝，或是吸烟不止。那样不仅自身失仪，而且还会有碍于他人。⑥忌与成年同性在行走时勾肩搭背、搂搂抱抱。在西方国家里，只有同性恋者才会这么做。

■═━● 礼仪小知识6-5　　　　　　**中国公民出境旅游文明行为指南**

为提高公民文明素质，塑造中国公民良好国际形象，中央文明办、国家旅游局联合颁布了《中国公民出境旅游文明行为指南》。外交部领事司谨提醒每位公民出境旅游时要努力践行指南，克服旅游陋习，倡导文明旅游行为。该指南内容如下：

中国公民，出境旅游，注重礼仪，保持尊严。

讲究卫生，爱护环境；衣着得体，请勿喧哗。

尊老爱幼，助人为乐；女士优先，礼貌谦让。

出行办事，遵守时间；排队有序，不越黄线。

文明住宿，不损用品；安静用餐，请勿浪费。

健康娱乐，有益身心；赌博色情，坚决拒绝。

参观游览，遵守规定；习俗禁忌，切勿冒犯。

遇有疑难，咨询领馆；文明出行，一路平安。

2）外国乘车习俗

在国际交往中，不论是乘坐轿车、公共汽车、火车还是地铁，都要遵守相关的礼仪。有关乘车的礼仪，主要包括乘车时的座次与礼待他人两个方面的内容。

（1）乘坐轿车座次习俗。乘坐轿车时，因其档次较高，较为舒适，因而座次礼仪更为讲究。确定轿车的座次，关键要看乘坐何种车辆。轿车的类型不同，乘车时座次的排列便大为不同。

乘坐四排座或四排座以上的中型或大型轿车时，通常应以距离前门的远近来确定座次。离前门越近，座次越高；离前门越远，座次越低。换而言之，应当以前排，即驾驶员身后的第一排为尊，其他各排座位由前而后依次递减。而在各排座位之上，则又讲究"右高左低"，即座次的尊卑，应当从右而左依次递减。可归纳为：由前而后，自右而左。

乘坐双排座或三排座轿车时，座次的具体排列，则又因驾驶员身份的不同而不同，而具体分为下述两种情况：

第一，主人亲自驾驶轿车。在这种情况下，双排五座轿车上其他的四个座位的座次，由尊而卑依次应为：副驾驶座、后排右座、后排左座、后排中座。三排座轿车其他座位又有两种情况：①三排七座轿车，其他六个座位的座次由尊而卑依次应为副驾驶座、后排右座、后排左座、后排中座、中排右座、中排左座。②三排九座轿车，其他八个座位的座次由尊而卑依次应为（假定驾驶座居左）前排右座、前排中座、中排右座、中排中座、中排左座、后排右座、后排中座、后排左座。当主人亲自驾车时，若一个人乘车，则必须坐在副驾驶座上，若多人乘车，则必须推举一个人在副驾驶座上就座，不然就是对主人的失敬。

第二，专职司机驾驶轿车。在这种情况下，双排五座轿车上其他四个座位的座次，由尊而卑依次为：后排右座、后排左座、后排中座、副驾驶座。三排座轿车其他座次也有两种情况：①三排七座轿车，其他六个座位的座次由尊而卑依次应为：后排右座、后排左座、后排中座、中排中座、中排右座、中排左座、副驾驶座。②三排九座轿车，其他八个座位的座次由尊而卑依次应为（假定驾驶座居左）：中排右座、中排中座、中排左座、后排右座、后排中座、后排左座、前排右座、前排中座。根据常识，轿车的前排，特别是副驾驶座，是车上最不安全的座位。因此，按惯例，在社交场合，该座位不宜请妇女或儿童就座。而在公务活动中，副驾驶座，特别是双排五座轿车的副驾驶座，则被称为"随员座"，循例专供秘书、翻译、警卫、陪同等随从人员就座。

此外，乘坐公共汽车、火车时，往往要对号入座，座位可供选择的余地并不太大。比较而言，虽然有关座次的讲究相对较少，但也有些基本的规矩。一般是临窗的座位为上座，临近通道的座位为下座；与车辆行驶方向相同的座位为上座，与车辆行驶方向相反的座位为下座。在有些车辆上，乘客的座位分列于车厢两侧，而使乘客对面而坐。在这种情况下，应以面对车门一侧的座位为上座，以背对车门一侧的座位为下座。

知识拓展 6-1

出差坐车见涵养

（2）乘坐其他车辆待人习俗。在乘坐车辆时以礼待人应当落实到乘坐车辆时的许多具体细节上。在国际交往和旅行中，特别需要注意下列四个方面的问题：

第一，上下车先后顺序。在国际交往中，尤其是在许多正式场合，上下车的先后顺序不仅有一定的讲究，而且必须认真遵守。按照惯例，乘坐轿车时，应当恭请位尊者首先上车，最后下车。位卑者则应当最后登车，最先下车。后者这样做的目的，是便于照顾前者。在轿车抵达目的地时，应有专人恭候在此，并负责拉开车门寻找座位，照顾位尊者。

第二，就座时相互谦让。不论乘坐何种车辆，就座时均应相互谦让。争座、抢座、不对号入座，都是非常失礼的。在相互谦让座位时，除对位尊者要给予特殊礼遇之外，对待同行之人中的地位、身份相同者，也要以礼相让。

倘若座位有尊有卑，座位所处的具体位置有好有坏，或者座位不够时，应当请妇女、儿童、老年人、残疾人或身体欠佳者优先就座。即便对方不认识自己，在必要的时候，也应当自觉地让座于人。在让座时，应当表现得大大方方、光明磊落，不要虚情假意、拉拉扯扯。倘若对方让座于自己，则不论对方与自己相识与否，均须立即向对方致谢。

第三，乘车时要严于律己，应注意下述几点：①在乘坐车辆时，切勿携带违禁物品。②上下车的时候，与其他乘客要相互礼让，排队依次而行，千万不要争先恐后，排队加塞，或是翻窗入席。③乘车期间，不要多占座位，或在不属于自己的座位上就座。④在放置私人物品时，应当不对其他人构成影响。⑤在车上切勿当众更衣、脱鞋，或是吸烟、吐痰。⑥废弃之物应当放在指定之处，不要扔在地上或抛到车窗之外。⑦带小孩儿时，应对其严加看管，不要让他随地大小便，或骚扰其他人。⑧不论是行动或交谈，均不得影响别人的休息。⑨不要在车上吃气味刺鼻的食品。

第四，要做到以礼敬人。需要注意的礼仪问题主要有：①在上下车时，如需别人让道，应当先向对方说一声："对不起，请让一下。"在对方让道之后，则还应再说一声"谢谢"。②万一碰撞、踩踏了别人，要立即向对方道歉。若他人为此而向自己道歉，则应当说"没关系"。寻找座位时，如打算坐在他人身旁，应当先问一下对方"这里有没有人"，或是"可以坐在这里吗"。③在放置私人物品时，如有必要挪动他人之物，务必首先征得对方的同意。④在自己的座位上就座后，应主动向周围不认识的人问一声好。当别人这么做时，应当予以呼应。万一有人需要自己帮助，应当尽力而为。⑤在自己下车之时，应当向周围的人道别。⑥对车上专职的服务人员，要尊重，不宜要求过分服务。

礼仪小知识6-6　　　　　　　　　**新加坡地铁规定**

以严格出名的新加坡，地铁里的禁止标识明文规定：吸烟者一律开罚1 000新加坡元；饮食罚500新加坡元；带易燃易爆品者罚款5 000新加坡元。其中还有一项"不准带榴梿"的规定，却没写上罚款金额，似乎是用劝说的方式，希望大家能不带就不带。

禁带易燃易爆品，大家都很容易能理解，但不能吃东西，不能喝水，不能携带榴梿，这又是为什么呢？

（1）安全的需要。首先，吃东西或者喝水时遇到紧急停车或者拥挤的情况容易发生窒息等问题；其次，万一食品或者饮料泼洒到地面会令人滑倒摔伤；最后，还有一种可能就是过敏反应，有些人对某一类的食品敏感，哪怕只是气味或者粉末都有可能引起很大的问题。

（2）文化的需要。新加坡民族众多，大家的饮食习惯各不相同，在公众面前吃喝容易引起具有不同文化背景的人群的反感，诱发各种矛盾。另外地铁车站基本上都是位于地下20至30米深处，是一个相对封闭的空间，尽管车站装有通风空调，但是食品产生的气味，特别是带有异味的，会对周围的乘客造成不良影响，污染车站、车厢空气。地铁执法人员表示，他们在执法时如果遇到这种情况，也会劝说乘客下车或者将有气味的食物包裹起来，尽量不要影响到他人的乘车环境。

（3）清洁成本的需要。新加坡人工成本不便宜。没有太多的清洁工人及时打扫车站，因此需要民众的自觉维护。

（4）文明的需要。在相对封闭的环境中，民众需要更加文明的行为，克制自我需求，减少因自私自利而妨碍他人的可能性。避免类似因开饮料瓶子的时候泼溅到别人的西装上而引起的不必要纠纷等。

总之，当我们内心中放下自己，以公众的利益为中心来考虑问题的时候，就能理解新加坡地铁中的这些规定了。

资料来源：佚名. 为什么新加坡地铁公交上禁止吃，禁止喝，禁止带榴莲［EB/OL］.［2023-12-15］. https://www.shicheng.news/v/6Vglk.

3）中外乘坐飞机礼仪

飞机通常是人们在出国旅行或访问时优先选择的交通旅行工具。在乘坐飞机时，要认真遵守国际乘机礼仪。具体来讲，主要应当在维护乘机安全、从严要求自己两个方面多加注意。

（1）维护乘机安全礼仪。第一，登机时不得违规携带有碍飞行安全的物品。在乘坐飞机时，世界各国通常都规定：任何乘客均不得携带枪支、弹药、刀具以及其他一切武器或凶器，不得携带一切易燃、易爆、剧毒、放射性物质以及其他任何有碍于航空安全的危险物品。在交付托运的行李之中也不允许夹带此类物品。

第二，登机时应当认真配合例行的安全检查。在世界各国，乘机者在办理完毕登机手续之后，都必须接受例行的安全检查。在进行安全检查时，每位乘客都要通过安全门，而其随身携带的行李则需要通过监测器。如有必要，安检人员还有可能对乘客或其随身携带的行李使用探测仪进行检查，或者进行手工检查。在接受此类检查时，不应当拒绝合作，或无端进行指责。

第三，飞行时，务必遵守有关安全乘机的各项规定。在飞机飞行期间，一定要熟知并遵守各项有关安全乘机的规定。当飞机起飞或降落时，一定要自觉地系好自己的安全带，并且收起自己面前的小桌板，同时将自己的座椅调直。当飞机受到高空气流的影响而发生颠簸、抖动时，也要将安全带系好，而切勿自行站立、走动。在飞机飞行期间，移动电话、手提电脑、激光唱机、微型电视机、调频收音机、电子玩具、电子游戏机等电子设备，均严禁使用。违反此项规定者，在不少国家要受到法律的制裁。

（2）表现出风度和雅量。应当注意处处以礼律己，以礼待人。作为档次最高的交通工具，每一名乘客都要使自己的所作所为与其相称，时时表现得彬彬有礼。

在上下飞机时，要注意依次而行。在机上放置自己随身携带的行李时，与其他乘客要互谅互让。在自己的座位上就座时，要维护自尊。不要当众脱衣、脱鞋，尤其是不要把腿、脚乱伸乱放。当自己休息时，注意不要使身体触及他人，或是将座椅调得过低，从而有碍于人。与他人交谈时，说笑声切勿过高。不要在机上吸烟，或者乱吐东西。万一晕机呕吐，务必使用专用的清洁袋。

对待客舱服务员和机场工作人员，要表示理解与尊重。不要蓄意滋事，或向其提出过分要求。跟身边的其他乘客可以打招呼，或是稍作交谈，但应不影响对方的休息。不要盯视、窥视素不相识的乘客，也不要与其谈论令人不安的劫机、撞机、坠机事件。

6.3.2　中外住宿习俗

住宿习俗可以从接待来宾住宿礼仪、在国外住宿时的礼仪、外国私宅住宿礼仪三个方面来分别介绍。

1）接待来宾住宿礼仪

安排外国来宾住宿，主要有两种方法：一是由来宾自行解决住宿，二是由接待方以主人的身份为来宾安排住宿。根据礼仪规范与国际惯例，在为外国来宾安排住宿的具体过程中，一般应当注意以下四个方面的问题：

（1）必须充分了解外宾的生活习惯。不同的国家有不同的风俗，每一个人也有自己独特的生活习惯。为外宾安排住宿时，对于这方面的问题，务必认真地加以了解。例如，来自西方国家的外宾，是不习惯与成年的同性共居一室的。他们认定，只有同性恋者，才会那么做。一般而论，外宾对于个人卫生大都十分重视。对他们而言，随时可以洗热水澡的浴室、单独使用的干净清洁的卫生间，都是自己的临时居所应具备的基本条件。如果在生活习惯方面考虑不周，或是难以满足外宾基于个人生活习惯所提出的正常要求，外宾往往就会对接待工作表示不满。

（2）必须慎重选择外宾的住宿地点。依照惯例，在国内接待的外宾，通常应当安排到条件优越、设施完备的涉外饭店住宿。一般情况下，不应安排到住宿条件较差的旅馆、招待所住宿。直接请外宾住在自己家中，也未见得合适。

当安排外宾在涉外饭店住宿时，除了需要照顾外宾的个人生活习惯、尊重其特有的风俗、满足其特殊的要求之外，尚有如下几点应当注意：①为外宾安排住宿所需的经费预算；②拟住宿地点的实际接待能力；③拟住宿地点的口碑与服务质量；④拟住宿地点的周边环境；⑤拟住宿地点的交通条件；⑥拟住宿地点距接待方及有关工作地点距离的远近。

（3）必须热情照顾外宾的生活需要。作为礼仪之邦，中国传统的待客礼仪最讲究的就是"宾至如归"。它的含义是：应当想方设法让客人抵达之后，感觉到像是回到了自己的家中一样。这种境界，在今天接待外宾时，依旧是东道主所应当追求的。

（4）主动向外宾介绍本地、本饭店的特点。祝他住宿方便满意，欢迎对服务提出意见和建议。

2）在国外住宿时的礼仪

前往国外进行旅行、参观、访问时，尤其是进行为期较短的参观、访问时，一般都会在饭店里住宿。国外的饭店虽说差别很大，但大都设施完备、条件较好。特别是那些上了星级的饭店，可以为每一位住宿客人提供优质的服务。不过，在国外饭店住宿时，也有许多礼仪规范，皆须认真遵守。一般而言，通行于世界的住宿礼仪主要包括下列四点：

（1）应当讲究礼貌。在饭店里住宿，对于自己所遇到的每个人，都应当以礼相待。在饭店里，早上遇到其他人，应主动向对方问声"早安"，若是对方先向自己问了"早安"，则应当立即回应对方。在通过走廊、出入电梯，或是接受饭店里所提供的各项服务时，要懂得礼让他人。对于妇女、儿童、老年人和残疾人，在力所能及的条件下，应主动给予关心或帮助。对于为自己服务的各类饭店工作人员，要充分地予以尊重和体谅，向其道谢。切勿居高临下、尖酸刻薄、挑三拣四。在许多国家，人们在住宿、就餐时，必须付给为自己提供了服务的客房服务员、行李员、餐厅侍者一定数目的小费。付不付小费，往往意味着尊重不尊重饭店服务人员。到了那里，我们最好还是入乡随俗。

（2）应当保持肃静。饭店是为住宿者提供休息和就餐的场所，因此，保持肃静被视为饭店的基本规矩。在饭店住宿时，务必对此随时随地加以注意。

在饭店内部的公共场所，例如在前厅、商场、咖啡厅、电梯、楼道、走廊、花园、阳台等处所进行休息、消费，或者与客人相会时，一定要注意调低自己说话的音量，走路轻手轻脚。千万不要在这些地方粗声大气，大声喧哗，放声尖叫；否则不但会令人瞠目结舌，而且也有失个人的风度。

即使是在自己住宿的客房里活动，亦应自觉保持安静，不制造与周围环境不和谐的噪声。不要大声说笑，狠踩地板，拍打墙壁，或是在客房内唱歌跳舞。看电视、听广播时，也不要音量过高。在一般情况下，进入自己所住的客房之后，即应关闭房门，以防自己活动的声音传播出去，骚扰其他人。

（3）中外饭店卫生习俗。其主要有：①在饭店之内，包括在本人住宿的客房之内，最好不要吸烟。在饭店内部明文规定禁止吸烟的公共场所活动时，更是要自觉地遵守这项规定。②不要在本人住宿的客房内做饭，或是任意点燃、焚毁个人物品。在一般情况下，国外的饭店对此大都是严格禁止的。在不少饭店的客房里，还设有专门的烟火监视或自动报警装置。③不要在本人住宿的客房内洗涤、晾晒个人衣服，尤其不要将其悬挂在公用走廊里，或是临街的窗子外、阳台上。④不要在本人住宿的客房内乱扔私人物品，或是将废弃之物扔到地上和窗外。不要随地吐痰，或是随意损坏、污毁公共物品。不要到处乱涂、乱抹、乱刻、乱画。在饭店内的公共场所活动时，亦应注意这一问题。

（4）应当严守仪表举止规定。国外的饭店，尤其是高档的星级饭店，通常都有一些具体的规定，常见的有：①不允许两名已经成年的同性共居于一室之内。唯有一家人，方可例外。②不允许住客随意留宿其他外来之人。③不提倡互不相识的住客相互登门拜访，随意去素不相识的人的住处串门，或是邀其一起进行娱乐活动，都是十分冒昧的。④不允许住店客人身着内衣、睡裙之类的"卧室装"在饭店内部的公共场所活动。打赤膊，或是衣冠不整，同样也不允许。⑤不允许将客房或饭店内其他场所的公用物品随意带走，占为己有。

除应当恪守上述礼仪规范外，还有三点需要注意：①多人一同出访时，切勿分散住宿。最好是住在同一家饭店之内，住在同一个楼层更好。这样大家可以互相关照，也有利于集体行动。②尽量多了解一些国外饭店的特殊规矩。比如，有些国家的饭店不供应开水，有些国家的饭店则不向住客提供牙具或一次性拖鞋。③在使用饭店内部的设施时，要注意不懂就问，切莫冒充内行，莽撞出错。例如，有的客房卫生间之内，除了便桶之外，还有一个女用洗涤盆。后者与前者的最大区别，除了无盖之外，便是打开水龙头后，水会从盆内向上喷。如果不加区分地乱用后者，就会非常难堪。

3）外国私宅住宿礼仪

如果住宿在外国人的私宅里，要特别注意区分住这里和住饭店的习俗不同。

（1）应当两相情愿。在国外直接住宿在外国人的家里，一般在私人出访时才会出现。因公出访时，通常不允许这么做。在外国人家里住宿时，住宿者与房东二者之间，往往不是私交就是租赁关系。在这两种情况下，最重要的是双方要完全情愿，并且最好有约在先。由于外国人强调个人隐私，忌讳他人妨碍自己的私生活，因而一般不喜欢让外人在自己家里留宿。如果外国朋友没有主动提议，则最好不要自己首先提出来，甚至赖着不走。当然，即使对方盛情相邀，自己不愿意的话，也不必勉强。

（2）应当支付费用。对一般人来说，不论是在什么状况下在外国朋友家里住宿，均应自觉地为此支付一定数额的费用。与房东之间若是存在租赁关系，需要付费更是自不待言的。即使与房东是关系密切的私交，亦应支付一定的费用。如果住宿时间较长，则对这一点更应加以注意。哪怕是房东不要自己付房租，平日自己产生的电视费、电话费、传真费等，还是应当自掏腰包。在许多国家里，连亲生的成年子女在父母家里住宿都要交房租。借住者交房租，就更显得再正常不过了。

（3）应当和睦相处。在外国人家里住宿，不管时间是长是短，不论本人与房东是熟人还是以前素昧平生，均应注意自己的表现，处处好自为之，不要由于自己的不自觉而制造矛盾，惹是生非，更不要因为自己的行为不慎而招致非议。在这方面，最重要的是要注意下列三点：①要遵守约定事项。对于住客与房东之间的约定，不管是书面的还是口头的，大到交付房租的日期，小到对于住客生活习惯上的具体要求，都要严格遵守。②要尊重房东。除了应以礼相待之外，还要注意不要有碍其私生活。不要擅自闯入其室内，或是乱拿、乱动、乱用其私人物品。③要爱惜房东家里的物品。在国外，房屋在出租时，往往会连同家具一同出租。借住在外国人家中时，不论交付房租与否，都要对属于房东的物品，自觉加以爱护。

案例窗 6-1　　　　　　　　　　　**住客店与住私宅的关系**

甲认为住旅店有专门的服务员，店内设施齐全，乙认为住私宅很容易同房东加强交流，生活也很方便。如何理解住客店与住私宅的优缺点？

分析提示：旅店设施齐全，服务专业，费用较高，但有正规票据可以报销，对于公务人员而言可以选择。私人住宅，生活设施齐全，租金较低、实惠但费用凭证不全，因此是私人旅行的较好选择。

启智润心6-1　　　　　　　　**重礼兴德，创造美好生活**

　　在重庆，有一条特殊的地铁线——轨道交通4号线。因每天都有一群背着背篓的菜农搭乘地铁前往市区卖菜，所以被大家亲切地称为"背篓专线"。

　　有网友建议，早晚高峰时段禁止乘客携带菜筐等大型物品。对此，重庆轨道交通运输部门回应：轨道交通的服务宗旨是以人为本，服务民生，只要行为和物品合规，就不会干涉。此番回应引发网友点赞，纷纷评论重庆轨道交通运输部门接地气、重人情。

　　清晨6点20分，重庆轨道交通4号线石船站站台上，已是人头攒动，聚集了挑着扁担、背着背篓的菜农。石船镇离市区有40多千米，他们天不亮就从周边赶来，要乘坐当天的第一班地铁，到市区里的各个农贸市场摆摊卖菜。列车运行至三板溪站，乘客石女士上了车，每天6点49分，她都要乘坐这班车到渝中区去上班。看着满车的背篓、箩筐，她并不惊讶，"基本每天都看得到这些菜农，感觉很亲切和感动。"她说，虽然车厢看起来有点杂乱，但她特别理解菜农们的辛苦，并不会介意这些细节。"不少农村的老人家，一辈子忙惯了，在家里也闲不住。种点菜坐地铁出去能卖个好价钱，也可以赚点零花钱。"从鱼嘴站上车的乘客邓先生，一路都在和同车厢的菜农们闲聊，在他看来，无论是菜农还是其他人群，均是城市人口组成的一部分，都在为经济社会发展"添砖加瓦"。

　　资料来源：陈琦，刘祎. 这条"背篓专线"很温暖［EB/OL］.［2024-04-10］. https://baijiahao.baidu.com/s?id=1794829009022682623&wfr=spider&for=pc.

　　核心素养：乡村振兴　民生福祉　亲仁善邻

　　学有所感：党的二十大报告指出："统筹城乡就业政策体系，破除妨碍劳动力、人才流动的体制和政策弊端，消除影响平等就业的不合理限制和就业歧视，使人人都有通过勤奋劳动实现自身发展的机会。"重庆轨道交通运输部门以民生福祉为出发点的做法，地铁上其他乘客的理解，使得这条交通线既装得下公文包，也容得下背篓扁担，充满了暖暖的人情温度，展现出中华民族亲仁善邻的传统美德。

●●● 本章小结

★　在公共场所行走，能体现一个人文明礼貌的程度，要遵守所在地、所在国的交通法规，按礼仪要求文明行路，如遇问路或被问路，要有礼貌。

★　交通旅游应遵守乘车礼仪，按顺序上下车，遵守车内文明卫生要求，候车室内保持和谐环境，与邻座之间友好相处，坐轿车时要按车型类别注意座次。

★　飞机是理想的出行工具，要注意提前办理登机手续，妥善处理所携带的行李，尊重乘务员的劳动，遵守航空规定，文明乘机。

★　入住客房应爱护客房内设施，保持室内卫生，仪表端庄，尊重服务人员的劳动。女性住店应梳妆得体，不随意串门，与异性办公或交谈时不宜关门。

★　在餐厅用餐要注意举止得体，文明用餐，节制烟酒，礼貌对待餐厅服务员，若进餐中有不愉快的事情发生，应心平气和，妥善处理。

★　旅行备品主要有业务资料、公文包、名片、记事本及个人生活用品等，有的还有手提电脑。旅行中要注意备品的安全，手机和电脑的使用要注意环境和礼节。

★ 熟知中外交通礼仪的习俗。

●●● 主要概念和观念

□ 主要概念

交通礼仪 宾馆 旅宾餐厅

□ 主要观念

步行礼仪 乘坐交通工具应注意的规范 住店与用餐

●●● 基本训练

□ 知识题

6.1 判断题

(1) 只要按照交通规则去做，就等于掌握了交通旅行礼仪。 （ ）

(2) 车厢内的卫生有专人维护，但也需要乘客的自觉配合。 （ ）

(3) 步行时，可以自由地吃水果、喝饮料，不用在乎他人。 （ ）

(4) 在客房内大声喧哗，可以烘托热闹气氛，增添旅程的乐趣。 （ ）

随堂测验6-1

判断题

6.2 选择题

(1) 英式交通规则要求行人靠（ ）边走。

A.右 B.左 C.左或右 D.随便

(2) 旅行中办公备品是指（ ）。

A.衣服 B.手表 C.旅游鞋 D.公文包

(3) 乘车待人礼仪应该做到（ ）。

A.按顺序上下车 B.争座 C.坐后就不让座 D.排队加塞

(4) 就餐中遇到不愉快的事应（ ）。

A.大发雷霆 B.占理必争 C.只指责别人 D.文明处理

随堂测验6-2

选择题

6.3 简答题

(1) 步行仪态有哪些要点？

(2) 乘车座位礼仪是统一的吗？为什么？

(3) 旅客就餐用餐时要注意的礼仪有哪些？

(4) 乘坐飞机时要遵守哪些礼仪规范？

随堂测验6-3

简答题

□ 技能题

(1) 试述并模拟在外乡问路和被问路的礼仪。

(2) 如果就餐时你吃了服务员错送来的菜，应如何处理？

●●● 观念应用

□ 案例题

一次晋升的机会被错过

某公司的王先生年轻肯干，点子又多，很快引起了总经理的注意并拟提拔为营销部经理。为了慎重起见，总经理决定再进行一次考察。恰巧总经理要去省城参加一个商品交易会，需要带两名助手，总经理于是选择了公关部的杜经理和王先生两人同行。王先生自然同样看重这次机会，也想趁此好好表现一下。

出发前，由于司机小王乘火车先行到省城安排一些事务，尚未回来，所以他们临时改为搭乘董事长驾驶的轿车一同前往。上车时，王先生很麻利地打开了前车门，坐在驾车的董事长旁边的位置上，董事长看了他一眼，但王先生并没有在意。

车上路后，董事长驾车很少说话，总经理好像也没有兴致，似在闭目养神。为活跃气氛，王先生寻了一个话题："董事长驾车的技术不错，有机会也教教我们，如果都自己开车，办事效率肯定会更高。"董事长专注地开车，不置可否，其他人均无应和，王先生感到没趣，便也不再说话。一路上，除董事长向总经理询问了几件事，总经理简单地作答外，车内再也无人说话。到达省城后，王先生悄悄问杜经理："董事长和总经理好像都有点不太高兴？"杜经理告诉他原委，他才恍然大悟："噢，原来如此。"

会后从省城返回，轿车改由司机小王驾驶，杜经理由于还有些事要处理，需要在省城多住一天，同车返回的还是四人。"这次不能再犯类似的错误了。"王先生想到。于是，他打开前车门，请总经理上车，总经理坚持要与董事长一起坐在后排。王先生诚恳地说："总经理您如果不坐前面，就是不肯原谅来的时候我的失礼之处。"并坚持让总经理坐在前排才肯上车。

回到公司，同事们知道王先生这次是同董事长、总经理一道出差，猜测他肯定会得到提拔，都纷纷向他祝贺。然而，提拔之事却一直没有人提及。

问题：王先生为什么没有被提拔？

☐ 实训题

将班级同学合理分组，讨论一下乘坐公共汽车的礼仪。

第7章
中外商贸业务礼仪

学习目标

知识目标：认识商贸业务礼仪在商务活动中不可替代的重要性，学习商品推销、业务洽谈等业务活动中的礼仪规范，了解中外商务礼仪。

技能目标：掌握商贸公司的写字间工作者应具备的礼仪知识，懂得商贸业务活动中推销人员、洽谈人员以及各类商贸业务仪式活动参与人员的礼仪要求；懂得商贸业务过程中的基本礼仪要求，能够运用到实际的推销、谈判、开业、剪彩、签字等商贸业务活动中去，熟悉不同国家和地区的商务习俗。

素养目标：坚定文化自信，弘扬文明、和谐、爱国、敬业、诚信、友善等社会主义核心价值观。

第7章

思维导图

引 例

不期然走红的女拍卖师陈良玲

得体的旗袍、流利的普通话、甜美的微笑、会说话的眼睛，当这些元素汇集在一个女拍卖师身上的时候，她——佳士得香港副总裁陈良玲，因在近期佳士得春拍上的精彩表现，不期然地走红了。陈良玲接受中新社记者专访时依然是一袭旗袍，举手投足间优雅端庄："很惊讶有那么多朋友喜欢看我们的拍卖视频，想想觉得其实也蛮好的，因为可以让大家更多了解拍卖这个行业。"

陈良玲认为，好的拍卖师除了要具备专业性等基本条件外，专注力、亲和力乃至体力都是相当重要的。"在拍卖台上的时候，真的要全神贯注，因为出价有可能在现场或在网络上，还有电话委托的，这是绝对不可以漏掉的。和买家需要在眼神上有一些交流，在手势上也会再跟他确认，真的是确定不再加价吗？有时候这样的情绪可能也会传达给买家，这也就是拍卖为什么这么有魅力的原因。"

资料来源：索有为. 不期然走红的香港女拍卖师陈良玲［EB/OL］.［2024-04-12］. https://baijiahao.baidu.com/s?id=17022524121073339492&wfr=spider&for=pc.

从引例可以看出，商务礼仪是职业素养的重要方面。恰当得体的商务礼仪不仅可以体现从业者的专业性，而且能提升客户对企业的好感度和信任度，从而获得更多的商务机会，对商贸业务活动大有裨益。

商贸业务活动是现代社会经济生活中最常见的活动，它主要表现为公司、商场与消费者和客户互动往来，为他们提供商品或服务。**商贸业务礼仪**是指人们商务活动中长期形成的惯用形式和行为规范，对商务活动的成败起着不可替代的重要作用。注重商贸业务礼仪，有助于营造良好的交易氛围，促进业务的顺利开展；有助于企业良好形象的树立，赢得更广泛的顾客；有助于化解各种商务矛盾和纠纷，增进双方的沟通和互信。多了解一些中外商贸业务礼仪，对于我们开拓国际市场，促进中外交流，具有更直接的现实意义。

7.1 业务礼仪

在各类商务活动中，最突出的是商贸业务活动，包括公司、商场等业务单位的接待、推销、洽谈等内容。概括来说，公司的良好形象、员工的素质表现、各类商务仪式也都是为商业活动服务的。

7.1.1 公司写字间礼仪

公司是现代企业制度的重要组织形式之一。写字间是公司业务人员、管理人员集中办公的地方，这里不仅是公司对内科学运筹决策、对外联络的重要窗口，也是接待外来客商和贸易伙伴的主要场所。规范公司写字间工作人员的礼仪，十分必要。

1）写字间的布置

写字间是公司的办公场所，在很大程度上它的布置和装饰体现了公司的企业文化、企业精神和风貌。近年来，一些公司出于公关的考虑，把写字间装饰得豪华气派，以显示自己公司的时尚理念和经济实力，但如果不注意与公司的员工素质、产品特点和实际需要相结合，过于奢侈、浪费和俗套则往往事与愿违，适得其反。如果公司是在租赁的写字楼里办公，在布置设计时，应特别注意突出自己公司的形象和标识，以区别于同楼办公的其他公司，方便来往客户的找寻，提高办事效率。

写字间一般配备有写字台、文件柜、电话、传真机、复印机、办公电脑等物件，应以使用方便、高效为原则，合理、整齐地摆放。写字台上不要堆放过多的书报、文件，常用的材料也要归类放齐。若用玻璃台板，请注意台板下不要横七竖八地压着各种车票、请柬、发票、便条等。写字间墙上可挂些书画、公司奖杯奖牌、公司徽标等物，显得清新大气，也可贴上工作计划经营图、市场网络图表等，展示公司的勤勉和业绩。

如果写字间较大，可采用不同规格的隔断，把各工作人员的办公区域分开，减少相互干扰，提高工作效率。下班时，应把一些重要的文件、请柬、保险单、账册、支票、印章等按制度要求放入保险柜里。此外，还应特别注意写字间的卫生，试想：有客商来联系、洽谈业务时，写字间里满是烟头、果皮，连个较干净的沙发都难找，这笔业务还可能顺利做成吗？

2）工作人员礼仪

公司员工的素质、待人接物的礼仪水准，可以从每个员工在工作中的言谈举止上体现出来，尤其是写字间的"白领"的礼仪水准，更是客商评价公司的重要参考。写字间工作人员礼仪一般要求做到：

第一，服饰整洁大方。除公司有统一的标志性工作服外，工作人员的服装应体现权威、声望和精干，要与写字间的工作性质和工作环境相协调。例如，男士可以黑、灰、蓝三种颜色的西服套装为主，系好领带，衬衣不宜穿印花或大方格的；女士最好穿西装套裙、连衣裙等，不宜穿短、透、露的衣服。休闲装、运动装等不宜在写字间穿着。服装应干净、平整、合体、大方，不能太艳、太奇、太随便。此外，无论男女职员都应适当地修饰。男士不要留胡须、蓄长发、挂项链，头发应梳理得美观大方，衬托出自己良好的精神状态。女士最好能略施淡妆，不俗不媚，发型以雅为佳，不可过于新潮，以体现自尊自信、端庄文雅的良好形象。

第二，遵守公司制度，礼貌待客。公司的管理制度是使公司工作正常运作的重要保证，职员应自觉遵守。比如按时上下班、不迟到、不早退、不旷工，工作时间不拨打或接听私人电话，不占用工作时间去买菜、逛街，不在写字间里打扑克等。在具体执行时可能有特殊情况，如偶尔必须打一个私人电话，但一定要自觉，设法把这些情况减少到最低限度，以防影响正常业务往来。礼貌待人，对来客热情接待，对公司同事以礼相待。写字间要保持安静，讨论工作时声音要轻，不要在过道里、走廊上大呼小叫。在撰稿或起草文件时，不能因构思而敲击桌子或跺脚，离开座位时，应轻轻关好抽屉，把座椅轻移到写字台下，出去要轻声带门。偶尔开个玩笑要适度，不能庸俗低下，不能编造小道消息或议论同事的私事。

━━━● **礼仪小知识7-1**　　　　　　　　**去同事的办公室，你应该……**

　　有句谚语叫"在家为王"，办公室里同样如此。例如，你想到同事的办公室去，不论办公室的门是否开着，都必须得到允许。如门关着，应轻轻敲门两三下，看看有无反应。如你听到你的同事说"进来"，则可进去；如无反应，则不可贸然进去。如门开着，亦必须得到允许才可进去。

　　当进入你的同事办公室后，不可擅自坐下，必须等你同事告诉你坐在什么地方，方可就座。注意不要把文件等物品擅自放到你同事的办公桌上。如你感到有必要，则应征得你同事的同意。你可以说："你介意我把文件放到你的桌子上吗？"或"我可以把文件放到你的桌子上吗？"如果你同事说"没关系"或"放吧"，你才可把文件放到你同事的办公桌上。

────────────────────────────●

　　第三，接拨电话要礼貌。电话是重要的通信工具，无论是接听还是拨打电话，语言要文明、亲切、平和，应有意识地塑造自己和公司的"电话形象"。良好的电话形象能体现个人较高的素质、品位和能力，使客户乐意与这样一个管理有序、训练有素、待人有诚的企业做生意。具体电话礼仪，可参见第5章的相关内容。

3）接待和应召礼仪

　　写字间经常会有来客造访，或为洽谈业务，或为交流情况，或为沟通友谊，当客人来访时，应注意落实首问负责制。写字间前排的工作人员见客人到来，应主动起身招呼，亲切问好，了解客人的身份和来意，安排引见相关人员。如果客人要见的人不在场，应礼貌地说清楚，并为客人沏好茶水，再帮助联系。如果来客要会见的人一时不回来，可问自己是否可以代劳或代转信息、物件，或者表示歉意，并与客人再约时间。

　　有的客人是与公司领导相约而来的，工作人员在问明情况后可直接带客人去见领导。在引见时，员工可先客人一至两步或与客人平行并寒暄，上下电梯应招呼注意小心，到达会见地点，应该先敲门，得到允许再请客人入内。如同行客人有两人以上，应了解情况后，依礼仪顺序一一介绍给领导，然后经领导同意，轻轻退出门外，回到自己的写字间。

　　在工作中，遇到上级的召见，应马上停止手头工作，将文件、报表、账册等资料稍加整理放好，去见上级。轻轻敲门，经允许后再进入，走到领导办公桌前，站立答话。领导若请你坐下，应按示意的座位坐下，不可跷二郎腿。汇报工作、回答问题时，态度要慎重，用语要简练准确，声音要清晰平和，内容要实事求是。召见过程中，不必主动敬烟，未经同意自己也不要吸烟。回答问题完毕，可礼貌退出，回到写字间继续工作。不必神秘兮兮，也不要立即招呼左右，把自己刚才的所见所闻向同事渲染，不传公司"内部消息"。

7.1.2　商品推销礼仪

　　广义的推销在社会生活中处处存在，比如人们相互交谈，就是在推销自己的观点。公司推销是指狭义的推销，即**商品推销**，指商业公司在特定环境中寻求潜在顾客，主动采取营业场内、人员外出、使用电话等方式，进行商品销售的业务活动。推销礼仪运用得是否得当，关系到公司推销结果的成败。

1) 推销人员应有的素质

在推销过程中，推销人员应注意自己的言谈举止，要符合礼仪要求。无论是到客户家中还是到企业拜访，也无论推销是顺利还是受阻，甚至是失败，都应以礼待人，举止文明，牢记尊重客户就是尊重自己。介绍商品时，语调诚恳而肯定，展示商品时，动作熟练，对顾客的提问，要耐心解释。推销中既不能急躁地强迫成交，也不能奉承谄媚式地乞求购买，自始至终要与顾客保持轻松和谐的合作气氛。

课堂互动7-1

课堂互动7-1

答案提示

为什么说推销人员必须注重礼仪修养？

公司推销人员应该具备的基本素质包括：第一，爱岗敬业，明礼诚信。公司推销人员要热爱自己的工作，努力学习，提高自身的服务意识和业务能力，切实以客户的需要为工作中心，树立起自己在顾客心目中乐于助人、明礼诚信的形象，取得顾客的理解和信任。没有人会去购买那些自己信不过的人推销的商品。第二，业务精通，知识丰富。这对于推销人员接近顾客、打开局面、拓宽市场、强化服务非常必要。推销人员要了解国家的方针政策和当前经济发展趋势，熟悉本行业及本企业的发展状况和目前的市场行情、竞争态势，掌握所推销商品的性能、规格、品种、价格以及竞争者的同类商品的各自特点。推销人员还应懂得市场营销、消费心理、财务金融、运输交通等学科知识，以便在推销中进退自如、判断准确、果断决策。第三，百折不挠，坚毅顽强。"推销就是由遭到拒绝开始的"这句话说明，推销工作必然会遇到挫折和困难。顾客对商品甚至对推销员本人的抵制是常见的现象，如受到冷落、嘲笑及无端的奚落、指责，甚至被拒之门外等。推销人员此时要能克制自己的冲动，在客户面前不卑不亢，既要保持热情和礼貌，心平气和，从容不迫，又要不断总结被拒绝的原因，以利再战。对过分挑剔的顾客，不要轻易放弃，以必胜的信念、勤奋的工作和周到的服务，促成潜在顾客的转化。虽然并非次次都能如愿以偿，但这种百折不挠的毅力是成为一个优秀推销人员所不可或缺的。

2) 外出登门推销礼仪

所谓外出登门推销，是相对于公司来客推销而言的，是指公司派推销人员外出，主动上门寻找顾客并向其介绍商品、展示商品，促成顾客购买的一种推销方式。这里的"登门"意指走出公司、走向顾客，并非单指到顾客家中去，它还包括在公园里、道路旁、车厢中等公共场合。外出登门推销时，要注意的礼仪主要有：

（1）重视给顾客的第一印象。心理学调查表明，人们接触的最初两分钟，彼此印象最为深刻。因此，推销人员要特别注意自己的外在形象，热情开朗、诚恳自信，争取被顾客接纳而不是被排斥。佛朗哥·贝德格认为，初次见面给人印象的90%产生于服装。当然，并不是说服装要多么高档和华丽，但干净整洁、职业化是基本要求。国外流行的服饰TPO原则，值得推销人员借鉴。只有在顾客心目中留下并保持良好的第一印象，才能为推销工作的进一步开展打下基础，赢得先机。

（2）登门推销前，应尽量预约。贸然出现的不速之客，尤其是陌生的推销人员，大多是不受欢迎的。在这种情况下，人们大多不愿接待，更难得爽快购买。很少见到那种突如其来、一拍即合、相见恨晚的幸运推销。如有可能，事先与客户预约一下，让双方都有所准备，再与顾客推荐洽谈，效果比贸然造访要好得多。预约时要注意：首先，约见的时间最好由顾客来定（这实际上已让顾客处于主动参与的状态了）。否则，推销人员就要从顾客的作息时间、活动规律、家庭条件，甚至天气和情绪等多方面来考虑约见顾客的时间。其次，约见的地点要以方便顾客为主，可安排在顾客认为安全和方便的场所，还可以请顾客代为召集社区邻里或亲朋好友，选择大家熟悉、无甚干扰、接待条件良好的地点，开展集中推销。最后，预约的方式要得当，如电话预约、信函预约、网上预约等，可多提供几种方案，让顾客自己挑选，这既是对顾客意见的尊重，又可防止其简单回绝。如果选用信函预约，时间上应放宽松一些，以防信函在邮路上耽搁而误失约期。网上预约也应给客户留有上网浏览的时间。不管如何约见，推销人员自己必须按时赴约。

（3）推销中的礼仪要求。商品推销是个过程，每个阶段既有业务技巧上的要求，又有礼貌礼仪方面的规范，二者不可偏废。首先是进门。如果是去顾客家中推销，一定要记住先轻声敲门，节奏应缓慢，经主人应允后方可进入。应特别注意，如果门原来就已开着或虚掩着，也必须先敲门，万万不可径直步入或推门就进。其次是自我介绍。总体而言，自我介绍要谦和、准确而有吸引力，切忌冗长、卖弄和自吹，或是讲了半天词不达意，因此，事前应打好腹稿，依不同对象灵活使用，以求明确简洁。再次是开始推销。介绍商品要实事求是，具体讲清商品的性能、特点、质量、价格以及给顾客带来的实际利益，必要时出具相应的证书、质检证明、报刊评价等资料和图片，以增强顾客的信任。展示商品要体现自己对商品的细心爱护，让顾客感受到商品的价值和分量。展示过程中，如果顾客有意，应鼓励他们亲自动手操作，以刺激顾客的购买欲望。最后要注意礼貌告别，特别要注意对那些最终没能成交的顾客，也要感谢他们耐心听讲，支持工作，为今后可能再次登门推销留下良好的印象、打下稳固的基础。

3）公司来客推销礼仪

如果说外出登门推销，还可能让顾客感到有点突然，那么到公司来的顾客则是目的明确、有备而来的，公司推销人员应尽力做好接待，营造良好的购物氛围，礼貌地满足顾客需要。在公司接待顾客，推销人员要做到以下几点：

（1）注意与来客建立和谐关系。顾客来到公司，就是对公司的信任，但是来到公司未必就一定能如愿购买成交，除去交易中的一系列技术因素、价格因素等原因之外，推销人员与来客的关系是否和谐、投机、融洽也是重要的影响因素之一。顾客只有先接受了推销人员，才有可能接受推销人员推荐的商品。所以，公司推销人员应发自内心地感谢顾客的光临，务必做到态度和蔼、举止得当、言辞讲究，尽力与来客建立起彼此信任的和谐关系。

（2）热情向来客推介商品。顾客一般不会去买自己并不了解的商品，推销人员有义务向来客推荐、介绍公司的商品。要懂得推介商品的过程，既是帮助顾客了解商品的过程，也是推销人员借此了解顾客真实需求的过程。既尊重顾客，又服务于顾客，才能使商品推介工作得心应手，真正让来客称心和放心。推介商品常用FABE说明术："F"指商品特征，"A"指商品优点，"B"代表客户利益，"E"指证据。要根据不同类型的顾客及其不同的购买目的，来组合推介商品的重点，千万不可千篇一律地讲完了事。推介必须实事求是，不能为一时"奏效"而损害公司和自己的信誉。

（3）成交时刻别忘礼仪。接近成交时，推销人员当然是兴奋的，而此时推销人员的礼仪做得如何，对促进成交至关重要。首先，要认识到，即将到来的成功是顾客照顾了公司的生意，功劳归于顾客，不能以为是自己干得漂亮而沾沾自喜，更不能说什么"今天遇到我算你走运"之类无礼的话。其次，行动上不要急躁，要多请顾客发表意见，使其有明确的参与决策感。否则，在推销人员喋喋不休的推介声中购买，会令顾客产生"被劝购买"的被动感，进而产生不快、厌烦的情绪，甚至打起退堂鼓。最后，神情上要保持平和常态。推销人员此刻应谨防因盼望快快成交而显得急不可待，也应防止因接近成交而喜形于色。这类不稳重的神情会让顾客疑虑顿生，失去对你的信任，打消购买的念头。因此，推销人员仍应一如初始、不卑不亢、从容不迫地服务，恰到好处地促进成交。

（4）推销完成后，推销人员还应与顾客轻松地谈点别的话题，使来客感到与你做交易是件非常愉快的事。推销完成后对顾客变脸或者哪怕有半点冷淡怠慢，都会让顾客觉得刚才你的热情都是为赚钱而装扮的假象，有了上当感的顾客是不会成为公司回头客的。成交后适当地招待一下公司来客，不但有延续业务的需要，也有礼仪上的需要，在实践中常可见到，当然这要根据需要和可能相结合来考虑。告别时，可以把顾客送出公司大门，多讲一些祝福的话，表达愿意保持往来，增进友谊，加强合作，不能只说一句"走好""再见"。

案例窗 7-1　　　　　　　　　　　　**苏小姐怒赶推销员**

苏小姐家的门铃突然响了，正在忙家务的她打开门一看，站在门前的是一位戴墨镜的年轻男士，于是狐疑地问："您是……"这位男士也不摘下墨镜，而是从口袋里摸出一张名片递给苏小姐，大大咧咧地说："我是保险公司的，专门负责这一地区的业务。"苏小姐接过名片看了看，不错，他的确是保险推销员，但是这位推销员的形象却让她极度反感，便说："对不起，我们不投保险。"说着就要关门，而这位推销员动作却很敏捷，已将一只脚迈进门内，挤了进来，摆出一副极不礼貌的样子在屋内打量，"你们家的房子装修得这么漂亮，真令人羡慕。可是天有不测风云，万一发生个火灾什么的，再重新装修，势必要花费很多钱，倒不如现在你就买份保险……"苏小姐越听越生气，光天化日之下，竟然有人闯进门来诅咒她的房子，于是，她毫不客气地把这个推销员赶了出去。

资料来源：杨眉. 现代商务礼仪 [M]. 大连：东北财经大学出版社，2013.

分析提示：这位推销员之所以被赶出去，是因为他在推销礼仪方面出了问题：首先是形象不好；其次是态度不佳；再次是擅自闯入；最后是出言不逊。这样的推销当然会以失败而告终。

7.1.3　业务洽谈礼仪

业务洽谈是公司为推销商品，同贸易伙伴进行协调、磋商、达成互利的过程，是商务活动的主要内容。在学习运用业务洽谈技能、技巧的同时，学习运用洽谈礼仪，可以促进业务洽谈工作的顺利进行。

1）业务洽谈的基本原则

业务洽谈是一门科学，也是一门艺术。业务洽谈礼仪是业务洽谈的重要组成部分，而不仅仅是附着在业务洽谈之上的一种表现形式。因此，业务洽谈礼仪只有与业务洽谈的基本原则相符合，才具有实在的意义和价值。业务洽谈的基本原则包括：第一，互惠互利原则。真正成功的业务洽谈，无论是讨论、协商、合作项目，还是处理已经发生的商务纠纷，都应体现互惠互利的原则，双方利益共享、风险共担，彼此各得其所。那种在业务洽谈中不愿做出必要的让步，一味苛求，企图将对方完全击倒的做法，结果只能使洽谈破裂，并影响今后的业务往来。第二，平等协商原则。虽说洽谈也是一场战斗，但洽谈双方既是对手，也是朋友。作为业务上的伙伴，在谈判桌前，无论公司大小、实力强弱，彼此在地位上都是平等的，都有同等的权利和义务。因此，对于洽谈中出现的分歧和争论，只能以平等协商的原则去处理，而不能以高压、强迫的方式去威逼对手。第三，求同存异原则。业务洽谈原则上就是发现双方之"同"，处理双方之"异"的过程。只要双方彼此肯定了在整体上、原则上的"同"，就不应为局部上、枝节上的"异"再多耗时间，可以对与自己一方不同的见解，做适当的让步，或搁置一边，以后再逐步寻求解决的办法，以保证双方当前的基本要求得到实现。第四，依法办事原则。市场经济是法治经济，违背法律规定的交易，其结果既无法保证所签合同或协议的如期执行，又在事发后无法得到法律的保护。所以，参加业务洽谈的相关人员应当努力学习和运用与业务有关的法律法规，在洽谈的各阶段、各环节，规范操作，遵纪守法。凡是法律明令禁止的事，不能因为有利可图或有碍情面，就去违法洽谈、违规操作。

2）业务洽谈准备时的礼仪

在正式洽谈之前，准备工作做得如何，对洽谈结果有着直接的影响。丝毫不做准备就进入业务洽谈，不仅是对公司不负责任，也是对洽谈方不礼貌的表现。业务洽谈前应做好下列准备工作：

（1）洽谈目标的确定。在洽谈前，必须确定公司准备实现的目标，这是洽谈过程的核心。一般先由决策层提出主导意向，再经相关部门专门人员多次论证、反复推敲，最后经决策层审定，形成洽谈目标。为了便于谈判人员在洽谈中自主掌握、进退自如，可将目标按可实现程度细分为必须达到的目标、应该达到的目标和争取达到的目标。这样可在实践中做到既保证公司利益，又有适度让步的余地，收到双方满意的效果。

（2）洽谈人员的选择。首先，应根据对方的洽谈人员阵容，依平等原则选出公司洽谈的首席代表，做到洽谈双方的首席代表职务、身份上大体一致，这是起码的礼貌。其次，应注意洽谈人员的气质类型、谈判经验、知识结构、表达能力等个性特征，合理配置洽谈班子。最后，应确定参加洽谈人员的数量，总的原则应是精悍得力，以5人左右为宜，当然在人员数量上也可视洽谈的规模、等级和对方的要求而定。

（3）洽谈资料的搜集。搜集洽谈资料是为了使公司在洽谈中做到"知己知彼"而必须做好的准备工作。可搜集的资料主要包括：第一，对方公司的基本情况，如该公司的发展简史、主导产品及市场信誉、产品性能和市场占有率、市场竞争情况、公司规模和管理能力、经营水平和财务状况等。第二，对手的基本情况，如首席代表的资历、地位、风格、心理、习惯以及对我公司的态度，甚至其兴趣爱好、家庭亲友等情况。对于洽谈对手的其他成员情况及整个班子的搭配缘由，也应有一定的了解。第三，对方的社会文化背景，如对手所在地的民俗、习惯、文化、信仰等。

（4）具体细节的安排。洽谈双方若正式确定了洽谈的时间和地点，一般情况下不应变动，以便于双方各自做好洽谈细节的安排。如果单方面因故变动，须征得对方的同意。如公司对洽谈有诚意，则对于对方的变动要求应给予考虑。具体安排还包括诸如会场布置，交通、通信工具的落实，代表的迎送、食宿及会外活动等会务工作。

3）业务洽谈中的礼仪

在业务洽谈过程中，除了要坚持洽谈的基本原则、掌握洽谈的技巧以外，运用业务洽谈礼仪也是十分重要的。这不但有利于本次洽谈目标的顺利实现，而且也可以给对方留下良好的印象，有利于双方今后的长期合作。业务洽谈中的礼仪主要包括：

（1）洽谈人员着装礼仪。洽谈人员无论男女，在着装上都应注意整体和谐、庄重大方，要体现出对洽谈所抱有的信心。据心理学家分析，代表公司与客户进行业务洽谈时，黑色西装最具有说服力，深蓝色和铁灰色次之。衬衣也很重要，黑西装要配白衬衫，如果衬衫有条纹，则场合越正规，衬衫的条纹应越细。领带的颜色深为成熟，颜色浅意味着有活力，可根据需要选择。如果有图案，最好选用有规律排列的，给人以实在、公正的感觉。在洽谈中，你的袖口会常常展露于对手的视线里，请注意自己的袖扣问题，据此对手可能产生对你的看法。实践中确有因一粒袖扣悬吊晃动而失去一项引资的事例。此外，公文包、笔记本、手机等的放置细节也不容忽视，这些细节都会影响对手对你谈判风格的认识。

案例窗7-2　　　　　　　　　**外贸商品洽谈会的着装**

一次，郑小姐代表公司前往南方某城市去参加一个大型的外贸商品洽谈会。为给外商留下良好印象，郑小姐在洽谈会上专门穿了一件粉色上衣和一条蓝色裙裤。然而，正是她新置的这身服装，使不少外商对她敬而远之，甚至连跟她正面接触一下都很不情愿。这是为什么呢？

分析提示：国外商界人士的着装，一向讲究男女有别。崇尚传统的商界人士一直坚持认为：在正式场合穿裤装的女性，大都是不务正业之徒。换言之，女士在商业活动正式场合的着装，唯独以裙装为佳，各种裤装都是不宜选择的。

（2）洽谈人员迎见礼仪。作为东道主，公司洽谈人员应在洽谈时间之前，先到达洽谈地点，做好准备工作，迎接对方洽谈成员的到来。迎见时可以在洽谈室（厅）的门口，也可以在一楼（大厅）入口处，迎接洽谈人员。主人应在迎见时与客方的代表一一握手，不应只和主要人士握手而置其他人员于不顾。主人应请客人首先入座，也可双方寒暄着一起落座，但不可自己抢先坐下。待洽谈双方人员均已到齐入座，非谈判人员应主动退出洽谈场所，并且不要随意出入，以保证业务洽谈的进行不受影响。

（3）洽谈人员举止礼仪。业务洽谈中，随着洽谈过程的进展，适时做些手势、动作以助说明思想、阐发观点是正常且必要的。通过对方的举止动作，也可捕捉到其自觉不自觉发出的诸多信息，这对把握洽谈进度、了解对手的心理状态都有帮助。正确的举止应是：双手放在桌子上，挺腰靠近桌边，或关注对方发言，或不时做些记录，或阐明自己观点，或传递相关文件。倾听对方的发言时，一只手撑着头，另一只手摆弄笔套、本子、钥匙等小物件则是不礼貌的。手势也有丰富内容，讲话时，掌心向上表示谦虚、诚实、愿意合作；掌心向下，则有控制、压抑、强制感；双手指端相触，成塔尖状，且伴有身体后仰，则有高傲之嫌；若双臂紧紧交叉于胸前，即流露出防御和敌意，会引起对手的误解。此外，站姿、身姿、神态等都应符合礼仪要求。

（4）洽谈人员谈吐礼仪。注意自己的谈吐礼仪，不仅会使你的观点更易于被对方理解和接受，也会使洽谈过程更具有人情味。主要应从以下几方面来注意：第一，谈话的距离要适中。站着谈话时的距离以半米左右为宜，坐着谈话时的距离以桌子的宽度为准。讨论中有争执时，谈话者容易缩短双方空间距离，以逼迫对方发表己见；争持不下，无法达成一致时，谈话者又容易扩大双方距离（如向后仰靠）以表示自己的不满。应主动避免这两种情况在洽谈中出现。第二，谈话的语气要平和。当然，在洽谈中准确地运用语气是谈判技巧之一，但同一句话用了解式的询问性语气说出来和用审问式的威胁性语气说出来，于礼仪而言是有很大区别的。我们应语气平和，给对手留下理智儒雅的良好印象。第三，谈话的语速要平稳。语速过快会使对方听不清、记不住，语速过慢又会有不干练、不果断之感，甚至可能被质疑为故意拖时间。恰当的语速应该是快而不失节奏、慢又不失流畅，同时应观察对方的反应加以调整。第四，谈话的声调别失控。应让对方从你的声调中感受到你的沉稳和信心。声调不可飘浮、粗鲁、生硬，特别是在争执时，声调失控、尖厉、刺耳都无助于洽商。第五，洽谈中的各种用语都要得体。寒暄、开场、幽默、交锋、结束等用语都应言之有"礼"，既充满自信，又不显得自傲；既热情友好，又不低三下四；既据理力争，又礼貌文明，争取通过业务洽谈达到与对手的双赢。

7.2 仪式礼仪

随着企业的蓬勃发展和业务扩大，围绕着商务活动开展的各类活动也频繁起来。有明确目的的商务仪式，可以表明企业对相关部门、贸易伙伴以及广大客户的真诚、友好的态度，同时又因有媒体介入和社会各界的参加，扩大了企业的影响力，让社会了解企业，从而会起到较好的公关效果。下面主要介绍开业仪式、剪彩仪式、签字仪式。

7.2.1 开业仪式

开业仪式是现代商务活动中各类企业在正式开张时，经过周密策划、精心安排，按一定程序专门举行的一种庆典活动，它是企业在社会公众面前的第一次亮相。宣传企业特色，扩大传播范围，塑造良好形象，争取更多客户是举办开业仪式的目的，因此要按照礼仪要求，搞好这个"第一次"。

1) 开业仪式的准备

开业仪式的准备工作是极其重要的，它关系开业仪式的成败，进而关系企业开张的顺利与否以及企业的社会形象，是一项重要的基础性工作。开业仪式的准备工作要注意以下几个方面：

第一，做好舆论宣传工作。企业应利用多种媒体宣传报道，发布广告，也可派人在公众场合散发宣传品，营造舆论声势，引起公众的广泛关注。公关活动及广告宣传等活动宜安排在开业仪式前3~5天进行，最多不要超过一周，过早和过迟都难以收到良好效果。同时，企业还应提前向媒体记者发出届时到现场采访、报道的邀请，以便进一步扩大影响力。

第二，拟出宾客人员名单。除上述媒体记者外，参加开业仪式的人员还应包括：政府相关部门领导，主要是表达企业对上级机关的感谢及希望能继续得到支持；社会知名人士，通过他们的名人效应，更好地提升企业的形象；同行业代表，希望能同舟共济、彼此合作、促进友谊、共谋发展；社区负责人及客户代表，搞好企业的社区公关，求得社区的共同繁荣，表明企业与客户的亲密合作关系。同时，应列出本企业参加开业仪式的领导、员工代表、服务人员的名单。

第三，布置开业仪式现场。开业仪式的现场一般选在企业、商场、酒店的正前门。现场布置要突出喜庆、隆重的气氛，通常应准备彩旗、横幅、空飘气球等。此外，有的企业还准备鼓乐、放飞彩鸽等加以烘托渲染。需要注意的是：现场应有开业仪式的主横幅，上书"××商场开业大吉""××公司隆重开业"等字样；现场需留出摆放来宾赠礼的位置，如花篮、贺匾、纪念物等；遵守城市管理规定，在不允许燃放鞭炮的城市里，开业仪式时应自觉不鸣放；音响或鼓乐声在节奏上和音量上要加以控制，不可因此引起邻里的反感及社区群众的投诉；预测开业仪式的场面规模，若可能会妨碍交通正常运转，应约请交通运输部门来人协调指挥。

第四，具体事项不可忽视。除上述主要的准备工作外，还有不少具体事务要落实，不可忽视。任何一个环节的具体工作出了差错，都会影响开业仪式的整体效果。比如，请柬的准备和发送，务必落实到被邀请人，并有确切的回复；贺词的撰写和审定要慎重，字体要大，内容要简练，话语要热情；现场接待人员应年轻、精干且形象良好，佩戴的标志（胸卡、绶带等）要突出，贵宾到场时还应由企业主要负责人亲自相迎；工作人员（如音响调试员、摄像师等）事先要调试好设备，千万不可临场出错；来宾的胸花、席卡、饮品、礼物等都要一一备齐。

2) 开业仪式的礼仪程序

一般来说，开业仪式所进行的时间并不会很长，但事关重大，必须有相应的礼仪程序，才能达到举办仪式的预期效果。开业仪式的礼仪程序追求完整、协调、合理，主要由以下几项构成：①迎宾。接待人员现场迎接来宾，请其签到，引导其入座。若不设座位，则告诉来宾他所在的具体位置。②开始。主持人宣布开业仪式正式开始，全体起立（不设座位应立正）、奏乐，介绍各位来宾。③致贺。按主持人的安排，由上级领导和来宾代表先后向企业致贺词，表达本单位的良好祝愿，若有贺电、贺信，应现场公告单位名称和个人身份。④致谢。由本企业负责人代表企业向来宾致谢，并简要介绍本企业的经营特色、经营目标以及渴望各界支持的态度。⑤揭牌。由上级领导和本企业负责人一起，揭去盖在公司标牌或商场匾牌上的红布，宣告企业正式开业。在场全体人员在音乐声中热烈鼓掌祝贺。⑥迎客。揭牌后，会有大批顾客随出席开业仪式的嘉宾一同进入参观、采购或进行业务接洽流程，企业的工作人员应热情地欢迎他们，并赠以开业纪念小礼品（如印有公司名称、电话、开业日期的购物袋、印刷品、小挂件等）。⑦结束。如有必要，可安排来宾就餐、观看文艺节目等。

3）开业仪式的礼仪

开业是企业的大喜事，开业仪式隆重热烈。宾主双方都应围绕这一特点，注意仪式全过程的吉庆色彩，遵守相应的礼仪规范，把好事办好。

（1）开业仪式组织者礼仪。

第一，仪容要整洁。参加开业仪式的本企业人员，无论是负责人，还是普通工作人员，都应做到仪容整洁。男士应理发剃须，女士可适当化妆，不能因企业人员的仪容不整，给企业造成形象损失。

第二，着装要规范。有条件的企业可统一着装，显示企业特色，否则应要求穿着礼仪性服装，大方、庄重、整洁，一般不宜随意着装。

第三，准备要充分。请柬要及时发放和反馈；席位安排要符合礼仪规范；迎宾车辆要检测好，保证安全运行；迎宾人员要经过培训等。

第四，要遵守时间。本企业参与开业仪式人员均应严格遵守时间，不得无故缺席，并自始至终地参加仪式，不可中途退场。开业仪式应准时开始，按时结束。如果嘉宾中的主要人员晚到片刻，出于礼貌应作稍等。

第五，态度要亲切。迎接嘉宾到场之后，仍应保持主动、热情，不要公式化迎宾后就冷落客人，还可介绍来宾相互认识交谈。来宾致贺词后，应主动鼓掌表示感谢。不能对来宾的形象、讲话及代表的公司评头品足。对来宾的提问，不论其公司大小，都应真诚友好地回答。

第六，行为要自律。开业仪式的每一环节都应慎重认真，不可在仪式开始后便东张西望、垂头丧气、嬉戏打闹或反复看表等，以免给来宾造成极为不好的印象，不利于企业进一步发展。

（2）宾客参加开业仪式礼仪。作为应邀参加企业开业仪式的宾客，无论是来自上级主管机关，还是来自同行兄弟企业，都应注意自己的礼貌礼节，以不辱使命，准确表达本单位的祝贺意愿。应注意的几点如下：①宾客要修饰仪容，特别是上级领导，切不可因分管之故，大大咧咧，吃三喝四，随随便便。②要准时到场，一般来说可提前半小时左右到场。过早或过迟到场，对于主办单位而言都会造成不便。如遇特殊情况无法到场，一定要尽早通知对方做好变动准备。③参加开业仪式时，一般都应带上贺礼（比如花篮、牌匾、楹联或实物礼品等）以示祝贺之意，在贺礼上别忘了写上祝词和落款、时间。④宾主相见，来宾应主动对主人表示恭贺，多说吉祥、顺利、发达等话语，对同是来宾的其他单位代表应主动招呼，相互结识，交流攀谈。不应只顾和主办单位人员讲话，无视别人的存在。⑤在主人讲话时，应表示赞同、点头、认真听讲，不时鼓掌。不可无休止地和左右来宾讲话或闭目养神等，更不可剔牙、搓手、长时间地接拨手机等。⑥仪式结束后，宾客应与主办单位领导、主持人、服务人员等握手话别或听从主办单位的安排，不可迫不及待地匆匆离去（特殊情况除外，但要说明），也不可悄悄地不辞而别。

7.2.2　剪彩仪式

剪彩仪式在许多领域都适用，常见的有庆贺新组织成立、企业开张、大型建筑物落成、道路和桥梁首次通车等。下面主要介绍企业商务活动中展销博览、开业庆典时，举行剪彩仪式应遵守的礼仪。

1）剪彩仪式的准备

剪彩仪式可以单独举行，也可以在开业庆典中进行，是整个庆典仪式的高潮。剪彩仪式的准备工作与前面介绍的开业仪式的准备工作相类似，如舆论宣传、请柬发送、现场布置等，但剪彩仪式也有自己特殊的准备工作，应缜密细致地提前做好。

（1）剪彩物件的准备。①红（彩）色的缎带、绸带，应具有一定的宽度，根据需要结成等距离的若干彩球，为节约起见，不必选用整幅的长带，一般使用2米左右的红带与彩球联结而成即可。有的单位用质地较好的彩纸取代，效果也很好。②剪刀应选用新的，为显示隆重热烈，一般选用金色的剪刀，事先应试一试刀口是否锋利，避免现场剪彩时出差错。③托盘和剪刀、彩球的数量应与剪彩者的人数相一致。托盘供接（剪下）彩球之用，应该华贵而醒目，大小适中，质地考究。每个盘中放置新剪刀一把，白色薄纱手套一副，用红绒布衬垫。使用时由礼仪小姐双手托着递送给剪彩者。

（2）剪彩人员的确定。剪彩人员主要在应邀的来宾中产生，其身份和影响应与剪彩仪式的内容和规格相统一，一般有上级领导、部门主管、社会名流以及专家顾问、合作伙伴和本单位代表，视情况确定一人或多人参与剪彩。剪彩人员确定后，对本单位以外的剪彩人员，必须由本单位的负责同志亲自出面或委派代表前往邀请，只打个电话或发个请柬，会显得过于草率。现场剪彩人员如果不止一位，应在邀请时向被邀请人员讲清，征得几位剪彩人员同意共同剪彩时，这些人员才能被正式确定下来。

（3）礼仪小姐的选定。礼仪小姐是剪彩仪式中负责引领宾客、拉牵彩带、递剪接彩等工作的服务人员，在仪式中担任着重要角色。礼仪小姐既可到公关、旅游及礼仪公司去聘请，或向社会招募，也可以在本单位女职工中挑选。礼仪小姐一般应仪态端庄大方，有一定的文化素养和气质，并且符合一定的年龄和健康要求。对挑选出来的礼仪小姐，应该进行必要的培训，使其懂得剪彩仪式的意义和自己的责任，熟悉剪彩仪式的程序和应有的礼节，落实各自的分工和位置，以确保仪式有条不紊地进行。

课堂互动7-2

课堂互动 7-2

答案提示

该怎么选礼仪小姐？

2）剪彩仪式的程序

开业庆典中的剪彩仪式，只是整个庆典活动的一个组成部分。如果单独举办剪彩仪式，一般应有以下程序：①嘉宾入场。剪彩仪式开始的前5分钟，嘉宾便应在礼仪小姐的引领下，集体入场。一般来说，嘉宾中的剪彩者应前排就座，座位上应事先放好席卡，中央级的来宾只写"首长"，其他人可直接写姓名。②仪式开始。由企业主要负责人宣布仪式开始，奏乐、鸣炮（有的地方禁鸣则免），介绍到场的嘉宾，对他们的到来表示感谢。③宾主讲话。由主办单位代表、上级主管部门代表、合作单位代表以及社会知名人士先后发言。讲话内容应具介绍性、鼓动性、祝贺性，做到短小精悍、言简意赅。④进行剪彩。礼仪小姐在欢乐的乐曲声中登场，引领剪彩者按主办单位的安排站立在确定的位置，此时拉彩带者拉起红绸及彩球。在剪彩者剪断红绸、彩球落盘时，全体人员报以热烈的掌声。⑤后续活动。剪彩仪式结束，主办单位可安排一些文艺、参观、联谊、座谈、签名、题词、就餐等后续活动，具体做法可视剪彩内容而定，最后可以向来宾赠送一些纪念性礼品，热情欢送他们离去。

3）剪彩仪式的礼仪

在剪彩仪式中，剪彩者和仪式上的礼仪小姐是最突出的人物，剪彩仪式的礼仪也主要通过他（她）们表现出来。

（1）对剪彩者的礼仪要求。剪彩者是剪彩仪式的主角，由于他们的特殊身份，更容易被观众和媒体所关注。他们在仪式上的举止行为，要特别注意做到符合礼仪规范。其主要表现有：第一，修饰自己的仪表着装。剪彩者的仪表要庄重、整齐，着装要正规、严肃。中山装、西装或职业制服都可以作为剪彩穿着服装，视剪彩内容的需要而定；头发要梳理，颜面要洁净，给人以容光焕发、干净利落的好印象。第二，注意剪彩中的举止行为。剪彩者在剪彩仪式全程中应始终保持稳重的姿态、洒脱的风度和优雅的举止。起身剪彩时，应面带微笑地稳步走向待剪的彩带，从礼仪小姐的托盘中自取剪刀，并向礼仪小姐及两边的拉彩带者微笑示意，然后严肃认真地将彩带剪断。如果剪彩者不止一人，还应当兼顾各位，彼此尽量同时开剪。剪完后，将剪刀放回托盘，并举手向人们致意或鼓掌庆祝。第三，尊重主办单位，协力配合仪式进程。剪彩者一定要按照约定的时间，提前来到仪式现场，应当理解此时主办单位盼望嘉宾到位的心情。到现场后，可与主办单位或其他先到一步的嘉宾交流谈心，不宜独坐一隅。仪式开始后，则应专心听取别人发言，关注仪式进展程序，不宜喋喋不休地与人谈笑。剪彩归来回位之前，应先和主办单位的代表握手致贺，礼节性地谈几句，或与他们在一起，长时间地鼓掌。在后续活动中，也应善始善终，听从主办单位的安排。切忌因自己单位大或自己地位高等原因指手画脚，自以为是，令主办单位为难。

（2）对礼仪小姐的要求。在剪彩仪式上，通常都有礼仪小姐参加，她们承担着彰显仪式的规格、具体参与仪式的服务等重任。礼仪小姐在仪式上虽说是配角，却体现着企业的形象和员工的素质，礼仪在她们身上显得尤其重要。

首先是仪容要高雅。剪彩仪式上的礼仪小姐，多数情况下统一身着中华传统的礼仪服装——旗袍（也有穿西式套装的），脚穿黑色高跟皮鞋；化上淡妆，盘起头发，面带微笑，步履轻盈；争取一举一动、一颦一笑，都能给人以美的感受，做到典雅大方，光彩照人。其次是举止行为要规范。在仪式进行中，礼仪小姐应训练有素，走有走姿，站有站相，整齐有序，动作一致。尤其应注意做到的是，礼仪小姐在整个仪式进程中始终要保持应有的微笑。如果在仪式进行中发生了小意外（比如剪了几次仍未能剪断彩带）发生，礼仪小姐应冷静地处理，不可手忙脚乱、大呼小叫，以确保仪式顺利进行。最后是工作责任心要加强。在剪彩仪式中，礼仪小姐应以规范的举止在服务中展示本单位的形象和风采。她们应当意识到，自己在仪式上的一点点粗心大意都会给来宾留下不好的印象，给企业带来损失。所以，礼仪小姐的工作需要高度的自控力和责任心。如果在仪式进行中礼仪小姐不知去向，或丢三落四，或毫无表情，势必会破坏剪彩仪式的热烈气氛，影响仪式的最终效果。

礼仪小知识7-2　　　　　　　　　剪彩的由来

过去，西欧国家盛行在新船下水时举行庆祝仪式，观礼的人很多，为防止人们拥向新船体而发生意外，组织者在船体外一定距离的地方，用布绳设置一道"防线"。当船下水典礼准备就绪后，典礼主持者就用剪刀把布绳剪断，让人们可以靠近观看。这就是剪彩的雏形。发展到后来，剪彩用的布绳被彩带所代替，而且在车船、道路、桥梁完工时或者大型建筑落成时，以及展览会开幕时，都会举行剪彩仪式。

资料来源：佚名. 剪彩的由来 [J]. 文史月刊，2009（3）：57.

7.2.3　签字仪式

在商务活动中，双方经过业务洽谈，就某项重要交易或合作项目达成一致后，就需要把谈判成果和共识用准确、规范、符合法律要求的格式和文字记载下来，经双方签字盖章，形成具有法律约束力的文件。围绕这一过程，一般都要举行签字仪式。

1）签字仪式的准备

签字仪式是由双方正式代表在有关协议或合同上签字，产生法律效力，体现双方诚意和共祝合作成功的庄严而隆重的仪式。因此，签字仪式主办方要做好充分的准备工作。

（1）确定参加仪式的人员。根据所签文件的性质和内容，安排参加签字仪式的人员。签字仪式有的涉及国家部委，有的涉及地方政府，也有涉及其他国家，要做好相应的安排，原则上是强调对等，签字人在地位和级别上应要求对等。一般来说，双方参加洽谈的人员均应在场，客方应提前与主办方协商自己出席签字仪式的人员，以便主办方作相应的安排。

（2）做好协议文本的准备。签约之"约"，事关重大，一旦签订即具有法律效力。所以，待签的文本应由双方与相关部门指定专人，分工合作完成好文本的定稿、翻译、校对、印刷、装订等工作。除了核对谈判内容与文本的一致性以外，还要核对各种批件、附件、证明等是否完整准确、真实有效，译本、副本是否与样本正本相符。如有争议或处理不当，应在签字仪式前，通过再谈判达到双方谅解满意，方可确定。作为主办方，应为文本的准备过程提供周到的服务和方便的条件。

（3）落实签字仪式的场所。落实举行仪式的场所，应视参加签字仪式人员的身份和级别、参加仪式人员数量的多少和所签文件的重要程度等诸多因素来确定。大至著名宾馆、饭店，小至企业会客厅室都可以选择。既可以大张旗鼓地宣传，邀请媒体参加，也可以选择僻静场所进行。无论如何选择，都应是双方协商的结果。任何一方自行决定后再通知另一方，都视为失礼的行为。

（4）签字仪式现场的布置（如图7-1所示）。现场布置的总原则是庄重、整洁、清静。常见的布置为：在签字现场的厅室内，设一加长型条桌，桌面上覆盖着深冷色台布（应考虑双方的颜色禁忌），桌后只放两张椅子，供双方签字人签字时用。礼仪规范为客方席位在右，主方席位在左。桌上放好双方待签的文本，上端分别置有签字用具（签字笔、吸墨器等）。如果是涉外签字，在签字桌的中间摆一个旗架，分别挂上双方国旗，注意不要放错方向。如果是国内企业之间的签字，也可在签字桌的两端摆上写有企业名称的席位牌。签字桌后应有一定空间供参加仪式的双方人员站立，背墙上方可挂上"×××（项目）签字仪式"字样的条幅。签字桌的前方应开阔、敞亮，如请媒体记者参加，应留有空间，配好灯光。

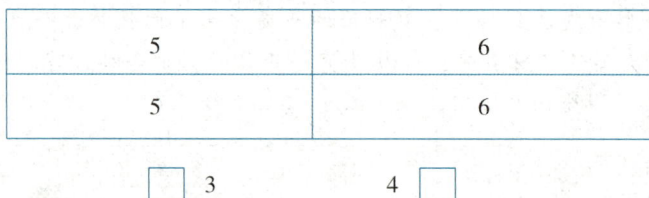

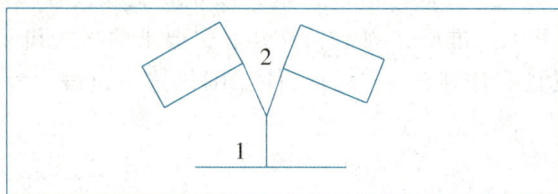

1. 签字长桌　2. 双方国旗　3. 客方主签人　4. 主方主签人　5. 客方人员　6. 主方人员

图 7-1　签字仪式现场的布置

2）签字仪式的程序

商务活动中的签字仪式有一套严格的程序，大体包括以下步骤：

（1）参加签字仪式的双方代表及特约嘉宾，按时步入签字仪式现场。

（2）签字者在签字桌前入座，其他人员分主、宾各站一边，按其身份自里向外，依次由高到低，列队于各自签字者座位之后。

（3）双方助签人员分别站立在己方签字者的外侧。

（4）签字仪式开始后，助签人员翻开文本，指明具体的签字处，由签字人签上自己的姓名，并由助签人员将己方签完字的文本递交给对方助签人员，交换对方的文本再签字。

（5）协议文本签字完毕，由双方的签字人郑重地相互交换文本，同时握手致意祝贺，双方站立人员同时鼓掌。

（6）协议文本交换后，服务人员用托盘端上香槟酒，双方签字人员举杯同庆，以增添欢乐气氛。

（7）签字仪式结束，双方可共同接受媒体采访。退场时，可安排客方人员先走，主方送客后自己再离开。

3）签字仪式的礼仪

谈判不成当然无须签约，签约是洽谈结出的硕果。签字仪式上，双方气氛因轻松和谐，也没有了洽谈时的警觉和自律，但签字仪式礼仪仍不可大意。

（1）注意服饰整洁、挺括。参加签字仪式，应穿着正式服装，庄重大方，切不可随意着装，这反映了签约一方对签约的整体态度和对对方的尊重。如因一时轻松而忘乎所以，可能引起对方的不快。

（2）签字者的身份和职位对等，过高或过低都会造成不必要的误会。参加仪式的其他人员在站立的位置和排序上应有讲究，不可自以为是。在整个签字仪式完成之前，双方人员都应平和微笑地直立站好，不宜来回走动谈话。

（3）签字应遵守"轮换制"的国际惯例，即签字者先在自己一方保存的文本左边首位处签字，然后再交换文本，在对方保存的文本上签字。这样可使双方都有一次机会首位签字。双方在文本上签字后，应由签字者互换文本，而不是由助签者代办。

（4）双方举杯共饮香槟酒时，也不能大声喧哗叫喊。碰杯要轻，稍后高举示意，浅抿一口即可，举止要文雅有风度。

礼仪小知识7-3　　　　　　　　法国商人的特点与风格

法国商人一般都比较注重自己的民族文化和本国语言，因此在进行商务谈判时，他们往往习惯于要求对方同意以法语为谈判语言。与法国人长期做生意，最好学些法语，或者在谈判时选择一名好的法语翻译。法国商人大多性格开朗、十分健谈，他们喜欢在谈判过程中谈些新闻趣事，以创造一种宽松的气氛，所以多了解一些法国文化、电影文学、艺术摄影方面的知识，还是非常有助于相互沟通和交流的。

多年以前我做外贸时，遇到过一位法国客商。她是一位四十多岁的中年女性，记得首次见面时，她给我的印象就是非常高雅，穿着时尚。但是，我们一开始的沟通不是很顺利，因为她对价格十分看重，谈了一上午也没有太大突破。中午休息时，一起吃饭闲聊，我无意中提到了法国电影，就试探性地问她是否了解苏菲·玛索这位法国演员，没想到她居然是其忠实影迷，于是话匣子一下子打开了。其实我对法国电影了解不多，加上客户一口的法式英语，很多电影专业名词根本听不懂，但我又不忍心老是用"Pardon"去打断她那高昂的兴致，只好默默地始终微笑地说着"oh yes, oh good, oh wonderful"之类的话语，终于似懂非懂地聊完了这个电影话题。法国客户似乎非常满足，感觉找到知音一样，下午谈判时居然张口就是"I accept your price"，这意外之喜让我非常开心。签完合同，这位法国女客商还意味深长地说了一句"It's be better if you can speak French"。于是，我终于明白，除了对文化的推崇，法国人一般都比较注重自己的本国语言，因此在进行商务谈判时，如果以法语为谈判语言，效果会更好。

资料来源：焦点商学院. 与法国人做生意，你可以get这4点小技巧［EB/OL］.［2023-12-15］. https://www.52by.com/article/15608.

7.3　中外商贸业务习俗

不同国家和地区间的商务习俗既有相似之处，又有自己的特色。商务活动中应当主动做到入乡随俗，以利于与商务贸易伙伴达到彼此沟通感情、促进业务顺利开展的目标。

7.3.1 商务习俗的形成

商务习俗的形成主要源于世界上不同国家间的文化传统的差异。影响文化传统差异的主要方面，可以概括为价值观念、国民个性、语言环境和交往方式四个方面。

1）价值观念的影响

文化传统会在一个国家或地区范围内形成占主导地位的价值观念。拿日本来说，在传统文化的长期影响过程中，人们注重效果而不在意效率，所以他们的商务洽谈十分重视各阶段的实际效果，表现得十分慎重、周密、严谨，凡事彬彬有礼，不慌不忙。而在美国的传统文化中，人们更注重的是效率，商务洽谈中最不乐意打持久战，要求"速战速决"。

2）国民个性的影响

一方水土养育一方人。文化传统的差异使得世界上不同民族、不同国家都有着自己鲜明的国民个性。受此影响，不同国家或地区的商务人员也必然烙上国民个性的印记。比如，我国商人在涉外商务宴请活动中易受"重义轻利"的国民个性影响，谈判交往比较含蓄，这种东方文化、太极式的周旋往往使得西方对手无法适应；而英国由于其在历史上曾一度称雄世界，国民个性中总带有一种高傲自得的"绅士"派头，当然在商务活动中也不可避免地流露出来。

礼仪小知识7-4   在报价尾数上，各个国家有什么忌讳？

尾数报价方法是利用具有某种特殊意义的尾数或人们的"心理尾数"定价，尽量避免整数报价。采用尾数报价方法一方面是针对人们对数字的心理，另一方面也是出于商业谈判技巧的需要。当一方采用整数报价方法时，往往难以使对方信服。在报价或者还价中使用当地人们特别偏好的数字，投其所好，避免触碰对方的风俗习惯或忌讳，更容易获得对方的青睐。

1）亚洲

（1）印度人报价

印度人忌讳数字13，不喜欢6和8，喜欢单数。在中国人眼里非常吉利的8，比如88，一些印度教徒却认为很不吉利。印度是一个多宗教信仰的国家，不同信仰的人会有不同的数字爱好，比如印度的穆斯林更喜欢6、7、8，而很多印度教教徒就不喜欢6和8，因为在印度信仰中，6代表第6宫，预示着疾病，8代表第8宫，代表死亡。这都是不吉利的，如果在报价中忽略了当地的忌讳，可能订单也会打水漂。

（2）韩国人报价

韩国人传统观念中的幸运数字是3，在韩国人生活中，处处都有3的身影，韩国的文字是以"天、地、人"的原理创制的，作为韩国饮食文化基础的酱油、辣椒酱、大酱被称为"三酱"。大多数韩国人认为"3"是带福气的数字。

（3）菲律宾人报价

菲律宾人喜欢7和8，英文中数字7的发音与"平安（safe）"发音接近，所以菲律宾人认为7代表平安；同时受到华人影响，认为8意味着"发"，菲律宾人喜欢7和

8，代表平安发财。由于受到西方文化的影响，他们也不喜欢数字13，认为13不吉利，所以在菲律宾的酒店、公寓的电梯通常是没有13层的。幸运数字的号码价格非常高，比如带有888的车牌号在菲律宾陆运署的价格为100至400美元。

（4）泰国人报价

泰国人喜欢9，不喜欢6，因为9的发音与泰语中的"发展、上升"是同音。泰国陆上交通厅每半年都会在全国拍卖"幸运车牌号"，通常带9的车牌号会最快被抢光，如果是999之类的车牌，最高可以拍到300万泰铢（约合人民币60万元）。泰国人喜欢9这个数字，而且喜欢重叠，如"8989""2929"等。

2）欧洲

（1）法国人报价

法国人喜欢7和13，在圣经中，上帝创世后从第7天开始休息，每个星期有7天，因此7代表着轮回、生命力和改变。现在的法国人认为13是一个能够带来奇迹的数字，他们相信平衡的理论，认为13是不幸的数字，对自己而言就是幸运的数字，而且很多人都相信这个人就是自己。

（2）荷兰人报价

中国人不喜欢4，认为4与"死"同音，但是在荷兰，荷兰语中4是一个喜庆的数字，因为在荷兰语中4与"庆祝"的发音相近。所以他们视4为幸运数字，认为可以给他们带来好运。荷兰人忌讳6，在荷兰语中，6与"性"发音相近，在报价中如果单纯用".66"可能会被认为是性骚扰，所以在报价时要避免对方的这个忌讳。

（3）德国人报价

德国人喜欢4，忌讳13，他们信奉基督教，如果某天既是星期五又是13号的话，那么这一天每个人都会小心翼翼，聊天办事时也会尽量避免13这个数字。和他们接触时，要尤为注意这点，尽量不要选择这一天报价。在德语中，4发音与"多"相近，所以4代表越来越多、越多越好，德国人很喜欢数字4，在报价中可以抓住这一点。

资料来源：朵颜聊外贸. 外贸人在报价尾数上，各个国家有什么忌讳？（亚洲、欧洲）[EB/OL].［2023-12-10］. https://baijiahao.baidu.com/s?id=1708388851208035363&wfr=spider&for=pc.

3）语言环境的影响

语言是文化传统的组成部分。不同语言环境孕育着不同的文化，同时文化又制约着语言的进一步发展。语言包括书面语言、口头语言、肢体语言、行为语言等，甚至还有时间语言、空间语言、物质语言之说。在商务活动中，这些由语言环境构成的商务习俗，也是我们应当"读懂""听懂"的。一般来说，书面语言最严谨、口头语言最活跃、行为语言最难懂。据专家统计，世界上有3 000多种语言，但在商务活动中最常用的主要是英语，此外还有法语、西班牙语等商务常用语言（WTO的正式文件文本指定为这几种语言）。另外，在某些国家或地区，历史上曾经沦为外国殖民地，在不得不使用宗主国的语言的同时，仍然保留自己民族的语言，形成了较为复杂的商务习俗。

4）交往方式的影响

在不同的文化传统背景下，各国或地区商务交往的方式也互不相同，从而形成了彼此有别的商务习俗。比如在商务宴请中，美国人由于比较开放、随和，一般乐意邀请客人到自己家中，参加鸡尾酒会或庭院野餐会；而日本人受东方文化的影响，性格比较拘谨、传统，通常不愿邀请客人到家中聚餐做客，而是习惯于请客人去酒吧或餐馆等正式场合，交流感情、增进友谊。当然，第二次世界大战以后，随着国家间文化交流日益频繁，国际商务往来增多，经济全球化步伐加快，各国、各地区的交流方式也在相互渗透、相互交融，固有的商务习俗也正在悄悄地发生改变，彼此借鉴，走向趋同。全球的商务活动都在寻求最佳的方式接近对手、取悦顾客，而改变其传统的习俗。因此，我们在了解中外商务习俗时，不可墨守成"俗"，而应以发展的眼光去看待既有的习俗。

7.3.2　不同国家或地区的商贸业务习俗

不同国家或地区的商人，必然有着不同的商务习俗，与他们做生意应当充分了解这些习俗，并尽量去适应。美国《国际商业时报》说，美国某商人即将在一份几百万美元的合同上签字，这时他的中东客户请他吃当地的美食——羊头。他该怎么办？他必须咧嘴一笑，强忍咽下。对这种殷勤的招待如果加以拒绝，将使他失去这笔大生意。以下简要介绍不同国家或地区的商务习俗。

1）中国商贸业务习俗

中国商人历来注重礼节，以诚信为本，信奉"诚招天下客"，把生意和仁义区别对待，注重交情和友谊。这与中国传统的"重义轻利"思想有关，即使洽谈磋商很久，对不能成交的业务仍强调"买卖不成仁义在"，主张"和气生财"。中国人经商乐于感情投资，喜欢投其所好，送点小礼物，或通过宴请对手在推杯换盏中边吃边谈。有些宴请档次之高、气势之大、来人之多常使外商受宠若惊，甚至胆怯而退。

中国地广人多，商务活动也分多种形式。在比较繁华的城市里，人们把形成相对集中的商业区域称为"市"，而在乡村则习惯上称为"集"。农村的集市往往都有固定的日期，有的"逢十"，有的"逢五"等，都以中国的农历计算，以农历的节日庆祝为契机，逛市赶集。另外，还有一种商务形式叫庙会。庙会早在1 000多年前就已存在，它集宗教、商贸、民俗活动于一体，经久不衰，至今仍深受群众欢迎。

中国商务习俗中仍有些旧时代的店规。例如，员工不准在店堂门口伸懒腰、打哈欠，更不许站在门槛之上或倚靠在门框边，据说这样会挡住财路；员工扫地只能从门口扫起，由外向里，寓意为留住财富；不准把算盘摆在地下；药店里不能讨价还价，员工不能对顾客说"欢迎再来"；买卖民间神龛神像等物，只能说"请""送"，不能说"买""卖"，以示尊敬和虔诚；开市开业要祭财神、放鞭炮，有的地方还盛行由店主把活鲤鱼放生，取其"生意兴隆通四海，财源茂盛达三江"之吉意。现在的商场开业时多搞仪式，升旗、剪彩，员工恭迎首批顾客进店。

改革开放以来，中国商人注意学习现代营销知识、公关礼仪知识以及国际通行惯例，吸取国外的一些商务常规礼仪，结合我国传统特色，使商务习俗发生了新的变化。例如，守时重诺、按质论价、对等相称等方面比过去有了较明显的转变。

2）日本商贸业务习俗

尽管日本是我国的近邻，但仍有不少独特的商务习俗。当前，中日贸易交往日益频繁，了解日本商贸业务习俗有助于我们对日贸易的开展。

日本商人在与对方接触洽谈之前，习惯于先建立友好往来关系。他们往往通过最初几次的会晤来揣摩对手。日本商人早期和你见面，一般不谈工作，而只是自我介绍，彼此引见，互换名片等。要等喝过几道茶，才会言归正传，而此时，他已通过"品茶"在"品你"了。比如，对方的地位、重要性和与谈判班子成员的工作关系等都是他们"品"的内容。日本商人在第一次洽谈时喜欢互赠礼品，你可以在还礼时回赠本公司的特色产品给他，但不必借机炫耀产品的商标。礼品的数量只可是三、五、七件，绝不要选四件。在接受日本商人的礼物时，一定要再三推谢之后才可收下，而再次相遇时，一定要重提和夸赞他送的礼物。根据日本的习俗，送礼时间最好是在年末或七月初的中元节。

日本商人很注意礼仪的运用，你也应当举止从容、态度谦恭。与日本商人洽谈，发言时要低姿态，施压对他们是不起作用的；谈判阵容应从中级别开始，防止日商有压力感。向日本商人递名片时，不能倒拿，要让字正对着他递过去，名片最好一面印有日文。日本商人喜欢把谈判安排在晚上进行，而且持续到凌晨。他们认为，"晚上最能了解人的灵魂"。日商谈判往往兴师动众，与欧美商人单车独马的风格不同。谈判中要注意日本商人的三种表现：第一，报以微笑，这只表示"我们还是朋友"，别无他意。所以日本商人虽然客气，但并不容易接近。第二，他们往往以长时间的沉默不语来思考，并借此考验对手的耐心和态度。这种沉默不是拒绝，也不是默认，而只是一种赢得时间和观察对手的策略。第三，日本商人的"嗨"只表示"听见了""知道了"，并不是表达"是的""对的"意思，只能理解为一种礼貌的应和。

3）亚太地区其他国家商贸业务习俗

亚太各国商务习俗大同小异。大多数商人都很客气，崇尚个人的谦恭和与集体的和谐，这实际上抑制了洽谈者个人的特征和情感。当然，毕竟各国的习俗也不尽一致，所以应区别对待。

泰国商人往往保持闲逸舒适的态度，对待生意漫不经心，也不太主动争取客户。这种商务方式被称为"卧着做生意"。泰国商人喜欢通过共进午餐来开展商务联系，以便能更多地了解你。许多高级地位的商人都有皇室头衔，并醒目地印在名片上，如P.O.C（国王的孙子）、M.R（国王孙子的孙子）等。你接过名片，应认真细读，并以头衔称呼他。泰国在圣诞节或每年4月的宋干节期间，商业部门大多是停止营业的，所以与泰国商人做生意要先通过信函约定。泰国商人对客户给孩子送小礼品的做法十分欢迎。

澳大利亚商人不多疑，不以门第、等级取人，比较容易接近。他们总是很爽快地安排洽谈，并且洽谈条件较为客观，几乎有问必答。通常情况下，报价已经非常接近对方可以接受的水平，无须再过多地讨价还价，澳大利亚商人一般没有先抬价再让价的习惯。在业务洽谈中，他们重视大的原则问题，很少纠缠细节，所以与澳大利亚商人谈判应集中精力解决重大问题，不必多谈细节。每年3月到11月是出访澳大利亚经商办事的最佳时期，其余的3个月特别是临近圣诞节、复活节时，不宜洽商业务。

马来西亚和新加坡的商人外出频繁，确定商务洽谈的时间应至少提前1个月。若能找到熟人或由银行开份引荐信，会使你建立客户关系和安排约会更顺利，否则你会晤的请求，将可能得不到答复。在这些国家进行商务洽谈需要有耐心，谈判进程可能是缓慢的，而且还可能重新决策。比如，价格方面虽已达成协议，但对方却可能试图就此再度协商，这是一种习俗，你不必感到吃惊。去马来西亚进行商务活动，应避开穆斯林斋月和华裔新年，时间最好选在每年的3月和7月。

韩国商人习惯在谈判前对客人的情况进行深入了解，否则不轻易与对方坐到谈判桌前。韩国商人在谈判时多采用"声东击西""先苦后甜""以退为进"等策略，用率先忍让的假象去换取对手的让步。而他们自己，即使到了将近签约之时，也仍不放弃"再让价格"的要求。和日本商人相似，韩国商人也多行鞠躬礼。如果洽谈结束时鞠躬的时间长于开始的时间，且鞠躬的幅度也加大，则透露出他们对会谈进展是满意的；反之，则意味着会谈还有麻烦。韩国商人还针对不同的谈判对手，经常使用"疲劳战""限期战"等手法与对手周旋。

━━━● 礼仪小知识7-5   作息时间 各国有别

在国际商务活动中计划约会时，应注意到不同国家（甚至一个国家内不同地区）的不同工作时间。例如，意大利人的工作时间通常为上午9时至晚上8时，下午1时至4时为午休时间。希腊人的工作时间为上午8时至下午1时半和下午5时半至晚上8时半。在拉丁美洲，虽然有些人的工作时间为上午9时至下午5时，但多数人的工作时间为上午9时至中午12时，然后有3小时的午休时间。墨西哥人的工作时间通常为上午9时至下午2时和下午4时至晚上7时或8时。在阿拉伯国家，虽然工作时间为上午9时至下午1时和下午2时至5时，但阿拉伯人在工作时间内会停止工作做祷告。

4）中东商贸业务习俗

中东国家多信奉伊斯兰教，其生活方式造就了"一个完全不同的世界"，渗透到商务活动中就形成了非常独特的商务习俗。阿拉伯人的纪元是以公元622年为元年，使用的伊斯兰教历和公历不同，所以在与阿拉伯商人洽谈时要进行换算，别弄错了日子。一年一度的斋月中，商务活动照常进行，但商务宴请却必须在日落之后。因为宗教要求，伊斯兰教徒每天要面朝麦加方向做5次祈祷，商务活动中也不例外。阿拉伯人不太注意守时，既不在意开始的时间，又不节制结束的时间。他们在约会时往往迟到，会谈中却延时。他们会因不断接待新的来访者让你坐等20分钟，然后可能在同一个场合与不同的对手进行谈判，原定的会谈1小时，被拖长2~3个小时是常事。

阿拉伯人等级观念较明显，你想越过下级直接去找其上司，丝毫不能加快你办事的速度，甚至还可能事与愿违。在办公室或社交场合，喝茶或咖啡以3杯为限，多喝被认为是不懂规矩。若有人在你正谈话时介入，不必诧异，这是阿拉伯民族一种古老的"共同听政"习俗。阿拉伯人喜怒难测，固执己见。怒时极易冲动，但不伤害别人，只是自我宣泄；喜时往往不顾实际情况，就欣然答应别人的要求，而外人还常常信以为真。

沙特阿拉伯人与人约会，一般只说从现在起几小时后，而不能说定几点钟。因为沙特阿拉伯习惯以日落时为零点，不同的地方因日落时间不同，会相差几十分钟。沙特是男女之间设防最严的国家，外国妇女申请入境非常困难。商谈前，不可贸然向外商的妻子问好。在禁忌方面，沙特严禁一切偶像，任何人不准携带雕塑、洋娃娃之类物品入境，连商店的服装塑料模特和十字路口的交通招贴画上的人像，都是无头的。他们忌用左手接拿物品。在沙特签署文件或合同，必须有两名沙特见证人在场方能生效。

与科威特人谈生意，多数是在饮酒中进行的。他们并不多说话，通过与对方饮酒，用酒杯来"说出"贸易语言，发表自己的意见。比如，科威特人表示愿意和你做生意时，就会频频举瓶为你斟酒，每次量不大，你也应为他倒酒表示回敬；如果他举杯要你饮酒，自己只饮一两口，又不喝干，则表示他愿意在价格上做出让步；如果表示达成协议时，他们就摆上两只酒杯，双方各喝两杯，就可签约成交；相反，如果对方把一杯酒喝完后，再把酒杯扣在桌上，则表示生意告吹，准备告辞走人。所以，去科威特进行商贸活动，既要懂他们的"酒语"，又要能陪他们喝酒，还不能因量小醉酒而误事。

总之，阿拉伯世界很神奇，宗教禁忌颇多，这使得欧、亚、美各地的商人深感不适。在中东经商，务必要尊重阿拉伯人的习俗，尤其是宗教习俗，才能减少麻烦，获得成功。

5）欧美商贸业务习俗

与阿拉伯人完全不同的是，欧美商人特别注重守时。在欧美无论哪个国家，与商人打交道时，最好是比约定的时间提前5分钟到达。如果你迟到，不管怎样解释也无法真正挽回失礼的印象。

欧美各国之间的商务习俗也各具特色。例如，美国商人独往独来，德国商人则总带助手；美国商人随约随往，一般不搞迎送；德国商人则要在阅读企业材料、认真看过样品后，才与你会晤，因此总会稍稍推迟约见日期；美国商人注重现实水平，德国商人却看重学术头衔；美国商人乐意尽快把项目敲定，德国商人却讲究形式，缺乏灵活性等。

法国《问题》周刊曾载文指出："好的商人，不仅要熟悉商品，也要熟悉各地风土人情。"同在欧洲，英国人深沉，法国人浪漫，德国人严肃，而西班牙人的想法和行为相互有别，甚至大相径庭。在商务活动中，英国商人态度友好，讲究礼仪，但不喜欢别人直接称他们为"英国人"，叫他们"大不列颠人"则易于接受。与英国商人洽谈时，不要佩戴条纹领带，不要以英国皇家的私事为话题闲聊。法国商人谈判时，喜欢先就主要交易条件达成共识，而后才谈合同条文。他们习惯反复多次地涉及交易的全部内容。他们如与你约会，喜欢采用共进晚餐的方式。芬兰商人总喜爱以"桑拿"的方式与客人同庆合作成功，而且不喜欢客人拒绝。在西班牙、挪威，成交后的客方应当懂得必须送礼的习俗，这是一种礼貌或者说是一道"手续"，在当地是合情合理又合法的。

英国、法国、加拿大等国的机关、企业多在7月到8月间休息，洽商应尽量避开这个季节。此外，欧美地区圣诞节、复活节前后的一两周内，以及双休日都要尽量不安排或少安排商务洽谈活动。

启智润心 7-1　　　　　　　　**践礼兴商，助推新兴产业发展**

最近几天，小米汽车的热度居高不下。终于，小米SU7交付的日子到了。2024年4月3日一大早，雷军就在微博发文："三年前的豪言壮语，今天变成了现实，我会将一台台崭新的小米SU7亲自交到首批车主手上。从今天开始，小米正式成为一家车厂。大家是不是应该叫我雷厂长了？哈哈哈哈。"

在雷军宣布小米SU7开售的短短几天时间内，就有超过10万人预订，锁单量已经超过4万单。从网上流传的视频和照片来看，有不少首批小米SU7车主都享受到了雷军亲自为其开车门、拥抱、合影等待遇。

一位女车评人发布的视频显示，除了以上待遇，她还有幸拿到了全国第一台霞光紫色的小米SU7。

资料来源：三言科技. 小米汽车首批车主都是谁？千亿总裁雷总开车门、拥抱、合影［EB/OL］.［2024-04-10］. https://new.qq.com/rain/a/20240403A080AB00.

核心素养：战略性新兴产业　创新精神

学有所感：小米智能汽车的交付仪式充满了仪式感，给足了消费者情绪价值，收到了非同凡响的市场反馈。在此之前，小米以制造智能手机产品为大家乐道，如今投身于智能汽车这一战略性新兴产业，体现了我国民营企业敢于挑战、勇于创新的精神。

●● 本章小结

★ 注重商贸业务礼仪，有助于营造良好的交易氛围，树立企业形象，化解各种商务矛盾，增进双方的沟通和互信，促使商贸业务顺利开展。

★ 写字间布置应当体现明亮、整洁、合理、文明和卫生的风格，写字间工作人员要服饰整洁大方，遵守公司制度，礼貌待客，文明有礼地接、拨电话。

★ 推销人员应该爱岗敬业，明礼诚信；业务精通，知识丰富；百折不挠，坚毅顽强；以礼待客，举止文明。

★ 推销过程中的礼仪要求：服装要注意TPO原则；进门要经主人应允；自我介绍应谦和准确；介绍商品运用FABE说明术，要实事求是；推销完成后要礼貌告别。

★ 业务洽谈要坚持互惠互利原则、平等协商原则、求同存异原则、依法办事原则，洽谈人员要在着装、迎见、举止、谈吐等方面注意礼仪要求。

★ 开业礼仪中，组织者应仪容整洁、着装规范、准备充分、严守时间、态度亲切、行为自律；参与者应修饰仪容、准时到场、略备贺礼、主动攀谈、有始有终。

★ 礼仪小姐不能只注重仪表，更要注意气质修养等综合素质，还应有必要的礼仪知识和灵活的应变能力，有使命感和责任心，做到仪容高雅、举止规范，高度负责。

★ 签约的场所布置要符合国际惯例，程序要严格符合规范，签字者要服饰整洁、身份对等、轮换签字，最后举杯共庆时应文雅有度。

★　熟知中外商贸业务的习俗。

●● 主要概念和观念

☐ 主要概念

　　商贸业务礼仪　商品推销　业务洽谈

☐ 主要观念

　　写字间工作礼仪　推销与洽谈礼仪　开业、剪彩、签字仪式礼仪

●● 基本训练

☐ 知识题

　7.1　判断题

　（1）写字间要布置得豪华大气，才能显示出对来客的尊重。　　　　（　　）

　（2）只要礼貌待客，就可以做好商品推销。　　　　　　　　　　　（　　）

　（3）在进行签字仪式时，出于礼貌，应先签署对方的文件文本。　（　　）

　（4）泰国商人的经商方式，被称为"卧着做生意"。　　　　　　　（　　）

随堂测验7-1

判断题

　7.2　选择题

　（1）写字间工作人员如遇上级召见，应当（　　　）。

　A.转告上级，手头正忙，忙完就来　　　B.马上放下手头工作，去见上级

　C.请别人或助手，代见上级　　　　　　D.请上级换时间，改日再见

　（2）推介商品常用FABE说明术，其中的B是指（　　　）。

　A.商品特征　　　　B.商品优点　　　　C.客户利益　　　　D.证据

　（3）阿拉伯人在办公或社交中，喝茶或咖啡以（　　　）为限。

　A.1杯　　　　　　B.2杯　　　　　　C.3杯　　　　　　D.4杯

随堂测验7-2

选择题

　7.3　简答题

　（1）什么是商贸业务礼仪？为什么要学习商务业务礼仪？

　（2）接待公司来客，推销人员要注意做到的礼仪有哪些？

　（3）剪彩仪式对礼仪小姐有怎样的礼仪要求？

　（4）商务人员为什么要塑造自己和公司的"电话形象"？

　（5）商务习俗的形成主要有哪些因素？

随堂测验7-3

简答题

☐ 技能题

　（1）掌握写字间布置中的礼仪要求。

　（2）试概括中国商务习俗的主要内容。

●● 观念应用

☐ 案例题

不懂习俗，业务难成

　　泰国某机构为一项庞大的建筑工程向美国工程公司招标。经过筛选，最后剩下4家候选公司。该机构派遣代表团到美国与各家公司商谈。泰国代表团首站到达芝加哥时，候选的那家工程公司由于忙乱中出了差错，又没有仔细复核飞机到达时间，未去

机场迎接泰国客人。泰国代表团尽管初来乍到不熟悉芝加哥，还是自己找到了芝加哥商业中心的一家旅馆。他们打电话给那位局促不安的工程公司经理，在听了他的道歉后，泰国人同意次日 11 时在该经理的办公室会面。次日，该工程公司经理按时到达办公室等候，直到下午三四点钟才接到客人的电话，结果被告知："我们一直在旅馆等候，始终没有人前来接我们。我们对这样的接待实在不习惯。我们已订了下午的机票飞赴下一个目的地。再见吧！"

问题：为什么泰国人会向美国经理说"再见"？

□ 实训题

组织学生观摩一次商贸业务活动的相关仪式（开业、剪彩或签约），要求学生总结参与此次活动的感受。

第8章

中外婚礼婚俗礼仪

学习目标

知识目标： 认识到婚礼婚俗是一种广泛的社会现象，与人们的社会交往和文化生活有密切的联系；了解中外婚礼婚俗方面的基本知识。

技能目标： 熟悉西方婚礼的形式和过程及与中国婚礼的区别，懂得出席婚礼、婚宴的习俗，了解近年来我国婚礼婚俗方面的新变化。

素养目标： 能够在社交及生活中，自觉遵从中外婚礼婚俗的礼仪要求，尊重我国各民族间在婚礼婚俗方面的差异。

第 8 章

思维导图

引例

"三无婚礼"受青睐

所谓"三无婚礼"，一般指无车队、无接亲、无伴郎伴娘，甚至不请司仪、婚宴也简办，一切从简，又被称为极简婚礼。近年来，随着社会观念的不断变化，年轻人对婚礼的要求也在发生着改变。"三无婚礼"这种新型的婚礼形式，正逐渐受到年轻一代的青睐。

在北京务工的小陈和小郑回到老家陕西汉中，邀请亲朋好友举办婚礼，但两人这次办的是极简婚礼。小陈告诉记者，他和小郑是同乡、同学，从小青梅竹马，"没必要搞得那么复杂。这些年参加一些朋友的婚礼，听一样的司仪台词，吃着差不多的酒菜，我就想在家请客，自己烧点家常菜招待大家。毕竟生活是自己的，不用按别人的期待走流程"。

小郑也认同极简婚礼的好处。她表示，这种没有婚闹、没有时间压力的感觉很好。"我们没有预设接亲环节，可以安安静静地化妆，不用弄得满城风雨，可能半路还会堵车。"在小张看来，"三无婚礼"的好处还有很多：没有司仪，现场全靠自己主持，让婚礼更自在，没有煽情催泪片段，避免了尴尬。

2023年国庆节期间结婚的杭州市民小盛告诉记者，她选择的也是"三无婚礼"。假期期间，小盛和丈夫旅行结婚，去了云南、广西很多地方，享受生活。"我们旅行回来，在自家举办了很小规模的答谢宴，招待了一些亲友。朋友们都非常羡慕我们的婚礼方式呢。"

记者了解到，近年来，选择极简婚礼的年轻人开始增多，他们谢绝伴郎伴娘，删掉冗长仪式，更加注重自我感受。湖南的一对新人，自己上阵主持致辞，新郎简单说了两句后，一句"开席"结束全部。极简的流程，让不少年轻人看得格外舒适，这段视频也在社交媒体上火了起来。

资料来源：刘兵. "三无婚礼"简约不简单［N］. 工人日报，2024-04-06（3）.

8.1　西方婚礼礼仪

婚礼是人们在结婚时按照一定的程序所举行的喜庆仪式。婚姻是人生的大事，人们在结婚时都习惯于举行喜庆仪式，邀请很多宾客出席，以助兴、致贺。应邀参加婚礼不仅仅是祝贺，社会也把婚礼视作监督、约束、教育结婚者的手段，以保证婚后夫妻遵守社会规范，履行相互之间、对后代以及对社会的义务。

8.1.1　订婚礼仪

订婚是指未婚夫妻将确定的婚姻关系的喜讯，通过某种形式向双方家庭和各自亲友告知仪式。订婚在各国十分流行，不论是男方向女方求婚，还是女方向男方求婚，或是双方一见钟情，一旦做出订婚的决定，就将成为未婚夫和未婚妻，双方应将这一喜讯告诉家庭成员或其他亲朋好友，让大家分享喜悦。但没有必要事先当众宣布将要订婚的消息，一般是开一个派对，买一对订婚戒指或在当地的报刊上登一次订婚启事，以便让人们知道他们将要订婚了，也可以在订婚宴席上向家庭成员和亲朋好友正式宣布。

订婚时间没有长短规定，由于大多数情侣不希望订婚十分简单和草草完事，所以通常为一年或更长一些时间，以便有充分的时间筹备婚礼。那些相互认识有一段时间或面临紧迫工作调动的情侣，可以考虑较短的订婚时间。此外，那些要完成博士、硕士、大学学业或有其他特殊情况的情侣，也可把订婚的时间放得更长一些。

订婚时间的长短实际上是无关紧要的，重要的是双方要利用这段时间巩固彼此所培养的珍贵爱情和制订结婚计划。

西方的订婚仪式通常由女方父母操办，并在女方家里举行，届时邀请双方的至亲好友参加。如双方或一方是基督教信徒，则订婚仪式可在教堂举行，由神职人员主持，并请他证婚和为男女双方祈祷。在订婚仪式上，赠送订婚戒指是一个重要的环节。通常的安排是：首先由女方的家长宣布订婚仪式开始，然后由男方亲自把订婚戒指戴在女方左手的无名指上，女方可回赠男方一些小礼物（通常都是领带夹之类的小纪念品）。如果订婚仪式中不安排赠送戒指这一环节，女方则应事先将订婚戒指佩戴妥当。订婚戒指不同于结婚戒指，其区别是订婚戒指可以镶有宝石等饰物。

━━━● 礼仪小知识 8-1　　　　　　　　　　　　订婚戒指

在订婚仪式中，新娘和新郎一般都要交换订婚戒指。订婚戒指的品种较多，可材质主要是金刚钻、铂金、黄金、翡翠、玉石、红宝石、蓝宝石或玛瑙等，视双方的经济条件选购，但最好是他（她）所爱的。目前，最受新郎和新娘喜爱的是钻石戒指、白金戒指和黄金戒指，红宝石和蓝宝石戒指也比较好看。在选购订婚戒指前，双方最好先交换意见。经济实惠、色彩鲜艳、美观大方、造型漂亮的戒指是最受欢迎的。当然，如果双方同意，不交换订婚戒指而送一些其他有特殊意义的首饰作为订婚礼物也未尝不可。

8.1.2　宗教婚礼礼仪

据统计，在西方所有的婚礼中，采用传统的宗教婚礼方式的新人几乎占 65%，他们会选择在教会或大教堂里举行婚礼。其特点是具有庄严的宗教誓言，由亲朋好友作为见证人。

1）基督教新教婚礼

基督教新教婚礼要求双方中至少有一人已经受洗礼并加入了基督教教会。如两人都没有受洗礼，则需一人先进行成年人的受洗。其主要步骤有：婚礼申请人要在有关部门按法定手续进行结婚登记，而后与教区牧师取得联系，进行三个礼拜天的结婚预告的宣读，以征求教徒们的意见，然后由教区牧师颁发结婚证书。传统的基督教结婚仪式安排比较复杂，参加人员较多。各类人员到齐后，新郎穿着礼服，由男傧相陪同，站在教堂圣坛前等候新娘。在新娘行进的队列中，招待员先行，然后是女傧相、伴娘和监护人、持花女童和手持戒指的人，再后面是新娘。新娘身着白色婚纱礼服，头披白纱，手戴白手套，捧着花束，伴着《婚礼进行曲》的乐声，挽着她父亲的手臂，缓步进入教堂，徐徐走向圣坛，后有侍童殿后。新娘来到圣坛前，摘下手套，连同花束一并交给伴娘（手不再挎着父亲的胳膊），然后走到新郎的左边。这时主持婚礼的牧师先问："是谁把这个女人嫁掉的？"新娘的父亲回答："是我。"父亲说完这句话后便在就近座位上坐下，聆听牧师和结婚当事人之间的对话。

在《婚礼进行曲》的伴随下，新娘的父亲偕同女儿，缓缓地走向圣坛前，把她交给新郎，婚礼开始了。牧师通常用类似祈祷的虔诚口吻，解释婚礼仪式的意义，"亲爱的兄弟姐妹们，我们一起聚集在上帝面前"是传统的导言，然后，牧师分别问男女双方是否愿意以对方为妻（夫），一直到死也永不分离。两人分别回答"是"，然后朗诵结婚誓言：

"我——娶（嫁给）你——作为我的结发妻子（丈夫），从今天起，不论好坏，不论富贵和贫穷，不论疾病和健康，我们永远相爱，直到死亡把我们分开。根据上帝神圣的仪式，我与你结婚——从此时此刻起，我得到你作为我的妻子（丈夫），与你结合并共同承担将要来临的一切，无论是付出和接受、诉说和倾听，在我们生活的任何时刻，用我的整个生命和我所有的一切，忠诚于你。"

随后，新郎给新娘戴上结婚戒指，接着是祝福、唱赞美诗，参加婚礼的人齐诵"主祷文"。牧师祷告说过"阿门"之后，新婚夫妇由至亲及主要宾客陪同，进入圣坛后面的祈祷室，签署登记本，签毕从祈祷室走出来。此时乐师再奏《婚礼进行曲》，新娘挽着新郎的右臂，慢慢走出教堂，整个婚礼遂告结束。

教堂婚礼仪式的一般程序为：①在《婚礼进行曲》中，仪式开始，进入教堂；②面向圣坛；③牧师主持仪式；④交换信物；⑤退场仪式；⑥婚宴开始；⑦启程度蜜月。

教堂婚礼仪式提示：①教堂婚礼仪式大约需一个小时，教堂婚礼后安排婚宴时，教堂与婚宴举办地点如果距离较远，时间就会显得紧张，因此要安排好时间和交通路线；②事先对教堂婚礼的细节应多些了解，对有关礼仪、规矩和习俗做到心中有数；③把婚纱照做成电子相册放到婚宴举办的场所播放，在客人到来时，请客人欣赏；④新娘一定要穿白色的婚纱，头饰、首饰等要讲究，新郎也应该穿燕尾服，系上红色或黑色领结，这样才与教堂婚礼的气氛协调。

2）天主教婚礼

天主教婚礼是教堂所承认作为上帝恩赐的七种圣礼之一。这种婚礼一般由诵读三段经文、结婚仪式本身、结婚感恩祷告和最后的祝福组成，而且经常在教堂的一次弥撒中举行。

课堂互动8-1

答案提示

课堂互动 8-1

你知道戒指的戴法吗？

8.1.3 结婚宴请

西式婚宴是和婚礼紧密联系在一起的。人们离开教堂以后稍事休息，即可赴婚宴。婚宴迎宾时的顺序是：新娘的母亲、新郎的母亲、新娘（在右）、新郎，其后是女傧相。在大规模的婚礼上，还有专人通报姓名，因为新娘的母亲并不一定认识新郎家的所有宾客。宾客们来到后，要与新郎的母亲握手，然后与新郎、新娘本人握手。客人们应赞许新娘的美貌，祝她永远幸福，并向新郎表示庆贺，同时还要向队列里的女傧相们问好。新娘、新郎对宾客说"谢谢"或"很高兴见到你"即可。

在宴会厅的入口处，往往摆有来宾簿，供来宾签名。宴席的座位安排有一些特别规定。新娘、新郎的餐桌是矩形的，新娘、新郎面向大家坐着，对面不坐人，以便使所有宾客都能看见他们。新娘坐在新郎右边，男傧相坐在新娘右边，女傧相坐在新郎的左边。新人父母亲的餐桌要比其他来宾的餐桌大些，新郎的母亲坐在新娘父亲的右边，对面是新郎的父亲，右边是新娘的母亲。

婚宴开始，由男傧相提议向新郎、新娘祝酒，然后由新郎致答谢词，并向他的妻子祝酒；其他的人如果愿意，也可以提议向新娘、新郎祝酒，新婚夫妇收到的贺电这时也要大声宣读。

婚宴的最后一道"菜"是结婚蛋糕。世界各地的婚礼中都会有结婚蛋糕。精心制作的结婚蛋糕，不仅外观漂亮，而且味道也很好。蛋糕的种类一般有：加奶油的胡萝卜蛋糕、配柠檬的重糖重油蛋糕、裱以咖啡奶油冻的巧克力蛋糕、外撒白色巧克力和糖霜的传统白蛋糕，甚至还可以是干酪饼或冰激凌做的蛋糕。结婚蛋糕以白色为主，奇妙的设计和鲜艳的颜色会给宾客带来视觉和味觉上的双重享受。

新娘在新郎的协助下先从最底层切下两块，新郎、新娘各叉一小块送到对方嘴里。然后，各层蛋糕的小块依次送给新郎、新娘的家人和其他宾客。最上层的装饰，应切下留给新郎、新娘，新娘则要把属于自己的那一份切成小片分别放入盒子里，作为纪念品让客人带回家。

礼仪小知识8-2　　　　　西式婚礼手捧花的由来

婚礼手捧花，虽然只有短暂的历史，却有着漫长的过去。手捧花这种习俗是来自西方，但究其传统的起源，我们还要从西方的习惯讲起。古代时，西方人认为，具有香气的东西，是可以庇护人们免遭疾病和厄运，比如香料、香草，甚至是大蒜，总之具有浓烈气味的东西，都被认为具有驱邪避害的作用。这就是新娘手捧花的最初起源。手捧花既是为了祝福在婚礼现场的每一位客人，也是祝福新人自己，免遭疾病厄运的侵害。还有一个传说，一位年轻的男子在兄弟的陪伴下，右手持着宝剑去救自己心爱的女孩，为了向心爱的人表达爱意，他会在沿途采摘漂亮的野花，他将这些美丽的花扎成一个漂亮的花束，送给他心爱的女孩。女孩接受了男孩的花束，并且将里面最美的一枝花摘下来戴在男孩的胸前，这就是捧花和胸花的由来。

资料来源：Angelrose. 你知道手捧花的"前世今生"吗？［EB/OL］.［2023-12-15］. https://m.sohu.com/a/444476398_120345801.

西式婚宴有跳舞的仪程。新娘和新郎跳舞、聊天的时间不可过长，因为客人们必须等他们离去才能离开。所以，新娘、新郎应该在宾客们都感到疲劳之前即启程。大家在看到新娘将花束抛给女傧相或朋友们后，即让开通道，新娘的母亲最后一次亲吻女儿，众人抛撒花屑，新娘、新郎在男傧相的引导下，穿过大厅，离开众人，开始他们的蜜月生活。

8.2 中国婚礼礼仪

我国的婚礼有地区、民族和时代的差异。在现代，占主导地位的还是传统的迎亲方式。除此之外，还有一些新式的婚礼形式，如集体婚礼、旅游婚礼、广告婚礼等；婚庆服务机构也有自己的一套仪程。这些非传统的婚礼仪式正逐渐在现代年轻人中普及开来。

8.2.1 传统婚礼

传统婚姻一般讲究"三书六礼"。三书指的是礼聘过程中来往的文书，分别是"聘书"（在订婚时交换）、"礼书"（过大礼时交换）、"迎书"（迎亲时由男方交给女方）。六礼是指从求亲、说媒到迎娶、完婚等手续，包括：①安床。在婚礼前数天，选一良辰吉日，将新人的新床摆放到新房里，将被褥、床单铺好，被上撒各式喜果，如花生、红枣、桂圆、莲子等，寓意新人早生贵子。②闹洞房。旧时规定，新郎的同辈兄弟可以闹新房。老人们认为"新人不闹不发，越闹越发"，并能为新人驱邪避凶，婚后如意吉祥。③嫁妆。它是女方家里的陪送，是女方家庭地位和财富的象征。嫁妆最迟在婚礼前一天送至夫家。除了衣服、饰品外，嫁妆主要是一些象征好兆头的东西，如剪刀（寓意蝴蝶双飞）、花瓶（寓意花开富贵）、鞋（寓意白头偕老）、尺（寓意良田万顷）等。④上头。婚前，择吉日男女在家中由梳头婆梳头，梳头婆一面梳，一面大声说：一梳梳到尾，二梳梳到白发齐眉，三梳梳到儿孙满堂，四梳梳到四条银笋尽标齐。⑤撑红伞。新娘出娘家门，站在露天的地方，姊妹或伴娘在新娘头顶撑开一把红伞，意为"开枝散叶"，并向天空及伞顶撒米。⑥迈火盆。这预示迈过火盆婚后的日子红红火火。⑦跨马鞍。谐音寄托祝福，预示婚后两人生活平安。

传统婚礼即以传统结婚方式为主导的婚礼仪程。它和现代婚礼最大的区别就在于迎娶。现在在农村乃至城市的大部分地区，这种传统婚礼还是相当普遍的。通常的情形是，新郎由傧相和其他随从人员陪同，一起乘车去新娘家里迎接新娘（有的甚至用古老的花轿）。迎娶的队伍要先反复叩敲新娘的家门，小孩子们会吵嚷着要红包。整个过程中鞭炮声不断，新娘家开门后，要招待新郎和来宾，然后抬或抱着新娘上轿或上车。接了新娘到达新郎家时，同样鞭炮齐鸣，由司仪（现在多为婚庆公司）主持仪式，新人在亲友的簇拥下，拜天地、拜高堂再夫妻对拜后，在鞭炮声中被送入洞房，稍事休息后即开始举行婚宴。现在全程都有摄影、摄像，之后再刻成喜庆光盘留作纪念。

婚礼举行的场所一般有两个：一是在家里，二是在酒店或其他公共场所。在广大农村地区，婚礼几乎都在家中举行，仪式也具有传统色彩。一般请族中或村中威望高的人主持或参与。此外，还有专在宴席上代主家张罗的职业司仪。城市中的婚礼除在家里举行外，也有在饭店和其他公共场所举行的。这种方式往往将迎亲和婚仪分割，将婚仪和喜宴合一。其程序是：①奏喜庆音乐。司仪宣布婚礼开始，新郎、新娘随乐曲声双双步入宴会厅。②行鞠躬礼。按司仪的安排，鞠躬礼通常分三个层次进行：首先，新人向尊长和前辈亲友行鞠躬礼；其次，新郎、新娘互相行鞠躬礼；最后，新人向全体来宾行鞠躬礼。③介绍人讲话。介绍人可以简要介绍一下双方的恋爱经过，并祝福新郎、新娘婚后幸福。④尊长或父母讲话。可以由来宾或亲友中辈分、声望较高的人即兴讲话，向新郎、新娘表示祝贺。⑤新婚夫妇讲话。如新郎、新娘都不擅长讲话，也可采用变通的办法，让新郎、新娘唱一支歌，以示对所有宾客的感谢。⑥宴会开始。司仪或家长领新郎、新娘向众位宾客敬酒，往往从主桌开始，逐一向来宾敬酒一轮，众人欢宴，婚礼仪式至此即告一段落。

课堂互动8-2

参加同事的婚礼，小A让我注意看旁边的一个引人注目的美女S。她穿着一身白色的长礼服，也许是跟大家都比较熟，频繁地在宴会厅飘来飘去，比起穿着香槟色敬酒服的新娘，这里倒更像是她的主场。这位S女士身姿曼妙，笑容甜美，现场却鲜有朋友、同事对她有赞美之语。

为什么大家不赞美S女士？

课堂互动8-2

答案提示

8.2.2 旅游婚礼

新式婚仪一般较少受家庭的影响，而纯以新郎、新娘为中心，与传统婚仪有很大区别。

旅游结婚是近些年来比较盛行的结婚方式，为广大青年所喜爱。旅游结婚本身在方式上也有区别。有的旅游结婚只不过是前述传统婚仪的"后续乐章"；有的旅游结婚则比较纯粹，省却了前一程序。对新婚的青年来说，旅游是比较适宜的。新婚男女最希望拥有一个自在的二人世界，旅游正好提供了这样的条件。新人不仅可以相依相处，还能游览观光、增长知识、陶冶性情。

要举行一次成功、愉快的旅游婚礼，事前的准备工作要做得十分仔细。要在不影响工作和学习的情况下，根据双方的身体、经济状况和旅行路线的黄金时间，选择行程及路线。旅行最好选择双方都未曾去过且都有兴趣的地方，否则应该尽量照顾女方。如果女方在工作中有足够的旅行机会，当然也可以男方的意愿为主。旅游并不一定要选择热点地区，独辟蹊径往往更有趣味和意义。另外，还要注意行程不要排得过于紧张，因为这毕竟不是单纯的旅游。

一般来说，行前及返回时，双方的家庭都该有一个小小的迎送仪式。

课堂互动8-3

只要举办了婚礼仪式，就表示男女双方成为合法夫妻了吗？

课堂互动8-3

答案提示

8.2.3 草坪婚礼

草坪婚礼的特色是：轻松浪漫，让新人及亲朋好友感受大自然的清新，尽情享受阳光、蓝天、青山绿水等美景。

草坪婚礼的流程大体为：①播放诗意般的开场音乐；②主持人致开场词（诗意般

的背景音乐）；③新人入场；④新人登台，证婚人证婚；⑤宣读誓词，交换信物；⑥许愿、喝交杯酒；⑦向父母感恩，答谢来宾；⑧开香槟、切蛋糕；⑨家长代表讲话，向来宾敬酒。

举行草坪婚礼要注意：①为了让新人及亲朋好友真正感觉到轻松浪漫、亲切自然，最好选择场地较大、青山绿水环绕的度假村；②婚礼的策划、实施可全交给婚庆公司，新人和亲友可以提前一天到达度假村，骑骑马，泡泡温泉，让身心彻底放松。

8.2.4 集体婚礼

集体婚礼是由组织者出面组织、有多对新郎和新娘同时参加的婚礼形式。集体婚礼是近些年来我国提倡婚事新办而产生的新事物，也为许多青年男女所钟爱。这种婚礼形式，不铺张浪费、程式较少而具有纪念意义。

现在流行的集体婚礼有单位自发组织的，但更多的是由民间发起的。与传统婚礼相比，集体婚礼仪式性更强。参加婚礼的男女一般都要特意装扮，大多是新郎穿西装，新娘穿漂亮的嫁衣或婚纱，头插花朵，新郎、新娘胸戴红花。其他参加婚礼活动的人也要打扮得整齐利落。婚礼的会场要布置得喜庆吉祥，一般正面上挂横幅，写"某某单位集体婚礼"字样，下面贴金色或大红色的双喜字。会场还要布置鲜花、工艺品以及其他装饰品等。

集体婚礼的来宾较少，间或有一些家长或亲友代表，更多的则是新人的同事和朋友，单位的领导也要参加祝贺。具体参加的范围和人数，由组织者视情况而定。

在集体婚礼上，证婚人可以兼任司仪主持结婚仪式，其通行的程序大致为：

（1）主持人宣布婚礼开始，新郎、新娘在《婚礼进行曲》和热烈的掌声中进入会场（或由座位起立集中），在全体宾客的注目下，在布满鲜花、水果、喜糖的主席台上就座。

（2）证婚人、单位有关负责人上主席台就座。

（3）新郎、新娘向家长、亲友行鞠躬礼。

（4）新郎、新娘互致鞠躬礼。

（5）新郎、新娘向证婚人、出席婚礼的各方负责人和来宾行鞠躬礼。

（6）证婚人或领导讲话。证婚人一般请单位的领导担任。他们在讲话中应向新婚夫妇表示祝贺，并提出一些希望。讲话要简单、扼要、热情。

（7）家长代表讲话。可以事先在参加集体婚礼的家长中推选出一名代表，讲话内容通常是对下一代的祝愿与期望，以及对有关领导组织集体婚礼的感谢。

（8）新婚夫妇代表讲话。内容主要是感谢领导和亲友出席婚礼，并表明今后努力学习和工作的决心。

（9）赠礼。由主办集体婚礼的单位向新婚夫妇赠送纪念品，通常是书籍等有纪念意义的物品。

（10）举行舞会或文娱活动。至此，婚礼即告结束。

▬▬▬●● 礼仪小知识8-3　　　　**婚礼当天新娘应注重的礼仪细节**

（1）从迎宾那一刻开始就要时刻注意自己的站姿。

（2）要注重鞠躬时的角度，不能太敷衍了事，同时要防止走光。

（3）对于不同外形的捧花，要采用不同的握法，不要像拿了个火炬进场一样。

（4）进场时走路要抬头挺胸、大方得体。

（5）转身时要注意幅度，因为当天穿的是婚纱并非平日的休闲装。坐的时候也要注意坐姿，上身要挺直，略微扭腰，这样会显得更苗条。

（6）婚礼上的接吻仪式是神圣的，因此既不用表现得太扭捏，也不要太富激情，要把握好尺度。

（7）交换戒指时，手指的位置应该伸在对方腰部左右。

（8）切蛋糕时，新娘应该双手握刀，面带微笑，慢慢入刀。

（9）炎热的天气新娘首先要注意自己的妆容不要被汗水化开，否则会显得不雅。

婚礼上需要注重的礼仪其实很多，在婚前可以适当地通过形体练习来达到当天收放自如的效果。

8.2.5 结婚宴请

结婚宴请也一直受到人们的重视。在中国，如前所述，由于受习惯和条件的限制，人们往往将婚仪和婚宴结合起来，即新娘被接到男方家以后，稍事休息即赶到婚宴所在的地方，大部分客人则直接去参加宴席。

婚宴的座次，旧时有相当严格的规定。现代婚宴，座次不像以前那样严格，但也要适当安排。一般要安排新郎、新娘的专席，家长、贵宾也应该有专席。如果能在各席设座位卡或由迎宾员引座，就更方便了。

结婚宴请都要有一定的仪程。通常，席前由司仪主持，讲一些祝贺、感谢等的吉庆话，新郎、新娘鞠躬礼拜，大家祝贺，司仪举杯祝酒，宴会正式开始。

礼仪小知识8-4　　　　　　　　　　酒店喜宴仪式

在酒店举行婚礼是目前最普遍的形式，由证婚人、主持人做吉祥祝福，然后大宴宾客，方便又有效率，也不失热闹。喜宴上的仪式一般如下：（1）新郎、新娘在宴会厅门口迎宾；（2）证婚人、介绍人、来宾、主持人及亲属入席；（3）结婚典礼开始，奏《婚礼进行曲》；（4）男女傧相引新郎、新娘入席；（5）司仪主持结婚仪式；（6）证婚人发言，宣读结婚证书；（7）来宾代表发言，致祝贺词；（8）新郎、新娘交换信物；（9）开香槟酒，切结婚蛋糕，喝交杯酒；（10）新郎、新娘致答谢词；（11）双方家长上台，家长代表发言，向新郎、新娘祝贺，向来宾致谢；（12）新郎、新娘向双方家长三鞠躬，向来宾三鞠躬，相互三鞠躬；（13）安排合影；（14）举杯，司仪宣布宴会开始。

席间，新郎、新娘要在傧相或司仪的陪同下，依次向宾客敬酒。被敬的人，应该讲一些"白头偕老""美满幸福"等的祝颂之词，说多说少全依熟悉程度而定。在现代婚宴上，逗新郎、新娘的风俗仍然存在，但应该适可而止，不要过分为难新人。

婚宴的时间往往持续较长，这时，傧相应该很好地照顾新人。来宾不必非等到席终才离开，主要节目过后，和主人或司仪打一声招呼，就可以提前退席。无论哪位来宾退席，司仪或主人都应送行。关系较密切的重要宾客，新人及其家长亦应送行。直到送完最后一位准备离席的客人，婚宴就此结束。

8.3 中外婚礼习俗

知识拓展 8-1

不同结婚纪念日名称及意义

由于在地域、民族、习惯等方面存在差异，婚礼也是千差万别的。随着时代的变迁、经济的发展、文化和观念的变化，婚礼礼仪也在不断地变化和改进中。这就形成了各个国家、各个民族独特的婚礼习俗。

8.3.1 西方婚礼习俗

随着时代的变迁，各国举行不带宗教色彩婚礼的人越来越多了。一些未婚男女之所以举行婚礼，仅仅是希望未来有一段值得回味的记忆。有些人只花几美元便可以符合礼仪地成婚，但也有些人宁愿花成千上万美元，举行排场隆重的婚礼。

1）市政厅婚礼

在美国的大多数州，想要简单地举行婚礼的未婚男女，都可以去市政厅的结婚礼堂或其他市政办事处举行结婚仪式。在纽约，这种仪式是根据随到随办的原则进行的，并提供英语、西班牙语和法语服务，整个过程大约只需 10 分钟。因为这个过程既简单又讲究实效，而举行一个大型婚礼费用太高，所以许多想避免喧闹的未婚男女，都喜欢花几美元在市政厅举行婚礼。新娘可以穿一套特别但又朴素的下端不拖地的衣服，新郎穿一套西装，佩戴一朵他所喜欢的花。在结婚礼堂，他们可以拍结婚照片作为留念。

2）家庭婚礼

在住宅里举行婚礼现在受到很多欧美人士的欢迎。其仪式通常是：①婚礼举行之日，事先接到邀请的亲朋好友们在约定的时间陆续到达。②新娘的母亲和新郎的父母在住宅门口迎接客人，并向客人介绍新娘和新郎。③一位小提琴手拉着动人的乐曲，新郎、男傧相、已婚的伴娘和新郎的父母，在大家的注视下，一起站在一个稍高的平台上。④当列队入场仪式开始时，新娘在其父亲的陪伴下走向仪式现场。新娘通常身着一套朴素的结婚礼服，头戴一个绢花花环。⑤在新娘和新郎进行决定性的结婚宣誓前，先叙述他们的爱情经历。⑥20 分钟左右的仪式结束后，是一个精美的招待会，有丰盛的食物和饮料，采用自助餐的形式，并且在客厅中装备了音响系统，可以举行热烈而轻松的舞会，新人和被邀请的宾客共同分享这美好而难忘的时刻。

8.3.2 部分国家婚礼习俗

1）砸碗盆吉利的德国婚礼

在德国，应邀前来参加婚礼的客人，每人都带着几个破碗、破碟、破盘、破瓶之类的物品，然后使劲地猛砸、猛摔一通。他们认为这样可以帮助新婚夫妇除去昔日的烦恼，迎来甜蜜的开端，在漫长的生活道路上，夫妻俩能够始终保持火热的激情，终生形影相伴、白头偕老。

2）静悄悄的印第安婚礼

印第安人的婚礼带有浓厚的民族色彩。婚礼多选择在印第安人聚居区的公共建筑物（一般是一幢较大的木头房屋）里举行。举行婚礼时，亲朋好友、左邻右舍、村中居民纷纷来到木屋中，众人席地而坐，互致问候。男女老幼身穿民族服装，款式新颖，色泽艳丽。虽然印第安人性情开朗，但婚礼现场非常安静，即使说话也是轻言轻语。

3）传统与创新相结合的芬兰婚礼

现代芬兰人举行婚礼不但要创新、有特色，而且要反映他们的传统风俗，像抛撒大米、切婚礼蛋糕、豪华（婚礼）轿车上装饰着叮当作响的锡罐、新郎要抱着新娘跨过门槛等。对现代芬兰人来说，这些都是真正的传统。现代婚礼可谓是古典与浪漫的结合。

4）恪守古老传统的菲律宾婚礼

在菲律宾，通常婚礼上新娘要身穿传统的白色婚纱，而新郎则身穿菲律宾传统男式礼服（Barong）。这种礼服是一种透明的系扣男式衬衣，通常用于一些特殊聚会或重大场合。婚礼的主办人将会参加婚礼，见证新人结拜为夫妻。这些主办人同时意味着指导和帮助，即新婚夫妇在需要时可以得到他们慷慨的帮助。

5）简单的法国婚礼

在法国，结婚前先订婚，仪式简单，一般由女方的家长宴请男方的家长及兄弟姐妹，也可同时邀请其他亲戚甚至一两名好友出席。婚礼也已逐渐简化，但仍不失为最隆重的家庭节日，带有庄严神圣的色彩。婚礼由市长或他的一名副手主持，习惯上是在周二、周四、周五、周六早9时到下午5时之间。婚后大宴宾客。

6）秘密举行的丹麦婚礼

丹麦新人筹办婚礼会花好几天时间，且都是秘密进行的，因为他们认为公开筹办会触怒鬼怪或引起他们的嫉妒。在婚庆快要结束的时候，人们把一大桶啤酒抬到园子里。新郎、新娘的手握在酒桶上方，然后酒桶被打得粉碎。在场的适婚女子会把碎片捡起来，捡到最大的碎片的女子注定会第一个结婚，而捡到最小的注定会终身不嫁。

8.3.3　中华民族婚礼习俗

我国是一个统一的多民族国家，生活在我国境内的所有民族组成了中华民族。在这个民族大家庭中，由于客观环境的差异和社会发展的不平衡，婚俗方面存在很大差别。

1）蒙古族婚礼习俗

蒙古族的婚礼既隆重又独特，尤其是鄂尔多斯草原上蒙古族的传统婚礼更具特色，已有700余年的历史。

鄂尔多斯草原上的蒙古族婚礼大多在腊月或正月举行。青年男女经过说媒定亲之后，姑娘除梳一条大辫子外，还要在前额两边各梳六条小辫，标志着姑娘已经定亲待嫁了。

双方选定吉日后，分别通知各自的亲朋好友。到了举行婚礼的那天，来宾们都要穿上漂亮的衣服，骑着高头大马，带着礼物向新郎、新娘表示祝贺。

新郎迎亲都是傍晚时分启程，带着弓箭、食品和礼物，骑着骏马。临行前，新郎要把一只灌满了酒的小白瓶子藏在马鞍下或马鬃里面。

新郎和迎亲队伍在黑夜中到达新娘家。他们按照习惯要先绕着屋子转一圈，然后将一条哈达献给那些操办婚事的炊事长，并赠送一只小羊，以表敬意。这时，新郎也将带来的弓箭放在象征鄂尔多斯勇敢精神的玛尼宏旗标前。新娘的伙伴们则迫不及待地在新郎的坐骑身上寻找那只小酒瓶。

迎亲队伍将所带的礼物和食品逐一交给新娘家。宾主在互换鼻烟壶表示问候以后，新郎向在座的女方主婚人、岳父、岳母及宾客们行磕头礼。在女方家盛大的欢迎宴上，人们一边饮酒，一边进行饶有风趣的对唱。就在人们痛饮狂欢之际，有人将新郎引进新娘的房间，他在那里还要经过一番考验。比如，新郎一坐定，就有人拿来一块煮熟的羊颈骨，请新郎把它掰成两段，意在看新郎的力气有多大。如果新郎掰不断，人们便乘机起哄取笑。当天夜里，新娘还不能离家，她和好友们边说边哭，依依惜别。为了表达挽留之情，姐妹们会将自己身上的腰带解下连接在一起，先从新娘一边的袖口穿进，再从另一边的袖口穿出，然后其他姑娘也照此去做，连接起来的腰带从每位姑娘的袖口穿过后，大伙儿紧紧抱在一起，用这种方式来表达难分难舍之情。

在女方家通宵达旦地欢乐之后，次日凌晨，迎亲队伍接上新娘启程，由女方宾客组成的送亲队伍一同前往。在娶亲回去的路上，按照习俗，男女双方都要设法抢先到达男方家，女方中有人会故意抢去伴郎头上的帽子，挑在马鞭上，然后扔到地上，让新郎下马捡帽，这样势必耽误时间，女方伴娘便可抢先而行。男方往往也有高招，在离新郎家不远的地方设一桌酒席，招待女方，女方伴娘一喝酒，男方便调换最强壮的骏马，抢先到家。一路上便是这样追逐嬉戏，纵马奔腾，充满生活的情趣。

娶亲到家后，新娘、新郎还要拿着马鞭，通过两堆旺火，以表示爱情的坚贞不渝，又隐含着纯洁、避邪和兴旺之意。这时，新郎的父母出来把新娘迎入洞房。进门后，新郎的母亲会按照蒙古族婚礼的习俗，将新娘的红面纱轻轻地揭去，然后新娘向新郎的父母行礼。接着，新郎手执银壶，新娘手捧酒盘，逐一敬酒。新郎给女方的送亲宾客敬酒，新娘给男方的宾客敬酒。敬酒时，在场的人们兴奋不已，歌声四起，悠扬而动听，年轻的男女牧民翩翩起舞。这样的婚礼夜以继日地连续举行两天，尽兴的人们才陆续离去。

2）回族婚礼习俗

回族人一般实行民族内通婚，如果其他民族要和回族联姻，必须事先征得回族一方父母的同意，遵从回族的习俗，并到清真寺举行"进教"仪式。其程序是：在阿訇的主持下"洗礼"（按回族习俗沐浴），接着请阿訇念经，取经名，最后由阿訇用红纸书写结婚证书。

回族的婚礼要选择吉日，穆罕默德忌辰的那个月不能结婚。一般是由男方到清真寺请阿訇择选三个吉日，并一一写在红纸上，然后男方将红纸送给女方，由女方从中选定一天。回族婚娶多选择"主麻日"（星期五）。

婚礼、证婚一般由阿訇主持，并举行庄重的仪式。新娘穿上结婚礼服，头上蒙着红头巾，由迎亲的人们接到男方家。一进家门，新郎的母亲就要向新娘的头上撒一把红枣。这时在场的都是男人，除新郎外，还有新娘家的人（新娘的舅舅、叔叔和伯伯）。阿訇先问新娘家的代表，新娘是否愿意嫁给新郎，新娘家的代表回答"愿意"；接着，阿訇再问新郎是否愿意娶新娘做妻子，新郎回答"愿意"；随后，阿訇书写婚书，念古兰经；同时，把红枣撒在新郎的头上，表示祝贺；最后，由阿訇向众人宣读婚书，婚礼仪式结束，人们开始参加婚宴。

3）苗族婚礼习俗

苗族人婚姻的缔结各地略有差异，一般分包办婚姻和自主婚姻两种。包办婚姻为父母媒妁说合，媒人往往由对方认识的人或是对方亲戚担任。待女方家长探明男方家和男方的情况，征求女儿意见后，媒人再来向其说明并问女方是否同意。若女方同意，则议定礼金、订婚日期；男方则准备物品去女方家，女方家备酒宴招待，称为"吃新酒"。男方客人离去时，女方回送鸡、糯米饭及送给来人每人一根"花椒布"的腰带。

婚期大多是由男方家择定后委托媒人于事前几个月通知女方家。婚期临近，女方全村或全姓的姑娘，大家共同聚餐，以送别新娘，称为"朋友饭"。出嫁当天，女方家需派出三种人送亲：一是新娘的朋友，为13~16岁的未婚姑娘，须盛装同新娘前往；二是新娘的亲兄弟和家族中的中青年男子9~15人，与新娘同去同返；三是3~4个15岁左右的男子，护送新娘到男方村寨附近，男方则派人摆酒菜款待。新娘短住几天后即返回娘家，直到来年2月才又到夫家，反复两三年后，才举行"煮饭"仪式。从此以后，她就不能再接触娘家的锅灶了，也不能再住娘家了，这是苗族盛行的古老的婚姻习俗。

自由恋爱在苗族十分普遍，在自由恋爱过程中，双方相亲相爱，订下婚约，到了结婚这一天，则由父母来决定一切，操持婚宴。

礼仪小知识8-5　　　　　　　　　　　　创意婚礼

专门从事婚礼策划的张先生对几场"创意婚礼"记忆犹新：一米高的竹篮披上了大大的"双喜"字红布，在现场100多位亲朋好友的期待中，热气球载着新郎和新娘慢慢上升，亲朋好友通过望远镜看着他们在空中共饮交杯酒；一对爱好军事活动的新人，在酒吧策划了一场模拟战争的主题婚礼，现场施放硝烟，布置模拟枪支弹药、对讲机、铁丝网等，而新人身上的礼服也变成了"将军服"。

上海婚庆行业协会秘书长海伦认为，目前流行的"创意婚礼"，充分体现出了年轻人求新、求异的心理。"创意其实不单单体现在婚礼的形式上，一些'小噱头'更加能够凸显出个性。"他说。例如，魔术师双手一挥，桌上立刻变出8层婚礼大蛋糕；新郎轻按遥控器，一枚璀璨的婚戒从天而降；在婚礼现场开通"短信平台"，来宾们通过"拇指运动"，向新人发送真挚、幽默的"直达祝福"。

4）壮族婚礼习俗

壮族一般实行氏族外婚，自由恋爱的方式有抛绣球、打木槽和对歌等。结婚后，女子有不落夫家的习俗，结婚的当天是在新郎家举行婚礼，并在当天晚上住在夫家，但第二天新娘就得返回娘家居住。之后，只有农忙或节日期间才到夫家参加劳动或居住几天。这样要过两三年后，才可以长期到夫家住下来。此外，壮族还有"招赘"的习俗，入赘的男子要改换成女方姓氏，生儿育女从母姓，并可全部继承母亲的财产。

抛绣球是壮族赶歌圩的时候，姑娘们手提五彩缤纷的绣球，整齐地排队唱山歌，若见到中意的小伙子，便把绣球抛给他。小伙子接过绣球，如果对姑娘感到满意，就把小件礼物缠在绣球上扔给女方，恋爱就这样开始了。

打木槽一般在农历年初举行。最初是由青年女子以木棍来打槽，击出各种不同的声音，大家尽情地欢乐。然后由几个女子击木槽数下后唱山歌，接着就有许多青年男子拿着木棍，跑到木槽边来共同敲击，每敲一下大家就唱山歌，表达男女之间的爱慕。

对歌是壮族人民特别是壮族青年男女的共同爱好，每逢赶街或过节，男女青年往往通过对歌来选择配偶。在广西壮族聚居地区，盛行"歌坛"习俗，它是壮族人民在特定的时间和地点举行的传统唱歌活动。在"歌坛"上，男女青年以唱歌来吐露心声，建立感情。

5）傣族婚礼习俗

傣族青年男女谈恋爱的方式很多，其中盛行一种叫"串卜少"的活动，即未婚的小伙子在节日或其他集会等场合，寻找未婚姑娘谈情说爱。"串卜少"除了"丢包"一类的传统方式外，最普遍的是利用泼水节、赛龙船、放高升、赶摆、赶街子等活动进行。这种载歌载舞的活动，一般是在傍晚开始的，直到深夜方止。男女青年们用这种特有的方式来找对象。

此外，姑娘也会用"卖鸡肉"的方式来寻找如意情郎。每逢节日到来的时候，姑娘便把自己家的肥鸡杀了清炖。如果来买鸡肉的小伙子是姑娘不如意的，姑娘会加倍要钱。要是姑娘看上了年轻的小伙子，姑娘就含羞低下头，躲避小伙子的目光。小伙子如有意，两个人就端着鸡肉，搬起凳子，走进安安静静的树林里，互相倾诉爱慕之情。

当双方恋爱成熟时，一般由男方请舅舅或姨妈出面去姑娘家提亲。对方答应后便可成婚。

傣族比较普遍地存在着男子从妻而居的习俗。结婚后，男人要在女方家里住几年才能将妻子接回来。因此傣族的婚礼也就不同于其他民族，婚礼是在男女两家同时进行的。

傣族过去盛行"抢婚"的习俗。新娘抢来后，但还不合法，过几天必须请媒人到女方家去谈判、定聘礼，然后按照传统的迎娶程序办理婚事。

礼仪小知识8-6　　　　　　　　　　　婚礼祝词

对新人的婚礼祝词，可分婚礼前、婚礼日两种。

婚礼前，对新人的祝词可用：志同道合、喜结良缘、百年好合、珠联璧合、比翼高飞、连枝相依、心心相印、同心永结、爱海无际、情天万里、永浴爱河、恩意如岳、知音百年、爱心永恒、白头偕老、天长地久。

婚礼日，对新人的祝词可用：恭贺新婚、婚礼吉祥、新婚大喜、结婚嘉庆、新婚快乐、龙凤呈祥、喜结伉俪、佳偶天成、琴瑟和鸣、鸳鸯福禄、丝萝春秋、花好月圆、并蒂荣华、幸福美满、吉日良辰。

此外，对新人父母所用的祝词也各有差别。

对新郎父母的祝词：令郎婚禧、家璧生辉、祝福早孙、贺子纳媳、增祺添丁；对新娘父母的祝词：令爱婚禧、福得佳婿、恭贺女嫁、于归之喜；对双方父母共贺的祝词：恭贺秦晋、贺继朱陈、联姻嘉庆、结亲兼福。

6）满族婚礼习俗

满族办喜事接新娘要选一个吉日良辰。选定日子后，由媒人到女方家"问日子"。吉日定妥后，在娶亲前，男方要给女方家老酒一坛（15斤）和肥猪一头，供女方宴请亲朋好友用。

娶亲一般要操办三天：第一天叫"响棚"，第二天称"亮轿"，第三天称"正日"，即拜堂成亲。

娶亲的人包括新郎、媒人、两个娶亲婆、一个压轿男孩儿以及吹鼓手等，必须是单数。新郎进到女方家的院子后，首先要到上屋面向西给老佛父叩头，然后女方热情款待娶亲人。饭后，新郎被安排在单独的屋内住下，并有人作陪。这一天，新郎、新娘双方不能见面。第二天，选定良辰，请新娘上轿。新娘在鼓乐声中挥泪与家人告别，母亲则把新娘的洗脸水泼在花轿停放过的地方。

新娘娶到家后，新郎、新娘在天地桌前随着鼓乐声一拜祖先，二拜天地，然后对拜。众亲友相互道喜，接着由两个小女孩儿搀新娘、两个小男孩儿搀新郎步入新房。新娘进屋后，要同新郎对坐（坐福）；然后梳妆打扮。此时，新郎要离开洞房到外面招待客人。新娘打扮完毕，在新屋要摆桌。围桌共坐四人，新郎坐炕沿边，面对新娘，娶亲婆坐在里边，送亲婆坐在外面，桌上摆两碗饺子、两碗面条。饺子取其吉利意，预祝早生贵子；面条有长寿的含义，祝福新人长寿。娶亲婆和送亲婆要敬新人一杯酒（交杯酒），然后劝新人多吃多用。饭后，新郎、新娘一起先拜祖先、拜佛父，然后出来拜神杆和神后，再拜公婆，款待亲友。

新婚宴罢送别亲友后，还要举行家宴。这时，新娘要坐在炕下，要端菜、端饭、伺候客人。家宴后，新人入洞房。

新婚夫妇入洞房后，有的由亲人家的小叔子们闹洞房，有的不闹洞房，但新郎、新娘上炕时，花烛不能吹灭，要用扇子扇灭。

启智润心 8-1 　　　　　**懂礼启福，传承中华优秀传统文化**

中式嫁衣、凤冠霞帔、金器簪花、钗环朱佩……走进中式婚礼推广者牛俊在宁夏银川经营的"锦韵阁"，目光所及满目琳琅，处处惊艳。"中式嫁衣剪裁简约，面料内敛精巧，纹样疏密有致，融入中国传统文化的元素，穿上后放大了东方女子的气韵之美。"牛俊告诉记者，作为中式婚礼中最引人注目的一环，新娘身上的嫁衣"大有乾坤"。"做一件中式嫁衣正常工期要两个月。"牛俊介绍，一件嫁衣最讲究的是刺绣和面料，"盘金绣""苏绣"等刺绣手法与"醋酸缎""云锦"等面料交叠呼应，或端庄大方，或温婉雅致，一针一线间都蕴含着古典之美。

中式婚礼不仅美在嫁衣，还美在现场的仪式感和其中所体现的中华传统文化。婚礼上，新娘梳妆、画眉、点唇、梳头、上盖头、持如意、拿宝瓶；执礼人不疾不徐，引导新人静默行礼、敬茶改口，体现了"合卺之饮，交拜之礼，执手同心，结发之诺"的仪式感。"中式婚礼通过一系列庄重而严谨的仪式，渗透着丰富的儒家思想内涵，强调夫妻之间相濡以沫的责任，和对父母的孝心。"牛俊说。

现今，追寻文化根源、重视传统民俗的中式婚礼越来越受到年轻人的青睐。牛俊告诉记者："过去二十场婚礼中，能有一两场中式婚礼已算不错；而现在，十场婚礼中就有三四场中式婚礼。"

为了更加迎合年轻人的思想观念，中式婚礼也在进行自我革新，将传统文化与现代时尚元素结合。"在我们策划的一场中式婚礼中，新郎、新娘所饮之酒的度数加在一起正好是52度，寓意着'我爱你'。在另一场中式婚礼中，因为新娘的职业是中医，我们便在主持词中融入了'望、闻、问、切'的元素。"牛俊说，在策划中式婚礼时，她还会特意留给新郎新娘DIY(自己动手制作)的空间，让新人参与设计属于自己的、独一无二的婚礼。

"中式婚礼是一场美与文化的盛宴，它与中国传统文化一脉相承，让人们深切感受到'这就是我们中国人自己的婚礼'。"在牛俊看来，中式婚礼是最能够直接展现传统文化的载体，她希望通过中式婚礼，让更多的人感受到中国传统文化的魅力。

资料来源：杨迪，李佳儒. 访中式婚礼推广者：在传承创新中追寻传统之美［EB/OL］. ［2023-12-12］. https://www.chinanews.com.cn/sh/2021/08-14/9543500.shtml.

核心素养：弘扬中华优秀传统文化 文化自信 创新意识

学有所感：中国婚俗礼仪文化源远流长。中式婚礼在年轻一代中的风靡，展现了新时代中国人民的文化自信，也彰显了中华优秀传统文化强大的生命力。在传承中融入创新意识，既迎合了消费者的需求，助推了行业发展，也提升了人们的幸福感。

●●● 本章小结

★ 婚礼是人生礼仪中的大礼，文明合仪的婚典对新婚夫妇而言，是人生历程中难以忘怀、永久回味的纪念，也是对其家庭责任、社会责任的一次启迪和激励。

★ 订婚指未婚男女将确定婚姻关系的喜讯，通过某种方式向双方家庭和各自亲友告知的仪式，可以开个派对，也可以登报宣告。订婚时间没有限制性规定，一般要交换礼物和戒指。

★ 宗教婚礼在西方很普遍，其大多要求新人中至少有一人已经受洗加入了教会。仪式有固定的程式，庄重而严肃。

★ 结婚宴请往往和婚礼紧密联系，除应遵守一般宴请的礼仪要求外，还要注意婚宴特点。婚宴上新婚夫妇是主角，但司仪对婚宴的成功与否影响很大。

★ 中国的婚礼方式多样，除传统婚礼之外，还有旅游婚礼、集体婚礼等。但传统婚礼仍是中国婚礼的主要形式，也有青年人尝试宗教婚礼、创意婚礼等形式。

★ 熟知中外婚礼的习俗。

●●● 主要概念和观念

□ 主要概念

婚礼 订婚 集体婚礼

□ 主要观念

宗教婚礼礼仪 结婚宴请 我国婚礼的多种形式

●● 基本训练

□ 知识题

8.1 判断题

（1）结婚戒指可以随便戴在某个手指上。 （　）

（2）出席别人的婚礼在着装上可随便一些。 （　）

（3）在婚宴上，来宾要等席终才可离去。 （　）

（4）在西方，采用宗教婚礼方式结婚的新人几乎占65%。 （　）

随堂测验8-1

判断题

8.2 选择题

（1）西方婚礼中，新娘的婚纱通常为（　　）。

A.白色　　　　　　　　　　　B.红色

C.什么颜色都行　　　　　　　D.黄色

随堂测验8-2

选择题

（2）结婚后戒指通常戴在（　　）上。

A.左手中指　　　　　　　　　B.左手无名指

C.任何手指　　　　　　　　　D.左手小指

（3）订婚时间（　　）。

A.通常为一年　　　　　　　　B.一年或更长一点时间

C.没有长短的规定　　　　　　D.应该短些

（4）在我国，婚姻的认定依据是（　　）。

A.两情相悦即可　　　　　　　B.举办过婚礼仪式

C.进行法律登记　　　　　　　D.搬到一起居住

（5）叫苦不迭是（　　）的婚礼习俗。

A.印度　　　　　　　　　　　B.丹麦

C.德国　　　　　　　　　　　D.俄罗斯

8.3 简答题

（1）基督教新教婚礼的主要步骤有哪些？

（2）中国传统婚礼有哪些主要程序？

（3）参加结婚宴请时要注意哪些礼貌、礼仪？

（4）集体婚礼通行的程序有哪些？

随堂测验8-3

简答题

□ 技能题

（1）中外婚礼的区别所在。

（2）了解、掌握中国传统婚礼的礼仪要求。

●●● 观念应用

□ 案例题

谁的错

王小姐的新郎是位英国人，经过双方商定，在中国结婚，并按照中国的婚礼礼仪操办。婚宴结束后,许多朋友来到新郎、新娘的新房里准备闹洞房,新郎大惑不解。闹洞房时出现了"捉弄新郎、新娘"的节目,新郎不仅不配合,反而面露愠色,众人感到非常尴尬,不得不草草收场,不欢而散了。

问题:英国新郎为什么面露愠色?

□ 实训题

在自己的亲朋好友结婚时,请帮助他们设计婚礼程序,并做好礼仪习俗方面的安排,也可在教师指导下进行模拟实训。

第9章
中外馈赠宴请礼仪

学习目标

知识目标：懂得往来互赠在人际交往中作为表达情意方式的必要性和合理性，掌握赠物的原则和基本要求。

技能目标：熟悉赠物、赠花的基本要领和技巧，并能在实践中自如运用；了解中外往来互赠的习俗；能够遵从往来互赠的原则，在人际交往和事业发展中熟练运用赠物、赠花礼仪。

素养目标：坚定文化自信，培养爱国心和社会责任感。

第9章

思维导图

引 例　　　　　**最忆是杭州：走进 G20 峰会欢迎宴会**

西湖美景、江南风韵，丝竹声声、美酒佳肴，把全世界的目光聚焦到杭州的绝美夜色里。

2008 年的国际金融危机催生了 G20 峰会。2016 年，G20 峰会首次来到中国，这是中国主办的级别最高、规模最大、影响最深远的国际峰会之一。

在参与峰会的领导人欣赏大型水上情景表演交响音乐会《最忆是杭州》之前，在西子宾馆举行了 G20 峰会欢迎宴会。国之重宴，不可轻忽。从宴会地点到宴会音乐，从宴会餐具到菜式及配酒，G20 峰会欢迎晚宴到底展现了怎样的中国元素呢？让我们走进 G20 峰会欢迎宴会的现场，一探究竟。

1）地点：西子宾馆

西子宾馆，名称取自西施。西子宾馆位于杭州"西湖十景"之一的"雷峰夕照"山麓，与"苏堤""三潭印月""柳浪闻莺"等著名景点隔湖相望，湖光山色尽收眼底。

2）音乐：从《喜洋洋》到《花好月圆》

在经典名曲《喜洋洋》的欢快旋律中，G20 峰会欢迎宴会正式开始。据了解，在整个宴会期间，浙江交响乐团和浙江音乐学院演奏了 8 组共 26 首外国乐曲联奏，包括意大利的《重归苏莲托》、法国的《天鹅》、德国的《乘着歌声的翅膀》、加拿大的《红河谷》、美国的《温情诉说》、俄罗斯的《祖国从哪里开始》、韩国的《阿里郎》等，荟萃了所有出席宴会领导人国家的经典音乐，最后以中国名曲《花好月圆》圆满结束。

3）餐具：西湖盛宴西湖韵

G20 峰会欢迎宴会的餐具太漂亮了！其设计创作灵感来源于水和自然景观。整套餐具体现出"西湖元素、杭州特色、江南韵味、中国气派、世界大国"的 G20 国宴布置基调。图案采用传统"青绿山水"工笔带写意的笔触创作，主题为"西湖盛宴西湖韵"。

4）菜式：最终上了哪些菜？

G20 峰会开幕前夕，曾有媒体报道，杭州为 G20 峰会选出 20 道杭帮菜，并昵称为"峰菜"。在 G20 峰会欢迎宴会的菜单上，上菜顺序依次为：清汤松茸、松子鳜鱼、龙井虾仁、膏蟹酿香橙、东坡牛扒、四季蔬果……这些菜大多数是杭州及江南名菜，但东坡牛扒显然会结合西餐的做法。

5）用酒：葡萄酒主打

G20 峰会欢迎宴会的菜单显示，宴会搭配的酒款为张裕爱斐堡国际酒庄 2012 年份赤霞珠干红和 2011 年份霞多丽干白。菜是浓郁的江南风情，酒是百年张裕的经典之作。葡萄酒通常是正式宴会的通用佐餐酒，从餐酒搭配的普遍规律来看，霞多丽干白很适合搭配清汤松茸、松鼠鳜鱼、龙井虾仁、膏蟹酿香橙，东坡牛扒更适合搭配赤霞珠干红。

资料来源：彭亮. 最忆是杭州：走进 G20 峰会欢迎宴会［EB/OL］.［2023-12-15］. http://finance.people.com.cn/n1/2016/0905/c1004-28692865.html.

9.1　馈赠礼仪

馈赠礼仪是指在人际交往或公务交往中，为了向对方表示恭贺、感谢或慰问而赠送礼物的规范方式。赠送礼品，是交际中表达情意的重要形式，人们通常相互馈赠一些物品，来表达和传递情意。适当的馈赠，对促进人际交往、加深友谊有着重要的影响。

9.1.1　馈赠的原则

馈赠礼品尽管方式多种多样，目的也不尽相同，但要遵循以下原则：

1）注重情意

注重情意，是馈赠礼品应遵循的首要原则。赠送的礼品是情意的载体而不是商品，商品的价值可以反映在价格上，而情意是无价的。把馈赠的礼品金钱化、商品化往往会弄巧成拙，让人怀疑馈赠者的动机。"千里送鹅毛，礼轻情意重"正是强调了礼品的情意性，淡化了礼品的功利性。总之，馈赠礼品的时候，首先要考虑的是礼品能否表达馈赠者的深情厚谊、真情实感，绝不能把礼品庸俗化，当作交易的筹码。

2）随俗避忌

馈赠礼品一定要因时、因地、因人、因事而异，尽可能了解受礼者的风俗习惯，否则很容易犯忌，事与愿违。不同民族、不同地区、不同性别、不同年龄的人，在风俗习惯上有许多不同的禁忌，馈赠礼品时一定要有所考虑。《礼记》上说："礼从宜，使从俗。"意思是礼尚往来，贵在适宜。比如，给健康的人送药品、给老年人送钟、给新婚夫妇送伞、给异性朋友送贴身内衣、给法国人送核桃、给日本人送荷花和梳子等，肯定会引起受礼者的反感和误会，甚至使人产生被侮辱的感觉。

3）恰如其分

在社会交往中，馈赠礼品要恰如其分，注意选择与馈赠者身份相宜的礼品。太贵重的礼品会使受礼人不敢接受，或者忐忑不安，甚至会有"重礼之下，必有所求"之感。当然，如果礼品太过低值、太不精美，受礼人又会觉得受到了轻视。馈赠礼品的关键在于得体，恰如其分的馈赠可以产生良好的效果，也有助于加深双方的友谊和感情，而不得体的馈赠却适得其反。

9.1.2　赠送礼物的时机和技巧

赠送礼品要根据不同习俗、不同时节、不同情况、不同身份，适时地选择相应的礼品。

1）赠礼的时机

（1）节日赠送礼物。我国有许多传统节日，如春节、元宵节、端午节等。在这些节日里，串亲戚、看朋友都要带上礼品，一般送食品比较普遍，如糕点、糖果、酒类等。除传统节日外，还有劳动节、国庆节、教师节等，这时探亲访友可以带些水果、酒类等作为礼品。受礼者家中有小孩儿的，还可以带些文具、玩具等。受礼者在异地的，可寄去一张贺卡，或发一封邮件，或发个短信。

（2）祝贺赠送礼物。亲友、同事过生日、办婚事、搬新居或有其他喜庆纪念的事情，客人一般也要带些礼品。生日礼品以生日蛋糕最为适宜，给老人祝寿，蛋糕上要突出"寿"字；给小孩儿过生日，可以送玩具等。祝贺新婚一般送日常生活用品、工艺品、茶具等。祝贺企业开张、乔迁等，可以赠送牌匾、锦旗、花篮等。

礼仪小知识9-1　　　　　　　　　一场"砂糖橘"的双向奔赴

2024年1月初，来自广西南宁的11位"砂糖橘"勇闯哈尔滨的新闻和视频霸占了多个互联网社交平台热榜，这群小朋友在黑龙江游学的一举一动受到了全国网友的关注。据《哈尔滨日报》2024年1月5日报道，东北老铁们对"砂糖橘"们掏心掏肺掏家底，抱抱亲亲举高高，打爬犁、放烟花、看雪花，主打一个宠溺。东北网友向广西网友喊话，"孩子交给我们请放心，你们专心剪砂糖橘"。不到一天，广西方面马上回应：已经剪好了，200吨砂糖橘紧急发往哈尔滨，免费赠送东北老乡。

资料来源：蒋子文. 一场"砂糖橘"的双向奔赴：南宁赠送哈尔滨200吨砂糖橘 [EB/OL].[2024-04-10]. https://www.thepaper.cn/newsDetail_forward_25909881.

（3）问候赠送礼物。亲友、同事等患病，去医院或家中探视时，可以送适合患者食用的食品，如水果、滋补品等。在西方，鲜花是被普遍赠送的礼品，我国近年也逐渐时兴起来。

2）赠礼的技巧

馈赠礼物不是一个简单草率的过程，要讲究一定的技巧。得体的赠礼，即使礼品价值微薄，也会皆大欢喜；不得体的赠礼，不论礼品如何贵重，也会使受礼者不快，甚至会被直接拒绝或事后退回，影响彼此交往的效果。

（1）投其所好。每个人都有自己的兴趣、爱好，每个民族、每个国家都有各自的风俗习惯，选择礼品时一定要有的放矢、投其所好，不可盲目。如果受礼者滴酒不沾，送瓶酒显然不受欢迎。如果受礼者爱好民间艺术，一件带有鲜明地方特色的工艺品会使他爱不释手。当然，馈赠礼物之前，馈赠者不能直接问受礼者需要什么。但是，馈赠者可以旁敲侧击，或者仔细观察，或者通过向受礼者的朋友打听，了解其兴趣、爱好，然后有针对性地精心选择合适的礼品，尽量让受礼者感觉到馈赠者在选择礼品时是认真思考过的，不是随便选择的。

（2）抓住时机。选择恰当的时机馈赠礼物是非常重要的，否则，即使馈赠者选择了合适的礼物，也不一定能得到受礼者的喜爱。节假日、庆典、嫁娶等喜庆日子是馈赠礼物的好时机，犹如锦上添花，可以表达馈赠者的美好心意，从而加深双方的感情。在受礼者陷入困境或遭遇不幸时，馈赠者的礼品犹如雪中送炭，会让受礼者难以忘怀，因为困难之时最易见到真情。

（3）正视拒收。受礼者拒收礼品是常见的现象，这时，馈赠者不要太勉强，更不要动怒，也不要随口说一些不恰当的话，恶化双方的关系。正确的做法是，稍作解释或表示歉意后，把礼品带走。然后，分析一下受礼者拒收的原因，是礼品太贵重他不敢收吗？是礼品不合他的心意吗？还是担心你对他有所求呢？这样分析之后再采取相应的行动，不失为一种良策。正视拒收、处理得当，照样可以建立起良好的人际关系。

（4）切勿庸俗。庸俗化的馈赠，目的是拉关系，为个人或小集团谋私利，使礼品沾染着铜臭味，成为等价交换的筹码，以此换取或抵消受礼者给予的某种利益。它没有一点真情，只是一种交易。这种庸俗化的馈赠会腐蚀和毒化人们的心灵，使人见利忘义，不利于沟通和建立健康的人际关系，不利于促进社会主义精神文明建设，会败坏道德风尚，助长不正之风。所以，馈赠礼品时应端正动机，切勿庸俗。

9.1.3　收礼与回赠

收礼与回赠是受礼者对馈赠者深情厚谊的肯定，易于增进彼此的友谊。

1）收礼

一般情况下，对于一件得体的礼品，受礼者应当郑重其事地收下，并说些"您客气了"之类的话，以示感谢。有些人收到礼品时，什么也不说，随手放在不起眼的地方，这样会让对方认为你不重视、不感兴趣。这是一种失礼的行为，是不尊重他人的表现。收礼后一般不要当着客人的面打开包装并作评价。不过，欧美国家的人在接受朋友的礼品时，通常是当场打开，并赞美和表示自己如何高兴，而结婚礼品是不可当场打开的。

2）回赠

俗话说："来而不往非礼也。"收到馈赠的礼品后，受礼者一般要回赠，从而加强联系，增进友谊。在节日、庆典时期，可以在客人临走时立即回赠；在生辰、婚庆、晋级等时候接受的礼品，应在对方有类似的情形或适当时候再回赠。

回赠的礼品切忌重复，一般是价值相当的，也可以根据自己的情况而定，但也不必每礼必回。

课堂互动9-1

收到礼物时可以客气地说"这东西很贵"吗？

课堂互动9-1

答案提示

9.1.4　赠花礼仪

在人际交往中赠送鲜花，是馈赠的一种特殊形式，也是人们普遍欢迎的一种馈赠形式。送上一束鲜花，既可以"借物抒情"，以表达感情、歌颂友谊，也可以提升整个馈赠行为的品位和境界，使之高雅脱俗、温馨浪漫。赠花既要遵守基本的馈赠礼仪，同时也要掌握其自身相沿成习的一些独特做法。

1）赠花的方式

赠花的方式，即如何将鲜花送给对方。具体而言，既可以以人来区分，也可以以花来区分。

（1）以人区分。通常可将其分为本人亲送、亲友转送、雇人代送等三种。它们分别适用于不同的情况和场合。

第一，本人亲送。这是送花的最基本形式，便于在身临其境时，见机行事。不但可以与受赠者一同分享当时的喜悦或分担伤痛，而且还可以现场解释自己送花的缘由，不致使送花的行为令人不解。

第二，亲友转送。一般是本人因故不能到场时所做的一种选择。在大多数情况下，这是不得已而为之的。由亲友转送鲜花有时也有其独到的好处。比如，由于代送鲜花的亲友通常与受赠者并不陌生，因此他可一身二任，担任赠送者的最佳信使，细致周详地向受赠者传递有关信息，甚至可以言赠送者所难言之事。

第三，雇人代送。有时自己难以分身，或是为了刻意营造一种气氛，可以先支付费用，委托鲜花店的"花仙子"，或者邮政局的"礼仪小组"代替自己上门送花。这种送花方式，越来越受欢迎。

（2）以花区分。依照鲜花组合的形式不同，可以分为送束花、篮花、盆花、插花、饰花、花环、花圈等。

第一，束花。它又称花束，是以新鲜的数枝切花，捆扎成束，精心修剪或包装而成的一种鲜花组合。在以花区分的赠花的具体方式中，它是适用面最广、应用最多的一种。

第二，篮花。它又称花篮，是指以形状各异的精编草篮或竹篮，按一定的要求，盛放一定数量的朵大色艳的新鲜切花。与赠送束花相比，赠送花篮显得更隆重、更高档。其最适合的场合有开业、演出、祝寿等。

第三，盆花，即栽种在专门的花盆里，主要用作观赏的花草。送人的盆花，可以是自植的心爱之物，也可以是特意买来的珍稀品种。送盆花的最佳时机，有登门拜年、祝贺乔迁以及至交互访时等。赠送的对象，最好是老年人、爱花人以及兼具时空条件者。

第四，插花。它是指采用一定的技巧，将各种供观赏的鲜花在精心修剪之后，经过认真搭配，然后插放在花瓶、花篮、花插之中。将插花置放于室内案头，可使花香弥漫，春色满眼。插花主要适用于"孤芳自赏"，装饰居室，布置客厅、会议室，同时也可以赠予亲朋好友。

第五，饰花。在日常生活中，往往可以用单枝鲜花进行装饰，这就是所谓的饰花。按其装饰的部位不同，最常见的饰花有襟花、头花等。襟花可用于各类社交场合，而头花则仅限于非正式场合使用。除亲朋好友外，饰花一般不宜送人，但是襟花在某些庆典、仪式中可以统一发放。

第六，花环。此处指的是用新鲜的切花编扎而成的环状物，可以手持，也可以佩戴于脖颈、头顶或手腕上。它多用于自我装饰、表演舞蹈、迎送贵宾，有时亦可以之赠人，受赠者通常是贵宾或好友。

第七，花圈。此处指的是用鲜花扎成的固定的圆状祭奠物。它仅能用在悼念、缅怀逝者的场合，如参加追悼会、扫墓、谒陵等。

这里要强调的是，在绝大多数情况下，送人之花以鲜花为佳。尽可能不要以干花送人，尤其是不要将凋零、衰败、发蔫的鲜花送人。

2）赠花的时机

在人际交往中，适合赠花的时机很多。选择恰当的时机，赠人以鲜花，或许更容易见成效。

（1）例行时机。在人际交往中，以下场合的赠花，早已被很多人所采用：①喜礼之用。遇上亲朋好友结婚、生子、做寿、乔迁、升学、晋职、出国等诸般喜事，可赠送鲜花，作为喜礼，恭喜对方。②贺礼之用。参与某些应表示祝贺的活动，如企业开张、展览开幕、大厦奠基、新船下水、周年庆典、演出成功等，均可以赠送鲜花，作为贺礼。③节庆礼之用。逢年过节，如春节、中秋节、国庆节、老人节、母亲节、父亲节、教师节、青年节、妇女节、情人节，可赠送鲜花。④嘉奖礼之用。对于模范、英雄、义士以及在各类比赛中的获胜者，或者为国家、为单位赢得荣誉者，可赠送鲜花，表示鼓励。⑤慰问礼之用。当亲友、邻里、同事、朋友或其家人遭遇不幸、挫折时，如失学、失业、生病时，或是遇到其他一些天灾、人祸时，应前去慰问，并赠以鲜花。⑥丧葬之用。当关系密切者或者其家人、亲属举办丧事、葬礼时，可以送鲜花，以表哀思。⑦祭奠礼之用。当自己为他人祭礼、扫墓时，可以花为礼，追思、缅怀故人，或表示自己的一番敬意。

（2）其他时机。以鲜花赠人，不仅别出心裁，令人耳目一新，而且也有助于赠送与受赠双方之间关系的发展和改善。其他时机包括：①做客。前往他人居所做客时，以鲜花为礼，既脱俗，又不至于让对方为难或产生猜忌。②迎送。当关系密切者即将远行，或者远道归来之际，向其赠送一束鲜花，可以委婉地向对方表达自己的亲情、友情或爱情。③纪念。每逢重要的私人纪念日，如与恋人初识之日、与配偶定情之日，以及对方的生辰或结婚纪念日等，送花给对方，可略表寸心，显示自己"我心依旧"，珍爱对方，一如既往。④致歉。有些时候，因为阴差阳错而与他人产生了矛盾、出现了误解或有严重的隔阂，而后来才知道责任在自己一方，如果不想将错就错、彻底失去对方的话，比较可行的一个办法，就是赠送鲜花给对方，必要时还可附以道歉卡。这时，鲜花就会充当自己的"和平使者"，犹如自己当面"负荆请罪"一般。

案例窗 9-1　　　　　　　　　　　　**去医院送花**

石小姐的嫂子顺利产下一个男孩儿，全家都很高兴。生产当晚，石小姐在公司加班，没能到医院探望嫂子；隔天下班后，她便兴冲冲地去看他们母子。

"探视总不能双手空空，什么都不带吧"，石小姐买了一束康乃馨，祝福嫂子升格当妈妈。

石小姐的嫂子见到漂亮的花束，心情十分愉悦。石小姐说："花瓶呢？我去把花插好。"这时大家才发现病房里根本没有花瓶可供使用，只能在整束花的上头洒点水，把它搁在墙角……

资料来源：沈骐. 错误的礼仪 [M]. 上海：复旦大学出版社，1999.

分析提示：鲜花人人可赏，也比较符合病人所需，然而送花之前要考虑两个问题：其一，请回想一下，病人对花粉是否过敏。其二，医院可能根本没有准备花瓶，如果你送花给病人，对方会不会因没有地方插花而苦恼呢？如果会，这岂是探视人所希望的？

因此建议送花的人自行带一个小花瓶，这会令人觉得你非常细心与体贴。

3）鲜花的寓意

娇艳的鲜花会给人以美的感受、心灵的愉悦，有着美化生活、增进友谊的作用。国际上有许多花卉已被公认为是有特色象征和"花语表白"的——花里蕴涵交往礼仪的意义。例如，玫瑰象征爱情，花语为"我真心爱你"；百合象征高洁，花语为"百年好合"；康乃馨象征母爱，花语为"健康长寿"；桃花象征发达，花语为"宏图大展"。在我国，有些花卉也有约定俗成的花语和象征意义。如古人离别时常以芍药相送，《韩诗外传》曰"芍药，离草也"；荷花，因其"出淤泥而不染，濯清涟而不妖"，花语为"人品高洁，情操纯真"；牡丹，人称花王，群芳之首，花语为"富贵"等。了解和掌握花语，对赠花人表达自己的情意、增进友谊、避免误赠错送等有着重要意义。

9.2 宴请礼仪

宴请是指盛情邀请宾客宴饮的聚会，是以此款待宾客、进行友好交往、团聚、联络感情、畅叙友情的一种社交活动。

9.2.1 设宴礼仪

设宴礼仪一般涉及宴请形式、宴请的准备、宴请的程序及礼仪三个部分。

1）宴请形式

根据不同的宴请目的、名义、对象、人数，可选择不同的宴请形式。常见的宴请形式有以下几种：

（1）宴会。**宴会**是指比较正式、隆重的设宴招待，宾主在一起饮酒、吃饭的聚会。按其规格和要求。宴会包括：

第一，国宴。它是国家元首或政府首脑举办的国家级宴请活动。宴会由主办人主持，宴会厅悬挂国旗，宾主入席后乐队奏国歌，主人和来宾先后发表讲话或致祝酒词，奏席间音乐。国宴讲究排场，对宴会厅的陈设、菜肴的道数，以及服务员的个人礼仪都有严格的要求。

第二，正式宴会。这种形式的宴会除不挂国旗、不奏国歌以及出席规格有差别外，大体安排都与国宴相同，有时也安排乐队演奏席间音乐。宾主均按身份排位就座。许多国家的正式宴会十分讲究排场，对餐具、酒水、菜肴的道数以及上菜程序均有严格规定。

第三，便宴，即非正式宴会，常见的有午宴、晚宴，也有个别情况下的早宴。便宴形式简单，不明确排席位，不作正式讲话，菜肴道数也可酌减。便宴气氛随意、亲切，安排起来灵活简便，有时甚至还采取自助餐的形式。

第四，家宴，即在家中设宴招待客人，由主人亲自下厨烹调，和家人共同招待来宾。家宴不仅广泛应用于民间交往，官方业务往来也有采用这种方式的，由于容易营造亲切、友好的气氛，因此运用得也比较多，在西方比较流行。

（2）招待会。招待会只备一些食品和饮料，不备正餐，不安排座次，具有灵活、简便的特点。

第一，冷餐会。它又称自助餐，菜肴以冷食为主，也可冷、热兼备，菜肴与餐具一同摆放在桌上，供客人自取。客人可以多次取食，在自由选取食物时，应按顺序，不可争抢。取食要适量，够用就好，尤其是第一次取食不可过多。取食后找适当位置坐下进食，也可站立进餐，自由活动，彼此交谈。冷餐会可在室内外进行，由于这种方式既简便，又节省费用，亲切随和，因此广受欢迎。

第二，酒会。它又称鸡尾酒会。鸡尾酒是将多种酒按一定比例放入容器，并放入适量果汁调配成的酒，是酒会上最常用的酒，最上等的是香槟鸡尾酒。招待客人时以酒水为主（少用或不用烈酒），略备小吃，不设座椅，仅置小桌或茶几，以便客人随意走动，接触交谈。时间较为灵活，中午、下午、晚上均可。客人入席、退席，来去自由，衣着方面不用过于讲究，整洁即可。因为这种方式活泼、自由、轻松、方便，在国内外也广受欢迎。

第三，茶会。它是一种更为简便的招待方式。一般在上午10点、下午4点左右举行，以请客人品茶为主。茶会通常在客厅、会议室等场所举行，厅内设茶几、座椅，不排座次。如果是为某贵宾举行的活动，入座时主宾会被安排与主人坐在一起，其他人随意就座。茶会对茶叶、茶具比较讲究，一般只用陶、瓷茶具，亦可略备点心、小吃。也有不用茶而用咖啡的宴请，其组织安排与茶会相同。

（3）工作餐。可在早、中、晚举行，以快餐分食的形式，每人一份，既简便快速，又卫生，是常用的一种非正式宴请方式。大家利用共同进餐的时间，边吃边谈问题。双边工作餐往往以长桌安排座次，其座位与会谈桌座位排列相仿，便于主宾双方交流、磋商。

2）宴请的准备

宴请前的准备工作是十分重要的，从宴会设计到宴会的组织实施，每个环节、每个步骤都要考虑周到，准备充分，这样才能确保宴会的顺利举行。

（1）确定宴请的目的、名义、范围和形式。宴请可以为某人或某事而举行，如节庆日聚会、贵宾来访、会议闭幕等。宴请的名义是指以谁的名义出面邀请，可以个人的名义，也可以单位的名义出面邀请，具体依据主宾双方的身份来确定。宴请范围是指请哪些方面的人士出席，请到哪一层次，请多少人，包括主人一方请什么人出来作陪等。如果是多边活动，还要考虑相互之间的关系，避免造成尴尬局面，影响宴会的气氛和效果。在明确宴请的目的、名义、规格、对象、范围之后，结合当地的习惯做法，确定宴请的具体形式。

（2）确定宴请的时间和地点。宴请时间原则上应以主宾双方都合适为宜，注意避开对方的重大节假日、重要活动或禁忌的日子和时间。此外，还有一些特殊情况，如特定节日、纪念日的宴请，只能在节日、纪念日之前或当日举行，而不能推迟；企业开张、婚嫁迎娶等，只能遵照主人主观的安排；接风送行等，只能根据行期确定。

宴请地点的选择，要体现主人对宴请的重视程度。通常，应选择那些交通便利、环境幽雅、菜肴精美卫生、服务优良、管理规范的饭店和宾馆作为宴客的场所。官方隆重的活动，一般安排在政府会议大厦或宾馆举行。其他活动的宴请地点则按活动性质、宴请目的、名义、规模、形式、客人特点、主人意愿及实际可能而定。

（3）发出邀请。各种宴请活动，一般都要发请柬，这既是礼节，也是对客人的提醒备忘。如果是便宴、工作餐，也可通过口头或电话的方式邀请，可发亦可不发请柬。如果是邀请某单位最高领导作为主宾参加活动，还须单独发邀请信，向其他宾客发请柬。

请柬内容应包括活动的主题、形式、时间、地点、主人姓名（或主办单位）等。国际上习惯对夫妇二人发一张请柬，国内遇到需凭请柬入场的场合则每人发一张。正式宴会，最好能在发出请柬之前安排好席位，并在请柬的信封下角注明席位号。请柬一般提前1~2周发出，以便被邀请人及早安排。请柬发出后，应及时落实出席情况，以便安排、调整和布置。

（4）拟定菜单。无论哪一种宴请，事先都应开列菜单。如果是单位宴请，还应征得主管负责人的同意。宴请的酒菜，应根据活动形式和规格，在规定的预算标准内安排。选菜不应以主人的喜好为标准，而要考虑宾客特别是主宾的饮食习惯、口味与禁忌。拟定菜单既要注意通行的常规，又要照顾到地方特色。菜单定好后，如果是大型、正式的宴会，即可印制得精美一些，一般每桌放置两三份，讲究的也可每人一份。

礼仪小知识9-2　　　　　　　　　宴席菜肴的搭配

整桌宴席的菜肴应搭配合理，包括冷热搭配、荤素搭配、营养搭配、时令菜与传统菜搭配，以及甜点与酒水、饮料、茶点的搭配等，做到有冷有热、有荤有素、有主有次。主菜要显示宴请的档次、规格，还要有一般菜以调剂客人的口味。还可以用地方特色食品、地产的名酒甚至野菜等来招待客人。地方特色和民族风俗的饮食往往别具一格，备受来宾欢迎。

（5）现场布置。其包括以下几点：

第一，布置、美化环境。宴会厅和休息厅的布置、美化取决于活动的目的和性质。比如，对于官方正式活动，场所的布置应该严肃、庄重、大方；而商务宴请类的庆贺、接风欢送、乔迁开张等，则应突出喜庆、活泼、欢乐的氛围。主办者可以根据活动的需要，在宴会厅的正面上方拉一红色横幅。在宴会厅一侧，摆放一些花草盆景。设置临时致辞台，装上麦克风。有时，为了突出宴会的气氛和效果，还摆放大型立式花篮，用花草、花篮和灯光装饰，在宴会厅四周，适当摆放一些插花或绿树花卉。总之，要使环境、气氛突出宴请活动的目的和性质，表达主人的愿望。

第二，桌次安排。宴会的桌次安排有严格的礼仪规范。中餐宴会一般采用圆桌，西餐宴会一般采用长桌。按国际惯例，桌次的高低以离主桌远近而定，离主桌越近的桌次越高，平行桌则右高左低。桌数较多时，应摆放桌次牌，以便辨认。图9-1是几种宴会的桌次布置法。

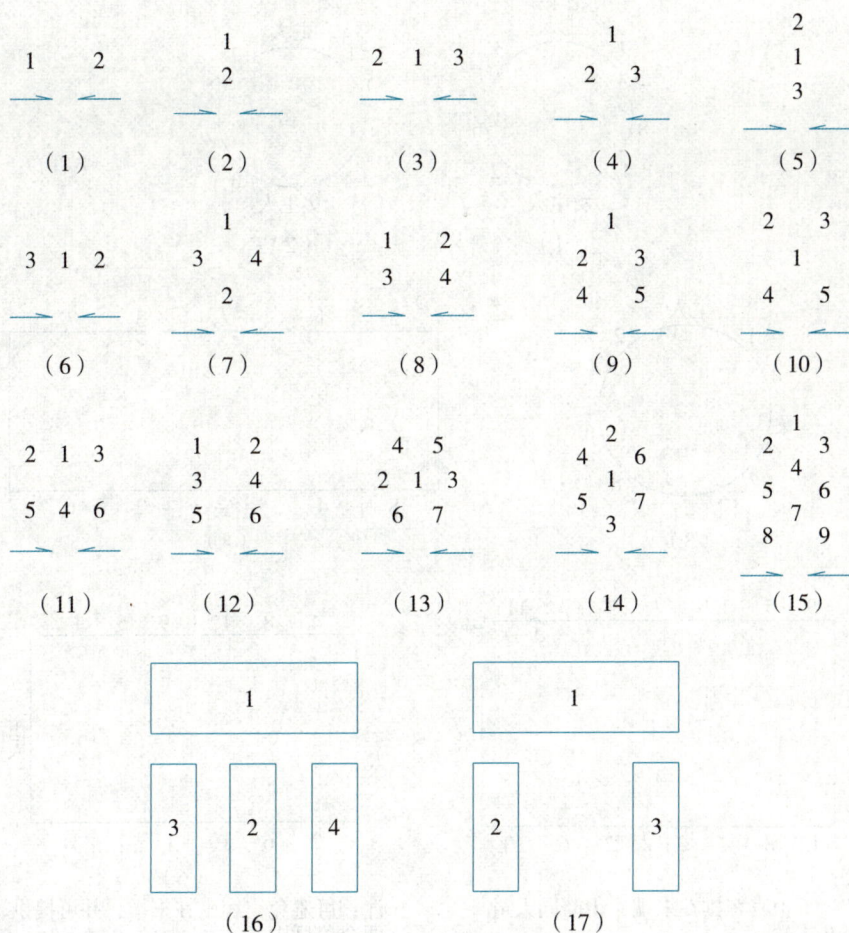

图9-1　几种宴会的桌次布置法

第三，席位安排。席位的高低与桌次的高低原理基本相同，即同一桌上，席位高低以离主人座位远近而定，右高左低。

国外习惯男女穿插安排，以女主人为准，主宾在女主人右上方，主宾夫人在男主人右上方。我国习惯上按职务排列，以便于交谈。若夫人出席，通常把女方排在一起，即主宾坐男主人右上方，主宾夫人坐女主人右上方。两桌以上的宴会，其他各桌第一主人的位置可与主桌主人的位置同向，也可以面向主桌的位置为主位。如遇特殊情况，可灵活处理。比如，遇到主宾身份高于主人，为表示对他的尊重，也可以把主宾安排在主人的位置上，而主人坐在主宾位置上，第二主人坐在主宾左侧。如果遇到主宾有夫人，而主人的夫人又不能出席，可以请其他身份相当的女士作第二主人，如无适当身份的女士出席，也可以把主宾夫妇安排在主人的左右两侧。总之，要根据实际情况，遵循礼宾次序灵活处理。

席位排妥后要写座位卡，并在请柬上注明客人的席位号或在客人入席前通知到，使大家心中有数，现场还要有人引导。大型宴会最好是排席位、放座位卡，以免混乱。便宴、家宴可以不放座位卡，但主人对客人的座位也要有大致安排。图9-2是几种常见的席位排法。

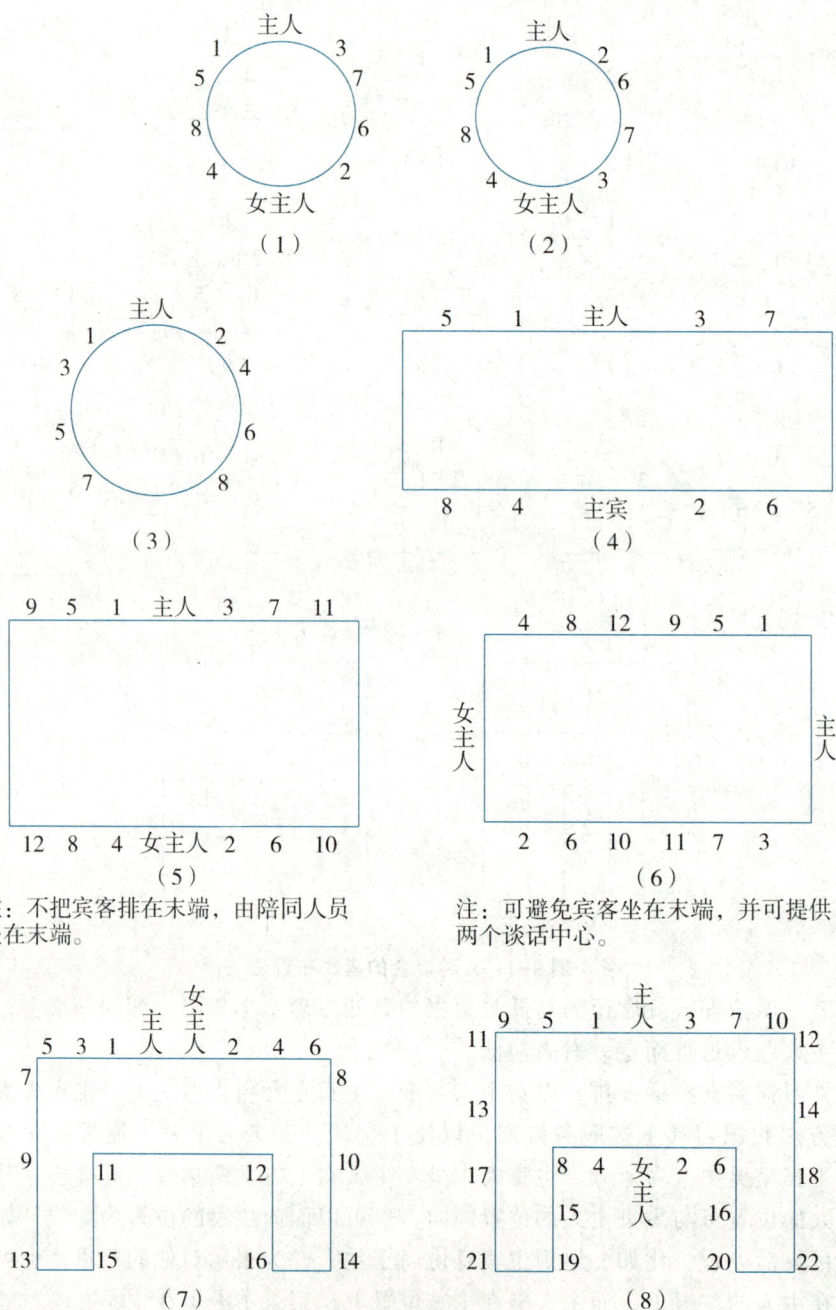

图9-2　几种常见的席位排法

第四，餐具的准备。根据宴请人数和酒、菜的道数准备足够的餐具。餐桌上的一切用品都要清洁卫生。桌布、餐巾都应清洗洁白、熨平。玻璃杯、酒杯、筷子、刀、叉、碗、碟等餐具，在宴请之前都应洗净擦亮。

由于中西餐在菜肴的制作、吃法上存在很大差异，因而所准备的餐具种类及摆放也各不相同。

A.中式餐具的种类和摆放。中式餐具主要有各种规格、形状的盘、碗、碟、杯及筷、匙等。一般除筷子外，多为瓷器，高档宴会有时用铜器或银器餐具。酒杯数目和种类应与所上酒的种数及人数相配，餐巾叠成花插在水杯中或平放在菜盘上。宴请外宾时，除摆放筷子外，还应摆上刀叉。公筷、公勺应备有筷、勺座，其中一套摆在主人面前。餐桌上应备有烟灰缸、牙签。中式餐具的具体摆放如图9-3所示。

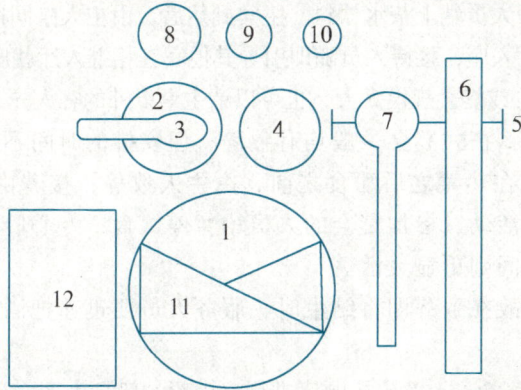

1.餐碟　2.汤碗　3.汤匙　4.调味碟　5.筷架　6.筷子
7.银匙　8.水杯　9.红酒杯　10.白酒杯　11.餐巾　12.菜单

图9-3　中式餐具的摆台

B.西式餐具的种类和摆放。西式餐具主要有刀、叉、匙、盘、杯等。刀分为食用刀、鱼刀、肉刀、奶油刀、水果刀等；叉分为食用叉、鱼叉、龙虾叉等；匙有汤匙、菜匙、甜品匙等；杯的种类更多，茶杯、咖啡杯均为瓷器，并配有小碟，水杯、酒杯多为玻璃制品，不同的酒使用规格不同的酒杯，宴会有几道酒，就配几种酒杯。吃正餐时，刀叉数目应与菜的道数相同，按上菜顺序由外向里排列，使用时也是从外向里使用。撤盘时，一并撤去使用过的刀叉。西式餐具摆放的原则为：食盘居中，右刀左叉，刀尖向上，刀口向左，叉背向下，叉齿向上。其具体摆放如图9-4所示。

1.装饰盘　2.餐刀　3.鱼刀　4.汤匙　5.头盆刀
6.餐叉　7.鱼叉　8.头盆叉　9.面包盘
10.奶油刀　11.水果刀　12.甜品叉　13.甜品匙
14.水杯　15.红酒杯　16.白酒杯　17.餐巾

图9-4　西式餐具的摆台

3）宴请的程序及礼仪

正式宴会的接待都有其特定的程序及相应的礼仪，主办者应熟悉、掌握并认真实施，以确保宴会的成功。

（1）迎宾和引宾入座。当宴请时间将至时，主人应到门口迎接客人，必要时还可安排几个主要人员陪同迎接。如果是正式宴会，宾主握手寒暄后，可交由工作人员陪同至休息厅休息。如无休息厅，可直接引入宴会厅，但暂不入座，等待主宾。休息厅内应有相应身份的人员陪同，并安排服务人员端上茶水饮料。主宾到达后，由主人陪同进入休息厅与其他客人见面，然后进入宴会厅入座，接待人员随即引导其他宾客相继入厅就座，宴会即可开始。

如果休息厅较小，或宴会规模太大，也可以请主桌以外的客人先入座，贵宾最后入座。

（2）致辞、祝酒。正式宴会一般均有致辞，但安排的时间不尽一致。有的一入席双方即致辞；也有的在热菜之后甜食之前，由主人致辞，接着由客人致辞。致辞时，服务人员要停止一切活动，参加宴会的人员均暂停饮食，专心聆听，以示尊重。冷餐会和祝酒会的讲话时间则更显灵活。

致辞毕则祝酒，故在致辞即将结束时，服务人员要迅速把酒斟足，供主人和主宾等祝酒用。

（3）上菜、介绍菜肴。上菜应按顺序进行，中餐一般是先上冷盘，后上热菜，再上汤菜，最后上甜食、水果；西餐上菜的顺序一般为面包、汤、菜肴、布丁、咖啡或红茶等。

当第一道热菜（主菜）上桌时，一般由服务员报出菜名，并介绍这道菜色、香、味方面的特色。此时主人应举筷请众宾客品尝，当客人互相谦让时，主人（也可由服务员）可站起来用公筷、公勺为客人分菜。分菜时注意先分主宾，并注意分得均匀，以免让人觉得厚此薄彼。如果是家宴，可精心制作几道拿手菜，当这些菜上桌时，不仅要报菜名，还要简单介绍制作要领。请大家品尝后，要认真征求宾客的意见。

席间，如果出现客人碰落餐具等情况，不可慌乱，应一边安慰客人，一边迅速为客人更换干净餐具。

（4）侍应和斟酒。按国际惯例，侍应顺序应从男主人右侧的女宾或男主宾开始，接着是男主人，由此自右向左按顺时针方向进行。如果宴会规格较高，需由两人担任侍应，其中一人按上述顺序开始，至女主人（第二主人）右侧的宾客为止；另一人从女主人（第二主人）开始，依次向左按顺时针方向进行。圆桌、长桌均按此顺序作侍应和服务，正确的侍应和斟酒顺序如图9-5所示。

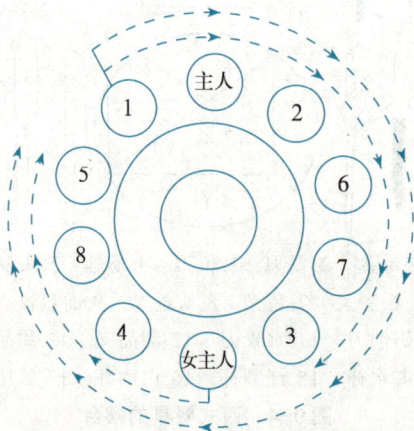

图9-5 正确的侍应和斟酒顺序

礼仪小知识9-3　　　　　　　　　　教你如何倒红酒

侍酒是一门很讲究、很精细的学问，对如何开瓶、如何倒酒、如何选杯、如何持杯和如何敬酒等都有严格的要求。掌握正确的侍酒礼仪不仅有助于提高品酒的享受，还可以向他人展示出一种优雅自在的风度，赢得众人的赞赏。倒酒虽然是一个小小的动作，却能决定你在大家心目中的分量。

那么怎样倒静止型葡萄酒呢？第一步：开瓶后，先用餐巾把瓶口和瓶颈擦干净，再用餐巾包住瓶身和瓶颈，以防倒酒后酒液从瓶口处往下流，弄脏酒标。第二步：手拿瓶身，如果瓶身上没有包餐巾，就让酒标对着客人，让客人可以清楚地看到葡萄酒的名字和年份。注意不要用手拿酒瓶的颈处，手的位置应该在瓶身的中部或下半部。第三步：对着酒杯的中心倒酒，不要沿着杯壁倒。控制倒酒的分量，一次不要倒得太多，不然转杯时酒液很容易溅出。红葡萄酒适合倒1/3杯，而白葡萄酒和桃红葡萄酒可以倒至1/2杯。第四步：在快要倒好酒时，不要直接把酒瓶直立起来，而要轻轻转一下瓶口，让酒液自然停止流出。第五步：用餐巾擦一下瓶口和瓶颈。

香槟和其他类型的起泡酒应该如何倒呢？倒起泡酒的方法和倒静止型干红、干白葡萄酒的方法接近，只是由于它带有大量气泡，所以还是有些特别的地方。倒起泡酒的时候，先倒少量到杯子里，等气泡稳定下来后再继续倒，直到倒满杯子的3/4。由于饮用起泡酒一般不适合转杯，所以可以倒得满一些。

资料来源：佚名. 葡萄酒礼仪之斟酒［EB/OL］. ［2023-12-15］. https：//www.wine-world.com/course/ly/20130329094042000.

上菜、派菜、分汤、斟酒，均按上述顺序进行。上菜在左，菜品应从每个客人左侧端上，空盘等则通常从右侧撤下。新上的菜，要放在主宾面前，余菜则作相应的移动。如果上"孔雀""凤凰"等花色冷盘或全鱼、全鸡等大菜时，一般需将头部对准主宾和主人，以示尊重，但也有些地方风俗认为此举有"斗嘴"之意，对此应灵活处理。与上菜不同，斟酒在右，主要是为方便宾客。向客人斟酒时，应走到客人右侧，除啤酒外，酒瓶瓶口不应接触杯沿，酒杯也不应提起。斟入的酒的多少应根据酒的种类酌定，一般斟入2/3即可。中式宴会，从上冷盘即开始斟酒；而西式宴会是一开始就用酒，还是在上主菜时用，应根据主人（征求主宾意见后）的安排而定。逐一斟酒时，服务人员应征求客人意见后再按需斟倒。

（5）热情交谈。宴请并不是目的，借此相互认识、了解、交流、增进友情、加强协作才是目的，因此，席间一味地埋头吃是不礼貌的。主宾双方应就彼此都感兴趣的话题，亲切交谈。交谈的范围可以广一些，可以选择一些大众性、趣味性、愉悦性的话题，宴会中不宜深入谈具体的、实质性问题，要"多叙友情，少谈工作"，切不可把餐桌变成谈判桌，以免陷入僵局，使双方不快。同时，应注意不要光谈自己，忽略其他人。还要避免谈及忌讳、敏感、容易引起争执的话题。总之，一切从增进友谊、活跃宴会气氛的角度出发。

（6）敬酒献乐。在宴请过程中，主人一般要依次向所有宾客敬酒，或按桌敬酒。敬酒时，上身要挺直，双腿站稳，以双手举起酒杯，并向对方微微点头示礼，等对方饮酒时再跟着饮。敬酒的态度要稳重、热情、大方。需要一一敬酒时，主人应按礼宾顺序先向主宾敬酒，再依次向其他宾客敬酒。在宾客较多的场合，主人可依次到各桌敬酒，并提议大家一起干杯，这时主人只要举杯示意即可，不必一一碰杯。在让酒、劝酒过程中，主人要尊重宾客的意愿，切忌把让酒、劝酒变成一种强迫，以免破坏宴会的友好气氛。

目前，不少餐厅都有卡拉OK设备。如果是大型、隆重的宴会，还备有乐队。主人可安排乐队演奏席间音乐，或安排专人献歌，或主人先唱，并热情邀请客人一起唱，宾主同乐。歌曲的内容应与宴会的主题相吻合，以渲染宴会的热烈气氛。

（7）适时结束、送客。一般宴会应掌握在90分钟左右，最多以不超过2小时为宜。过早结束，会使客人感到不尽兴，甚至对主人的诚意表示怀疑；时间过长，宾主双方都会感到疲劳，反而会冲淡宴会的气氛。因此，当宴请程序基本完成时，主人要掌握时机，适时结束宴会。一般是服务人员端上水果，吃完后，宴会即可结束。此时，一般先由主人向主宾示意，请其做好离席的准备。然后主人与主宾起立，主人宣布宴会到此结束，并对各位宾客莅临宴会表示衷心感谢。主人有时会为参加宴会者备有小纪念品或者一朵鲜花。宴会结束时，主人要招呼宾客带上纪念品。主人和第二主人及相关陪客应先将主宾送至门口，热情握手告别。主宾离去后，原迎宾人员应按顺序排列，与其他宾客礼貌道别。

如果安排有余兴活动，比如卡拉OK、舞会或喝茶、打牌等，可挽留有兴趣的来宾自由参加，主随客便。

外国人的日常宴请在女主人为第一主人时，往往以她的行动为准。入席时女主人先坐下，并由女主人招呼客人开始就餐。餐毕，女主人起立，邀请女宾与其共同退出宴会厅。然后男宾起立，尾随进入休息厅或留下抽烟。男女宾客在休息厅会齐，即上茶或咖啡。主宾告辞时，主人把主宾送至门口。主宾离去后，原迎宾人员按顺序排列，与其他宾客道别。

9.2.2　赴宴礼仪

宴请，作为重要的社交活动，涉及主客双方，不仅主人要注意宴请活动中的礼仪要求，客人也应注意赴宴的礼节、礼貌，以向主人和其他来宾展示自己良好的礼仪修养，塑造良好的形象。

1）赴宴前的准备

（1）应邀。接到宴会邀请后，能否出席应尽早答复对方，以便主人做出安排。接受邀请后不要随意改动，万一遇到特殊情况不能出席时，尤其作为主宾，应尽早向主人郑重解释、道歉，甚至亲自登门致歉。应邀参加一项活动之前，要核实宴请的主人，活动举办的时间、地点，是否邀请配偶以及主人对服饰等方面的要求。

（2）注意仪容、仪表。出席宴会前，一般应梳洗打扮，女士要适当化妆，男士要梳理头发并剃须。衣着要求整洁、大方、美观，使仪容、仪表符合宴请场合的要求。国外宴请非常讲究服饰，往往根据宴会的正式程度，在请柬上注明着装要求。在我国虽然没有具体要求，但作为应邀者也应该穿一套合体入时的整洁服装，容光焕发、精神饱满地赴宴，这将给宴会增添隆重、热烈的气氛。如果夫妇同去赴宴，还应注意服装的式样、颜色等的和谐统一。

（3）备礼。可按宴请的性质和当地的习惯以及主客双方的关系，准备赠送的花篮或花束。参加家庭宴会，可给女主人准备一束鲜花。赠花时要注意对方的禁忌。有时要准备一定的礼品，在宴会开始前送给主人。礼品价值不一定很高，但要有意义。

2）赴宴过程中的礼仪

（1）按时抵达。出席宴请活动，抵达时间的迟早、逗留时间的长短，在一定程度上能反映出对主人的尊重与否。过早、过迟或逗留时间过短，不仅是对主人的失礼，也有损自己的形象。按时出席宴请是最基本的礼貌。一般来说，出席宴会要根据各地的习惯，正点或提前或晚于规定时间的两三分钟抵达。身份高者可略晚些到达，一般客人宜略早些到达。万一因特殊原因不能及时到达，应及时通知主人并致歉。

（2）问候、赠礼。抵达宴会活动地点，如主人已在那里恭迎，应趋前同主人握手致意，随主人或迎宾人员步入休息厅或宴会厅。如单独到达，则先到衣帽间脱挂大衣和帽子等物，然后前往迎宾处，主动向主人问候，并对在场的其他人微笑点头致意。如果是庆祝活动，还应表示祝贺，同时，将事先备好的礼物双手赠送给主人。

（3）礼貌入座。入座应听从主人安排，不可随意乱坐。若是正式宴会，进入宴会厅之前，应先了解自己的桌次和座位，入座时注意桌上座位卡是否写有自己的名字，不可坐错座位。如邻座是年长者或女士，应主动协助他（她）们先坐下。入座后坐姿要端正、自然，不要紧靠在椅背上，更不能把椅子往前倾或往后翘；不可用手托腮或将双臂平放在桌上；上身坐在座椅适中的位置上，双脚踏在本人座位下，不可随意伸出影响他人；不要玩弄桌上的酒杯、盘碗、刀叉、筷子等餐具；不要用餐巾或纸巾擦拭餐具，以免使主人认为餐具不洁而尴尬。入座后，可与同席的人随意交谈，等待用餐。

（4）文明进餐。致祝酒词完毕经主人招呼后，即可开始进餐。就餐时应有愉快的表情，心事重重的神态、漫不经心的样子，是对主人和其他宾客的不礼貌。即使菜不对口味，也应吃上一些，而不能皱眉拒绝，这是对主人的不尊重。

用餐时要讲文明，席间不要吸烟，除非男主人吸烟或向客人递了烟，一般在宴会结束前吸烟是失礼的，尤其是有女士在的场合。喝酒要有节制，不要失态，具体内容见9.2.3节的"就餐礼仪"。

（5）交谈、敬酒。席间，无论是客人还是陪客，都应与同桌的人亲切交谈，特别是左右邻座。不可静坐不语或只与熟人交谈。若不认识，可自我介绍。席间交谈应注意礼仪、礼貌。总之，谈话要掌握时机，要视交谈对象而定，要顾及交谈的内容、讲究交谈的艺术，以增进友情、活跃气氛。

（6）别掉东西。如果是吃西餐，掉在地上的餐具和东西是不能捡的，因为西餐是长桌，排座次的规则是男女交叉排列，你身边常常都是不认识的人，不方便。不仅掉在地上的东西不能捡，而且手也不能放在下边，要放在桌子上边，否则就是失礼，这个细节不可忽视。

课堂互动9-2
答案提示

课堂互动9-2

席间交谈要注意什么？

当主人依次向所有宾客敬酒或按桌敬酒后，客人也应向主人回敬或每桌派一位代表到主人餐桌回敬。宾客之间也可以互相敬酒。敬酒时要注意礼节、礼貌，不可交叉碰杯。不能喝酒时可礼貌地声明，但不可把杯子倒置，应轻轻按着杯缘。宴会上相互敬酒时，宾主都应量力而行、适可而止，切忌硬性劝酒、逼酒甚至酗酒，以致饮酒过量而失言、失态。

（7）告辞、致谢。参加宴请活动，告辞不宜过早也不宜过迟。如果是主宾，应当先于其他宾客向主人告辞，否则会给其他客人带来不便；但也不能过早，否则是对主人的不礼貌。如果是一般客人，应在宴会结束主宾告辞后，及时向主人告辞，不可因贪杯而拖延不散，也不可因余兴未尽而迟迟不起；但也不能先于主宾告辞，否则对主人和主宾都很不礼貌。无论是主宾还是普通宾客，一般不要中途退席。若确有急事，应向主人说明，表示歉意，并向其他宾客招呼后再离去，或向主人说明、致歉后悄悄离去；也可事前打招呼，到时悄悄离去。

告辞时，应礼貌地同主人握手道谢。通常是男主宾先向男主人告别，女主宾先与女主人告别，然后交叉，再与其他人告别。主宾告辞后，一般宾客再用同样方法向主人和其他人握手告别。如主人备有小纪念品相赠，应欣然收下，并说些赞扬小礼品的话，但不必郑重表示谢意。有时外国宾客还把宴会菜单作为纪念品带走，还请同席者在菜单上签名留念。除主人特别示意作为纪念品的东西外，各种招待品包括点心、糖果、香烟、酒水、饮料等都不能带走。

为了使礼节更周到，可在宴会后一两天内给主人打个致谢电话，或送一封印有"致谢"字样的便函、邮件，除再次感谢主人的盛情款待外，还可重申友谊、加深印象。

9.2.3 就餐礼仪

"吃要有吃相"，就餐举止的文雅、礼貌，是一个人礼仪、修养的重要体现。

1）就餐的一般要求

（1）入座后不可旁若无人，也不可眼睛直盯着盘中的菜肴，显现出迫不及待的样子，或用手玩弄餐具等。用餐一般是在主人示意开始后，客人才能开始用餐，不能别人还未动手，自己已经吃上了。

（2）用餐前应先将餐巾打开铺在膝上，如果餐巾很大，可以将餐巾放在椅子上，但不可放在桌上，不要将餐巾别在领口上、挂在胸前，也不要在手中乱揉。席间如有事需临时离席，应将餐巾叠好放在盘子右侧，不可放在椅子上，亦不可叠得方方正正而被误以为未使用过。餐巾只能用来擦嘴上或手指上的油渍或剩菜，不能用于擦面、擦汗。服务员送的香巾是用来擦面的，擦完后放回原盛器内。

（3）取菜时，应取靠近自己一方盘中的菜，不能在盘中挑来拣去，也不能只夹取自己喜欢食用的菜肴，一次取菜不应太多。注意动作要轻，不要碰到邻座，尽量不要将菜拨弄到桌上，或把汤碰洒了。如果不小心把菜弄到桌上，不可再将其放入盘内。取餐桌上离自己较远的调味品或菜肴时，要请他人传递，不能越过他人，更不能站起来伸手去取。遇到本人不能吃或不喜欢吃的菜点，不可显现出不悦的表情，当服务员派菜或主人夹菜时，不可当场拒绝，可取少量放入盘内，并有礼貌地说"谢谢，够了"。

（4）注意吃相要文雅、从容。其包括：①吃东西时，应细嚼慢咽，绝不能低着头狼吞虎咽；②吃菜、喝汤尽量不要发出声响或因进食过快而打嗝；③喝汤时要用汤匙一勺一勺地喝，不能用嘴唇去啜汤，汤菜太热，要待其稍凉后再食用，不要用嘴去吹散热气；④如果吃一口菜太烫难以下咽，可以立刻喝一口凉水或饮料，不应把食物往外吐；⑤吃食物时要用食物就口，不可将口去就食物；⑥嘴内的鱼刺、肉骨等不要直接外吐，可用餐巾或左手掩嘴，用牙签或筷子取出或轻吐在叉、匙上，放到自己的餐盘或备用盘里；⑦用餐时不要让刀、叉、筷等同碗、盘或其他器皿碰撞，发出声音；⑧如果不懂得某道菜的吃法，可以观察或借鉴别人的方法，或坦率、大方地请别人指导，不要不懂装懂，闹出笑话；⑨嘴里有食物时切勿说话，若进餐中遇别人问话，可等食物咽下后再回话；⑩进餐时同别人讲话，最好放下刀、叉或勺子、筷子，如不放下，也不要挥舞手中的餐具或指指画画；⑪席间不得不打喷嚏、咳嗽时，应转身用手捂住嘴、鼻，并向邻座表示歉意；⑫剔牙时，要用手或餐巾遮口，不可边说话边剔牙或边走路边剔牙；⑬当服务员给你斟酒时，不要把酒杯拿起来，而是放在餐桌上，每次喝完酒，要把酒杯放回原处，不要乱放；⑭喝酒或饮料时，最好先用餐巾擦一下嘴唇再喝，以避免菜渣掉进杯里或粘在杯口上；⑮不能在嘴里塞满食物时喝酒，应当先咽下食物后再拿起酒杯来喝；⑯当别人敬酒时，必须放下手中的餐具，停止进食；⑰切忌饮酒过量而失言、失态；⑱如果不慎将餐具掉落在地上，应表示歉意，不要马上俯身去捡，就让它留在那里，让服务员拿干净的来。

2）中餐就餐礼仪

（1）中餐的特点。中餐在用料方面，肉禽以猪肉为多，蔬菜用料较广，主食以米饭、馒头、饺子、面条为主；在原料加工方面，中餐除了少数菜肴用大块原料制作外，一般把原料加工成丝、片、丁、条、末等；在使用作料方面，由于中餐加工精细，烹制后调味能够浸入，所以较少使用作料；在烹制方面，中餐一般烹饪得比较熟。

（2）中餐餐具的使用。在餐桌上，餐具的使用同样有严格的礼仪要求。中餐餐具主要有盘、碗、碟、杯、筷、匙等。

吃中餐首先要注意筷子的使用。筷子是中餐的主要餐具，标准的握筷姿势如图9-6所示，过高或过低握筷，或者变换指法握筷都是不规范的。使用筷子应当注意：①忌敲筷，用筷子敲打碗盘是一种"穷气"；②忌将筷子担在碗上或插在碗中；③忌一长一短或在碗两边各放一根，不成双；④忌舔筷，即不要将筷子含在口中，用嘴吸吮筷上的汤汁；⑤忌掏筷，即不要在菜盘里胡乱翻动选菜；⑥忌迷筷，即不能用筷子在许多菜盘里不断寻觅自己喜欢吃的食物，一盘一盘找过去；⑦忌粘筷，即不能用粘着饭菜的筷子去夹取食物；⑧忌舞筷，即不能举着筷子指指点点，手舞足蹈；⑨忌用筷子穿刺菜肴；⑩忌把筷子当牙签使用；⑪用筷子夹上食物后应立即放入口中，不能停留时间过长，每次夹菜不要太多，不要在夹菜途中滴汤滴水。

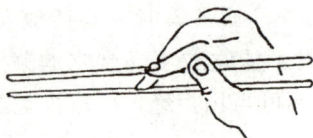

图9-6　标准的握筷姿势

使用汤匙时要用右手，筷子应整齐轻放在筷架上。右手执筷同时执匙舀汤是最忌讳的。

端碗时，拇指要扣住碗口，食指、中指、无名指扣住碗底，手心空着。吃碗里的食物时，不能伏在桌上就着碗吃。餐毕，筷子应整齐地搁在靠近碗右边的桌上，并等众人都放下筷子后，主人示意散席时方可离席。

3）西餐就餐礼仪

（1）西餐的特点。西餐在用料方面，肉禽以牛肉为多，蔬菜以土豆为多，主食以面包为主，米饭、面条、馄饨等则不为主食；在原料加工方面，西餐多用大块原料做菜，如大块牛排、猪排、大块鱼、大块鸡等；在使用作料方面，由于西餐多采用大块原料做菜，在烹制过程中，调味品不易渗透，所以需加各种调料，并且要用刀、叉分割才能食用；在烹制方面，西餐中除猪排和牛排等部分原料烧至七八成熟外，其余都较生，有的菜甚至生吃。

（2）西餐餐具的使用。西餐餐具非常之多，常常在一个宴会上，吃的菜不过几道，而使用的餐具却不下数十件。餐具的使用是否得当，关系到是否合乎用餐的礼仪。

第一，刀、叉。西餐所用的刀、叉很多，在正式宴会，每道菜肴都配有一套相应的餐具，一般以上菜的先后顺序由外向内排列摆放，或随菜一道端上来。每用过一道菜之后，服务员就要将相应的刀、叉撤走。所以，一定不要弄乱刀叉使用的顺序，以免到时因餐具不够用或用不上而尴尬。

用刀时，应把刀柄的尾端置于手掌之中，以拇指抵住刀柄的一侧，食指按在刀柄背上，但应注意食指不能触及刀背，其余三指顺势弯曲，握住刀柄，如图9-7所示。持叉时，应尽可能持住叉柄的末端，而不能抓在叉柄的下部，叉柄倚在中指上，中指则以无名指和小指为支撑。叉如果不与刀并用，叉齿应朝上，如图9-8所示。如果刀叉并用，则持叉姿势与持刀相似，如图9-9所示。一般情况下，右手持刀，左手持叉，先用叉子把食物按住，然后用刀切成小块，再用叉送入口内，如图9-10所示。欧洲人使用刀叉时不换手，美国人则切割后，将刀放下，换右手持叉送食入口，如图9-11所示。

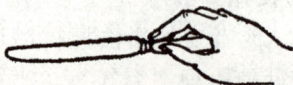

图9-7　西餐中正确的用刀姿势

图9-8　西餐中刀叉不并用时的正确用叉姿势

图9-9 西餐中刀叉并用时的正确用叉姿势

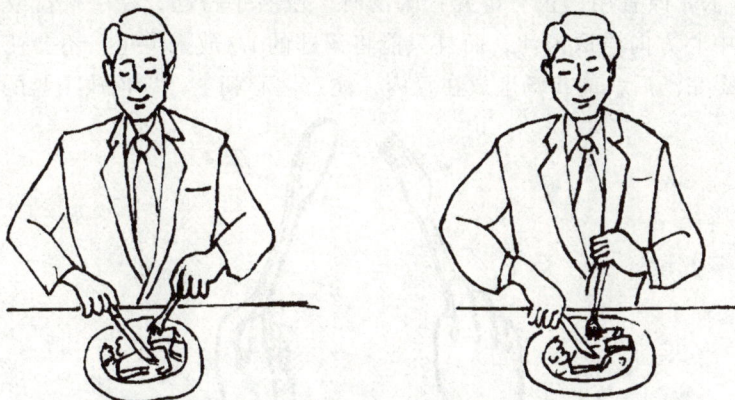

图9-10 西餐中用刀叉进食的正确姿势

（1）美国人使用刀叉进食的习惯 　（2）欧洲人使用刀叉进食的习惯

图9-11 欧美人使用刀叉进食的区别

　　用完一道菜后，将刀叉合拢并排置于盘上，叉齿向上（如图9-12所示），表示此道菜已用完，服务员会主动撤下。若尚未用完，暂停用餐，应将刀叉摆成八字形或交叉摆在盘上，刀口向内（如图9-13所示），以示尚未吃完。

图9-12 用餐完毕后刀叉的摆放　　　　图9-13 暂停用餐时刀叉的摆放

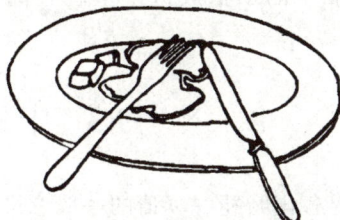

　　使用刀叉时应注意：食物应当用刀切一块吃一块，不应把整盘食物都切成小块，然后用叉子一块一块叉起来吃；切食物时应尽量避免刀叉撞击盘子发出声响；餐刀是用来切割菜肴的，不能用餐刀戳着或抬着食物送进嘴里，餐刀绝对不能沾嘴唇；用叉匙往嘴中送食物时，不要送到中途停住同别人讲话或听别人讲话；进食时，不要将叉

匙完全插入嘴中，以嘴唇不碰及叉齿最为标准。

第二，匙。持匙用右手，持法同持叉，手指务必持在匙柄上端，不可持在匙柄下部。很多（种）布丁都要匙叉并用取食，一件用以托盛食品，另一件用以帮助盛取，如图9-14所示。西餐用匙也有讲究：喝汤时，应右手持匙，左手扶盘或端碗，由内向外朝餐桌中心方向舀取汤汁，而且只能将汤匙的1/3放入嘴里，不要使劲吮，以免发出声响；喝完汤后，应将汤匙放在盘内，注意匙心朝上，匙柄放于盘的右边缘。

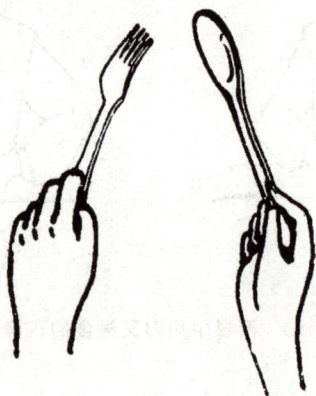

图9-14 西餐中匙叉的正确用法

第三，杯。杯有高脚玻璃杯、茶杯等。高脚玻璃杯又有水杯、红葡萄酒杯、白葡萄酒杯、香槟酒杯等。拿高脚玻璃杯时，应用大拇指和另外几个手指拿住杯子的下半部。只有当白葡萄酒是"冰"的时候才不这样拿，而是用手捏着杯脚，以免手温把酒弄热。每喝完酒或水，要把杯子放回原处。

茶杯是用来喝茶或咖啡的。拿茶杯的方法是：把食指穿过杯子的"耳朵"，大拇指压在"耳朵"的上面，用中指托住"耳朵"的下面把杯子固定住，注意小手指不要不自然地翘起来。在正式宴会上，应当让茶杯、茶盘自始至终放在那里；而在不那么正式的宴会上，则往往在菜盘撤走以后把它们移到中央喝茶或咖啡。

第四，水盂，即洗指碗。宴席上，有用手取食的食品（如烤鸡、螃蟹、龙虾、水果等）时，往往会送上一个用金属或玻璃精制的水盂，水面上漂着柠檬片或玫瑰花瓣，这是专供用餐者洗手指用的，千万不能把它错当饮料喝，以免闹出笑话。用的时候，把双手的手指放进碗里轻轻涮洗，然后把两只手放在低于桌面的地方用餐巾擦干。

9.3 中外赠礼、宴请习俗

世界各国赠礼、宴请的一般意义和原则，大体上都是相似的，但由于受民族、传统和文化等多种因素的影响，在国际交往场合下的赠礼、宴请行为和方式又有所不同。因此，我们必须了解不同国家的不同赠礼、宴请习俗。

9.3.1 中外赠礼习俗

各国、各民族和各地区在漫长的历史进程中，逐渐形成了不同的赠礼习俗。比如，中国人赠礼主要看内容，而西方人则是看形式；中国人主要看价值，而西方人则主要看象征等。赠礼作为人际交往中的一种重要方式，必须要了解中外赠礼的相关习俗，否则，会事与愿违。

1）中国的赠礼习俗

汉族人善于交际，常于逢年过节、婚丧嫁娶之时送礼致意。送礼的物品轻重不限，但送礼的形式很有讲究，如小孩儿过满月，朋友之间一般送小孩儿衣服、鸡蛋、蛋糕外加红糖等；娘家（即女方的家长）除了送些礼品外，还要送几斤白面。办喜事，朋友、同事之间一般要"凑份子"。春节期间走亲访友，除了带些水果、烟酒外，如家中有小孩儿，还要给孩子"压岁钱"。

蒙古族人赠送礼品，每类都要成双成对。送接礼品、茶酒都要用双手，不应用单手，更不能用左手。

献哈达是藏族最常见的一种礼节。藏族人民在迎送宾客或与亲戚、朋友交往中，常将哈达送给对方作为见面礼。敬献时仪式隆重，讲究赠送方式，敬献者双手托起哈达高举过头，然后再平伸向前，弯腰给对方。

在我国香港、台湾地区的风俗中，丧事办完后以毛巾送吊丧者，非丧事一律不能送毛巾；剪刀是利器，含有"一刀两断"之意，以剪相送会使对方有受威胁之感；甜果是祭祖拜神专用之物，送人会有不祥之感；广东话中"雨伞"音同"给散"，若送雨伞会引起对方误解；扇子是夏季用品，台湾地区民间有俗语"送扇无相见"；台湾地区的居丧之家通常不蒸甜食、不裹粽子，如果以粽子送人，会被对方误解，十分忌讳。

2）外国的赠礼习俗

（1）日本人的赠礼习俗。日本人送礼极为普遍，甚至在意想不到的场合也可能送礼。因此可以说，送礼是日本人的"癖好"，事无巨细，动辄送礼。由于日本人相互送礼大多很随便，有些礼物没有什么用处，受礼人往往又转手送给了别人，而那人还可以继续转送下去。为此，送给日本人的礼物上一般不宜刻字留名。

"四"在日语中的发音与"死"字相同，为了避开同音带来的意义上的混淆和晦气，日本人在诸多场合都不用"四"，所以日本人送礼时，不喜欢送双数，而喜欢送奇数。

日本人较重品牌，所以礼品应尽量选名牌。礼品的包装必须漂亮、精致，里面的礼品可以不考究。礼品若确需题字，正确的做法是用毛笔题写。

给日本人送礼时，不要送价值过低的礼物，如T恤衫和便宜的圆珠笔等东西；也不要把属于自己公司的东西相赠。对日本人来说，送礼往往只是一种礼仪。

日本人一般不当着客人的面打开礼品包装。如果日本人当着送礼人的面打开礼物，他也不会过多地夸奖，所说的恭维话也比较注意分寸。

日本孩子特别喜欢新的电子玩具，如果送给孩子一个电子玩具，他的父母会特别高兴。

（2）韩国人的赠礼习俗。韩国人喜欢"本地出产"的东西，故给韩国人送礼时，应尽量送该国的特产为好，而不是到超级市场去购"洋货"。

韩国人也喜欢送他们当地的手工艺品给客人。如果能让韩国人先拿出他们的礼品，他们会高兴些。韩国人同样对"四"字非常反感，送礼不要送"四"和与"四"的倍数有关的数量。

（3）阿拉伯人的赠礼习俗。阿拉伯人把初次见面就赠送礼物视为行贿，因而非常忌讳。阿拉伯人多信仰伊斯兰教，所以不能送酒、女人照片和雕塑，这是被伊斯兰教禁止的。绝对不能给阿拉伯人的妻子送礼；不要送带有动物形象的东西，在阿拉伯人看来，动物形象会带来厄运；也不要送带有星状图案的东西，因为星是以色列国徽的标记，会引起阿拉伯人的反感。

阿拉伯人喜欢名牌、喜欢丰富多彩的礼物，而不喜欢不起眼的古董；喜欢兼具知识性和艺术性的礼品，不喜欢纯实用性的礼品。如果替公司送礼，礼物要符合收礼人的品位或具有特别的意义，如送本国产的大理石镇纸，或带有本国民族特色的花纹杯、碗之类的礼品。

大部分阿拉伯人都比较富有，阿拉伯商人喜欢赠送贵重的礼物，当然也希望收到同等的回报，但他们更注重公开场合中的自身形象。他们认为礼尚往来是有关尊严的，不让他们表示自己的慷慨大方是不恭的，彼此关系可能会因此而受到影响。

（4）英国人的赠礼习俗。英国人感情不轻易外露，给他们送价值低的礼品不会产生误解。送礼最好选在晚上请其在高级饭店用完餐或在剧院看完演出后。英国人喜欢高级巧克力、名酒和鲜花，但他们不喜欢礼品上饰有送礼人所属公司的标志。

英国人所赠送的礼物一般并不名贵。每年圣诞节，英国小报总要报道王室互赠礼物的消息，虽被称为全球最富有的女人，但女王出手的礼物也总是些廉价的小玩意儿。即使女王赠送给来访国宾的礼物，也总是不出镀银餐盘等物品的范围。

（5）法国人的赠礼习俗。法国人讨厌初次见面就送礼，因此，送礼应安排在第二次见面时，这样对方会很高兴，认为礼品是对他智慧的赞美。

法国人喜欢有美感和能体现文化修养的礼品，如唱片、艺术画册等。最受欢迎的是书，特别是最新出版的传记、评论政府首脑和政治家的回忆录等。在讲法语的国家和地区，菊花是在葬礼上使用的，因此不宜随便赠送。

（6）拉美人的赠礼习俗。拉美人社交的一个重要方面是送礼，不管是送财物还是送其他礼品，拉美人都很干脆利落。

给拉美人送礼，首先要考虑的是所送礼品的颜色；不要送刀剑，因为它暗示友谊的完结；手绢也不能作为礼品，因为它和眼泪联系在一起，容易使人有悲伤感。到拉美人家做客必须带礼品，但公事交往中，在彼此关系发展到熟悉程度前不要送礼。业务送礼要在谈判结束后、气氛轻松时再送为佳。

9.3.2　中外饮食习俗

"民以食为天"，无论是在我国还是在外国，这都是真理。但在食什么和怎么食方面，中外各国甚至一国的不同民族、不同地区之间，都存在着不同的习俗。

1）中国饮食习俗

我国疆域辽阔、民族众多，各个民族的饮食习俗存在较大的差异，现仅就其中一部分作简单的介绍。

（1）汉族。以大米和各种面食为主食，鸡、鸭、牛、羊、猪的肉和各种海鲜以及各种蔬菜均可食用，无明显的禁忌。一般来说，南方口味较清淡，北方口味较重，偏咸、偏辣。南方以米饭为主食，北方则以馒头、包子、饺子等面食为主食。餐具主要用碗、筷、匙。喜欢喝茶，讲究品茶文化。

（2）回族。以蒸馍、包子、饺子、馄饨、汤面、拌面、牛羊肉和油炸食品等为主食。蔬菜类一般没有忌讳。肉类为牛羊肉、鸡、鸭和有鳞的鱼类，忌食猪肉、狗肉、驴肉、骡子肉，也不吃动物的血，以及自死的或非经穆斯林祈祷后所宰的动物肉；忌烟酒。

（3）维吾尔族。主食种类很多，最普遍的是馕。馕是一种由面粉制成的圆形烤饼，有的还加上肉、蛋和奶油；节日待客常用"帕罗"，是用羊油、清油、胡萝卜、葡萄干、葱和大米做成的，吃时用手抓，故又名"抓饭"。此外，维吾尔族人也吃包子、馄饨、面条等。肉食以牛羊肉、鸡肉为主，炒菜时一般必须加肉。饮料一般是奶类，如奶茶，也常饮茶水等。

（4）藏族。饮食习惯比较特殊，主食是糌粑，是一种用炒热的青稞或豌豆磨成的炒面。藏族人最喜爱的饮料是酥油茶。牧民以牛羊肉和奶类为主食，一般不爱吃稀饭、肥肉、蔬菜等；农业区居民也吃大米和蔬菜，喜欢的奶制品有酥油、酸奶油渣、奶酪等；城镇居民会吃一种叫"哲色莫古"的食品，用大米饭加酥油、葡萄干做成，也吃油烹的肉丸、包子、烤饼、烙饼、肉面条、手抓羊肉等。大部分藏族人饮酒、吸烟。一日三至四餐，餐具很简单，一般只有一把小刀和一只木碗，不用筷子，也不喜欢用别人的餐具。

（5）蒙古族。蒙古族牧区以肉食为主，农业区以粮食为主。肉食中主要是牛羊肉，也吃猪肉、鹿肉等。饮料是各种奶茶，还有各种孢子酒、奶子酒等。自食和招待客人常用手扒肉。招待贵客用整羊席，席上有一套特定的仪式。农业区的面食类主要有馍、面条，也有饺子、炒面等。炒米是蒙古族非常喜爱的食品，吃时拌上酸奶和白糖。蔬菜类品种不多，主要有马铃薯、白菜等。

━━● 礼仪小知识9-4　　　参加宴席须记这九条，别玩手机很重要

（1）在主人安排你的位置前，不要乱坐；如果主人没有刻意安排，让长辈先坐下后自己再坐。主人左右手边的位置是宾客位，不要主动去坐。

（2）在外吃饭，如果餐桌上有公筷和公勺，不要用自己的筷子。

（3）不要玩手机，不管是家宴还是外面的宴席！当一桌子宾客拿着筷子，看着你站起来拿手机对着菜使劲地拍，真的很不礼貌。

（4）吃进口中的东西不要啪的一声吐桌子上，如果要吐骨头，吐到纸巾上，包住再放到盘子里。

（5）嘴里有食物时不要说话，如果吃了有味道的食物，说话前自己闻闻臭不臭；如果有味道，吃颗薄荷糖再说话。

（6）一份菜不要连续夹三次。不是让你一份菜只能吃两次的意思，而是指你觉得好吃的菜，吃了两次后，就转给别人分享，这是一种礼让。

（7）你觉得什么好吃，想推荐给别人，不要用筷子去戳！把盘子转一下，然后和大家说"这个菜不错，大家都尝尝"就行了。

（8）吃完饭，客人没有离席，就不要动。想去洗手间，和左右的客人小声说一句"不好意思，我去洗手间一下"，然后再离开。

（9）席上发生意外情况时，如酒水洒了或者筷子掉了之类的，不要一惊一乍的，小声招来服务员帮忙清理就好了；如果是家宴，就自己用纸巾擦掉，在告知别的客人后，离席去洗手间清理。

2）外国饮食习俗

（1）英国。英国人通常一日四餐（早餐、午餐、下午茶、晚餐），晚餐为正餐。相比去餐馆，英国人更喜欢在家中亲手烹饪。平时以英法菜为主，爱吃牛羊肉、鸡、鸭、野味等，"烤牛肉加约克郡布丁"被誉为英国国菜。英国人每餐都吃水果，习惯进餐前先喝啤酒或威士忌，在进餐时喝葡萄酒或烈性酒。餐桌上饮食各人自定，不劝酒，更不灌酒，喝醉酒被视为失态、无礼之举。英国人口味清淡，喜欢菜品鲜嫩、焦香，不爱吃带黏汁和辣味的菜；爱吃烤面包，讲究喝早茶（被窝茶）与下午茶，但他们不喝清茶，而是先在杯中放牛奶或糖，然后冲茶。在斋戒日和星期五，正餐一律吃炸鱼，不食肉。

（2）法国。法国的烹调世界闻名，用料讲究，花色品种繁多。其特点是鲜嫩味美，注重色、形和营养；喜食猪肉、牛肉、羊肉、香肠、家禽、蛋类、鱼虾、蜗牛、牡蛎和新鲜蔬菜，以及水果和酥皮点心。法国的干鲜奶酪世界闻名，它们是法国人午、晚餐桌上必不可少的食品。

法国人同中国人一样，也是一日三餐。早餐比较简单，一般是喝咖啡、牛奶或红茶，吃涂黄油或果酱的面包、三明治。午餐和晚餐比较复杂，用餐时，先吃冷盘或浓汤，冷盘是用生菜配以作料做成的各种色拉、火腿、香肠；然后是一道主菜，一般是一荤一素，荤菜多是肉食或海味，素菜一般是各种蔬菜，主食是面包和米饭；最后吃奶酪、水果和各种糕点。法国人吃午、晚餐时，都要喝一些饮料，佐餐的饮料主要是酒。法国人饮酒也很有讲究：饭前一般喝度数不高的甜酒，如朗姆酒等，也叫开胃酒；吃饭时要喝不带甜味的葡萄酒、玫瑰酒，吃肉时一般喝红葡萄酒，吃海味时喝白葡萄酒或玫瑰酒；饭后要喝一点带甜味的餐后酒；每逢节日或宴请宾客，还喝香槟酒。不能喝酒或不会喝酒的人常喝橘汁、苏打水或矿泉水。法国人有喝冷水（直饮水）的习惯，从来不喝热水。法国人也非常喜欢中国菜，在中国旅游时，午、晚餐都爱用中餐。

（3）德国。德国人注重饮食的热量，喜欢肉食和土豆，还喜欢蛋糕、甜点和各种水果，尤其爱喝啤酒。德国人每日三餐：早餐比较简单，一般只是吃面包、喝咖啡而已；午餐是一天的主餐，喜食牛肉、猪肉、鸡、鸭及野味，不爱吃鱼虾、海味，口味偏酸甜，不爱吃油腻、过辣的菜肴；晚餐一般是冷餐，德国人喜欢关掉灯，只点几根小蜡烛，在幽淡的烛光里促膝谈心，进餐饮酒。德国人比较讲究餐具和喝饮料的规矩，吃饭时先喝啤酒，后喝葡萄酒。德国人也喜欢吃中国菜。

（4）俄罗斯。俄式菜世界驰名，尤以冷小吃最讲究。俄罗斯人一般对早、午餐较为重视，晚餐较为简单。以面食为主，喜欢喝汤，爱吃黑麦面包、牛肉、白菜和蘑菇。口味浓重，较咸、较油腻；爱吃带酸味的食品，菜汤、黑面包、牛奶要吃酸的。

青菜、黄瓜、西红柿、土豆、萝卜、洋葱、酸白菜、鱼、奶酪、水果等，也是他们喜爱的食品。此外，俄罗斯人还爱喝红茶。俄罗斯人就餐时爱喝伏特加，一般酒量都相当大，而且喜欢喝烈性酒；用膳时间比较长，喜欢以面包蘸盐待客，以示热情。

（5）美国。美国人一日三餐，早、午餐从简，晚餐较丰富。他们喜欢咸中带甜的菜肴，口味清淡，重视营养，爱吃海味与蔬菜。他们多数吃西餐，一般也爱吃中国的广东菜。在素菜方面，他们喜欢吃青豆、菜心、豆苗、刀豆和蘑菇等。菜肴中常用水果作配料；不爱吃肥肉，不吃蒸的和红烧的食品，忌食各种动物内脏。在烹调方法上，他们注重煎、炸，一般不在厨房用调料，而是把调料放在餐桌上自行调味。他们对所有带骨的肉类都要尽量剔去骨头。在冷菜中，多数是用沙司作调料，还喜欢吃中国北方的甜面酱，南方的蚝油、海鲜酱等。美国人不爱喝茶，爱喝冰水和矿泉水、可乐、啤酒等，平时把威士忌、白兰地等酒类当饮料喝。

礼仪小知识9-5　　　　　盘点10个国家的餐厅礼仪

不同国家有不同的风俗，在餐桌礼仪上更是如此。有些用餐习惯在一个国家可能是文明的，在另一个国家却可能被视作野蛮行为。比如说，在德国，不要用刀切土豆，而应该直接用叉子叉着吃；在日本，不要把筷子插在饭上面；在韩国，不要单手接菜，而要用双手接。下面，我们来看看世界各国还有哪些值得注意的餐厅礼仪。

爱尔兰：在酒吧要请同行的人喝一杯。

意大利：在餐厅主动索要调味品很失礼。

葡萄牙：索要盐和辣椒是对厨师的侮辱。

日本：吃饭吧唧嘴是对厨师的尊重。

法国：尽量避免AA制。

哥伦比亚：把菜吃光光会让主人面上无光。

澳大利亚：吃饭时不要谈生意。

中国：给鱼翻面不吉利。

哈萨克斯坦：倒茶要只倒半杯。

格鲁吉亚：在敬酒时应一饮而尽。

资料来源：佚名. 像当地人一样吃饭：盘点10个国家的餐厅礼仪［EB/OL］. ［2023-12-10］. https://language.chinadaily.com.cn/a/201902/03/WS5c56358ea3106c65c34e8029.html.

（6）日本。日本人以大米为主食，使用筷子，餐前、餐后喜欢喝一杯清茶，特别喜欢喝绿茶。早餐以牛奶、面包、稀饭为多；午、晚餐吃米饭，副食主要是蔬菜和海鲜。"日本料理"最大的特点是以鱼、虾、贝类等海鲜为烹饪原料，或热吃、冷吃，或生吃、熟吃。日本人爱吃鱼，蒸鱼、生烤鱼、炸鱼片、鱼片汤等都很受欢迎，还有吃生鱼片的习惯，吃时配辣椒等以解腥杀菌。日本人亦爱吃面酱、酱汤、酱菜、紫菜、酸梅等，爱喝中国产的名酒。吃冷菜时，喜欢在菜上撒点芝麻、紫菜末、生姜丝、白酱等，以点缀、调味。日本人喜欢清淡，不喜欢油腻，喜欢鲜中带甜的菜，如中国的广东菜、上海菜等。此外，日本人还爱吃牛肉、鸡蛋、螃蟹、海带、瘦猪肉、青菜和豆腐等，不喜欢吃肥肉、猪内脏和羊肉。日本人逢年节、过生日等喜欢吃红豆饭，亲友临门或有人出远门，通常都要吃一餐四喜饭，以示欢迎、欢送。"便当"（盒饭）和"寿司"（四喜饭）是日本传统的方便食品。

（7）泰国。泰国人的主食为大米，副食主要是鱼和蔬菜。最喜欢的民族风味是"咖喱饭"，也爱吃中国的粤菜和川菜，不吃牛肉。他们爱吃辛辣的菜肴，辣椒酱每餐必备，还喜欢食用鱼露、味精、酱油、盐巴。早晨喜欢吃西餐，午、晚餐大多爱吃中餐，但不习惯用筷子，有的爱用叉、勺，有的喜欢用手抓饭。饭后有吃水果的习惯，吃西瓜、菠萝时习惯蘸些盐或辣椒粉，喝橘汁也喜欢加点盐。泰国人不爱喝开水、热茶，宾馆、酒店往往只供应纯净水等凉水。泰国人喜欢喝啤酒，也爱喝白兰地兑苏打水。

（8）印度。印度人的主食主要为米饭和印度薄饼；副食有鸡、鸭、鱼、虾、蛋及蔬菜。印度人特别爱吃土豆，认为它是菜中佳品，一般不吃蘑菇、木耳和笋类等。印度菜的烹调离不开香料，主要调料有十几种，印度人嗜好辛辣味菜肴，调味善用咖喱、鲜辣椒、黄油等。印度教教徒忌吃牛肉；猪肉也很少吃，被认为是下贱人吃的。印度人常饮红茶、咖啡、酸奶等。他们喜欢中餐，习惯分餐制，不习惯用刀、叉和筷子，吃饭用盘子，用右手抓食。

启智润心 9-1　　　　　　　　**行礼达谊，感受中国特色大国外交**

越南河内巴亭广场西侧，有一座朴素的两层高脚屋，这曾是越共领导人胡志明工作和生活的地方。

2017年11月13日，在这栋木质小楼前，中共中央总书记、国家主席习近平赠给越共中央总书记阮富仲一份礼物——19期《人民日报》。其中，有3期报纸刊登的是阮富仲在2017年1月到访中国的报道，另外16期是1955年胡志明主席访华时的报纸。1955年6月26日的《人民日报》头版，一张通栏大照片格外醒目，那是毛泽东、周恩来等中共老一辈领导人同胡志明的合影。同时登出的还有《胡志明主席率领代表团到京》《胡志明主席拜会毛泽东主席》等报道，篇幅加起来几乎占到版面的2/3。次日，同样在《人民日报》头版，刊载了胡志明的一段讲话："我们两国人民的友谊和密切关系是永恒的、牢不可破的，是任何人所不能离间和阻挠的。"

算起来，胡志明在中国进行革命活动的时间长达12年，足迹遍布大江南北。他称中越两国关系"如手和足，如杵和臼，如根和茎，如兄和弟"。抗日战争时期，越南有首民谣吟唱"中国越南如唇齿，须知唇亡则齿寒"，词作者就是胡志明。习近平总书记曾说："在我们这一代中国人心中，胡志明主席是中国人民最好的朋友，我们叫他'胡伯伯'。"

作为两国关系的见证者，越南老人阮文战对中国送出的这份礼物夸赞不已："我们的传统友谊通过《人民日报》完整地记录，并向两国年轻人呈现，真的很了不起！"2017年11月13日，从芒果路到鱼塘边再到高脚屋，习近平总书记和阮富仲在胡志明故居边走边谈，重温中越老一辈领导人结下的兄弟情谊。习近平总书记说："见贤思齐，我们应当向毛主席、周总理和胡志明主席学习看齐，把中越友好传承好、发展好，造福两国人民。凡是为人民做了好事，在历史上一定会留下佳话。"

资料来源：钟祺．习主席的国礼故事［EB/OL］．［2023-12-15］．https://baijiahao.baidu.com/s?id=1745641057317284219&wfr=spider&for=pc.

核心素养： 与邻为善　以邻为伴　大国外交

学有所感： 党的二十大报告指出："坚持亲诚惠容和与邻为善、以邻为伴周边外交方针，深化同周边国家友好互信和利益融合。"作为"软外交"手段的国礼不仅能表达对于他国的尊重、友好，而且可以体现一个国家的民族气度和外交政策。这19期报纸，不仅如实地见证了中越两国源远流长的情谊，而且生动地体现了中国特色大国外交。

●●● 本章小结

★ 馈赠不是马马虎虎地送点东西，宴请也不是随随便便地请人吃饭，熟练掌握馈赠、宴请的礼仪规范，才能使馈赠、宴请收到应有的效果。

★ 馈赠的原则：注重情感，随俗避忌，恰如其分。

★ 馈赠的技巧：投其所好，抓住时机，正视拒收，切勿庸俗。

★ 赠花是馈赠的一种特殊形式，而且是人们普遍欢迎的形式，要懂得鲜花的寓意。

★ 宴请的形式有宴会、招待会和工作餐。宴会指比较正式的招待和隆重的聚餐，如国宴、家宴等；招待会不备正餐，不排座次，较为灵活简便，如冷餐会、酒会、茶会等；工作餐多为快餐分食的形式，卫生方便。

★ 设宴应做好确定目的、范围、形式、时间、地点的准备。此外，还要妥发请柬、拟定菜单、安排现场的桌次和席位、设计宴请的程序并礼貌接待。

★ 赴宴要及时回应，注意仪容仪表、守时出席、问候赠礼、文明入座、席间敬酒交谈，最后礼貌告别、致谢。

★ 就餐要注意"吃有吃相"，注意中餐礼仪和西餐礼仪的区别，不清楚要问别人，或者采取"慢半拍"先看的方法。

★ 熟知中外馈赠、宴请的习俗。

●●● 主要概念和观念

□ 主要概念

　　馈赠礼仪　宴请　宴会

□ 主要观念

　　馈赠的原则和技巧　赠花的时机和鲜花的寓意　设宴和赴宴

●●● 基本训练

□ 知识题

9.1　判断题

（1）接受欧美国家朋友的礼品时，最好当面打开并赞美。　　　　（　　）

（2）送给阿拉伯人的礼物，不能带有动物图案。　　　　　　　　（　　）

（3）既然是送礼，当然价值越高越好。　　　　　　　　　　　　（　　）

（4）进餐前，应该用餐巾擦擦碗、筷、杯等，以确保卫生。　　　（　　）

（5）俄罗斯人喜欢以面包蘸盐款待客人，表现主人的热情。　　　（　　）

随堂测验9-1

判断题

9.2 选择题

（1）接受赠礼时，要注重（　　）所表达的情意。

A.赠礼者 　　　　　　　　　　　　B.受礼者

C.礼品的价值 　　　　　　　　　　D.礼品的适用性

（2）与法国人交往时，最好的礼品是（　　）。

A.鲜花 　　　　　B.艺术品 　　　　C.书籍 　　　　D.服装

（3）吃西餐时，符合礼仪的做法是（　　）。

A.中途退宴

B.汤太热时用嘴吹

C.嘴内的鱼刺、肉骨头等不能直接外吐

D.抓起整块面包直接吃

（4）西餐刀叉的正确使用方法是（　　）。

A.右手持刀，左手持叉 　　　　　　B.右手持叉，左手持刀

C.左手使用刀、叉 　　　　　　　　D.右手使用刀、叉

（5）用西餐完毕后，餐巾应放在（　　）。

A.盘子左侧 　　　B.盘子右侧 　　　C.盘子中 　　　D.椅子上

9.3 简答题

（1）赠送礼物应遵循哪些原则？

（2）有人说鲜花是"和平使者"，你认为是这样吗？

（3）送礼与人际交往的关系如何？

（4）赴宴时应注意哪些礼仪要求？

（5）中餐和西餐有哪些差别？

□ 技能题

（1）赠送礼物时应注意哪些技巧？

（2）掌握送花的基本形式。

（3）找出自己在使用中餐餐具时有哪些方法、习惯不合规范，并加以改正。

●●● 观念应用

□ 案例题

吃了一半的西餐

某公司的业务员陈先生晚饭时走进一家西餐厅就餐。服务员很快便把菜端上来了。陈先生拿起刀叉，使劲切割食物，刀盘摩擦发出阵阵刺耳的响声。他将食物切成一块块后，接着用叉子叉起一大块塞进嘴里，狼吞虎咽，并将鸡骨、鱼刺吐于洁白的台布上。中途，陈先生随意将刀叉并排往餐盘上一放，顺手将餐巾也放到了餐桌上，起身去了趟洗手间。回来后发现菜已被端走，餐桌已收拾干净，服务员站在门口等着他结账。陈先生非常生气，与服务员争吵起来。

问题：你认为到底是谁错啦？为什么？

□ 实训题

（1）结合现实生活中的情景，练习插花并掌握鲜花搭配、数量的寓意。

（2）在正式宴会中，应按礼宾次序入座，请依次将1~8这8个序号（代表8个座位）在圆桌上摆好，并简要说明这样安排的原因。

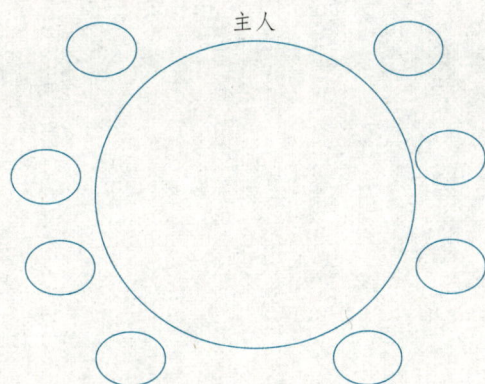

主人

参考文献

［1］曹明逸．体验西方礼仪［M］．上海：上海社会科学院出版社，2003.

［2］陈康令．礼和天下［M］．上海：复旦大学出版社，2017.

［3］高邑．祝酒词全集［M］．北京：中国华侨出版社，2011.

［4］海英．礼仪的力量：海英老师的33堂礼仪课［M］．北京：北京师范大学出版社，2011.

［5］何浩然．实用礼仪［M］．合肥：合肥工业大学出版社，2004.

［6］何浩然，冯贵荣．实用礼仪教程［M］．北京：中国商业出版社，1995.

［7］惠特摩尔．优雅的力量：职场版［M］．徐丽，译．北京：中国原子能出版社，2023.

［8］霍夫迈斯特．拉开距离看人生：生命传记工作手册［M］．金震豹，译．北京：中国商业出版社，2018.

［9］纪亚飞．志愿服务礼仪［M］．北京：中国纺织出版社，2023.

［10］纪亚飞．最好的礼仪教养在家庭［M］．北京：中国纺织出版社，2018.

［11］科林斯沃斯．我最需要的职场礼仪书［M］．姜莱，译．北京：北京联合出版公司，2012.

［12］克尼格．克尼格礼仪大全［M］．曹晓寒，刘昭霞，译．北京：中国商业出版社，2004.

［13］李宏．沟通礼仪全书［M］．延边：延边大学出版社，2011.

［14］李华，谭洛明．职业礼仪训练［M］．南京：南京大学出版社，2014.

［15］李建峰，董媛．社交礼仪实务［M］．3版．北京：北京理工大学出版社，2014.

［16］刘慧滢．中国式礼仪［M］．北京：华龄出版社，2022.

［17］刘小清．现代营销礼仪［M］．2版．大连：东北财经大学出版社，2006.

［18］刘一达．中国人的规矩：升级版［M］．北京：东方出版社，2023.

［19］普瑟，张玲．商务礼仪：聆听国际大师最权威的礼仪课［M］．北京：科学出版社，2014.

［20］沈骊．错误的礼仪［M］．上海：复旦大学出版社，1999.

［21］杨丹妮，何浩然，杨眉．国际商贸礼仪［M］．北京：人民教育出版社，2008.

［22］杨丹妮，何浩然，杨眉．行礼如仪：国际贸易中的非正式游戏规则［M］．

北京：人民教育出版社，2005.

［23］杨眉. 现代商务礼仪［M］. 4版. 大连：东北财经大学出版社，2013.

［24］袁革. 社交礼仪与口才：修订本［M］. 北京：中国商业出版社，2000.

［25］周彬琳. 现代礼仪与口才［M］. 北京：中国财政经济出版社，2009.